最新
TEEMA
報告出爐

自主創新

2006年中國大陸地區投資環境與風險調查 **興商機**

台灣區電機電子工業同業公會　著

2006年中國大陸地區投資環境與風險調查
成員名單

理 事 長：許勝雄

大陸經貿委員會主任委員：焦佑鈞

研 究 顧 問：高孔廉

計畫主持人：呂鴻德

協同主持人：黃銘章

執 行 委 員：葉國一、彭君平、王敏烈、郭台強、
趙永全、張寶誠、詹文男、高　長、
張五岳、林震岩、林祖嘉、陳麗瑛、
陳德昇、陳昭義、黃志鵬、傅棟成、
黃慶堂、呂榮海、李永然、史芳銘、
袁明仁、杜啓堯、曾文雄、游盈隆、
杜紫軍、蔡練生、歐嘉瑞、賴文平、
鄭富雄、羅懷家

（依姓名筆劃順序排名）

研 究 人 員：吳宗儒、陳劭寰、徐惠玲、江垂曄、
余嵐茵、戴彗紋、郭美慧、許珮綾、
鄭宇翔

研 究 助 理：林妤濃

致力自主創新　迎接嶄新商機

　　中國大陸自進入WTO以來經貿快速發展，並於2005年開放內銷內貿市場：當年國民所得18.2兆元人民幣，為世界第4大經濟體，進出口金額1.4兆美元，位居世界第三，當年底外匯存底8,188.7億美元，並於2006年2月底超越日本，持有世界最多外匯，經貿發展可謂成果顯著。但2005年亦面對人民幣與美元匯價的浮動及經濟過熱後物價特別是原材料、燃料、動力價格的上漲，工資上調與人員流動率升高等經營風險升高問題，顯然台商大陸投資面臨機遇及風險與時俱增的情勢。

　　2005年台灣資訊硬體取得良好成績，海內外總產值達809.8億美元，為全球最主要供應者，其中筆記型電腦、主機板、CDT顯示器及LCD顯示器等產品世界占有率均超過一半以上，分別為82.5%、98.4%、50.7%及70.1%；出口值中，歐美日市場約佔64.6%，但製造則以中國大陸為主要生產地約佔81%。2005年台灣IC產業，產值348億美元、FPD產業303億美元，以及通訊產業133億美元，均在世界扮演重要角色。整體資通訊產業表現極為亮麗，顯然台商透過兩岸分工與全球佈局策略極為成功。

　　本會為回應會員要求並擴大服務廠商，自2000年起，即針對大陸投資台商進行「中國大陸地區投資環境與風險調查」，連續七年將大陸各主要地區投資環境及台商重視之投資風險，做一客觀且翔實的評估，深獲海內外投資者重視，不僅為台灣廠商及國際投資者得以掌握大陸投資環境，北京與大陸各地政府更據以改善投資環境以增招商績效，俾利台商大陸投資。本報告亦專章分析大陸「十一五」規劃及大陸推動自主創新政策下，台商的機會與風險。

　　為持續「兩力兩度」之TEEMA模式架構與提昇研究品質，本會大陸委員會四度委請中原大學企管研究所呂鴻德教授主持，靜宜大學企管系黃銘章副教授協同主持，並敦請前蒙藏委員會主委高孔廉教授擔任研究顧問，以及眾多熟悉大陸投資環境之學者專家共同研議，在此予以感謝。同時本會希望與大陸各地方共同提昇投資環境，以促進雙邊經貿發展，俾利兩岸關係穩定、持續與發展。今年仍繼續委請商業周刊合作出版，與社會大眾分享本項成果。

台灣區電機電子工業同業公會理事長

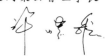

推薦序

確立TEEMA模式　有效協助業者大陸投資

近20年來，隨著中國大陸改革開放，經濟快速成長，強力吸引了全球資金的大量湧入；台灣企業著眼於提昇全球市場之競爭力，更積極而熱絡地佈局於中國大陸這一片廣大的市場。台灣區電機電子工業同業公會為協助會員廠商深入瞭解赴大陸投資的實際情況，自2000年起，即針對大陸地區的投資環境與投資風險，逐年進行有系統的專案調查，迄今已跨入第7個年頭。延續多年來的研究成果，我們研究團隊經過半年多的努力，多方邀集大陸各地投資台商填具調查問卷，並首度採行「固定樣本」之調查方式，以「競爭力」、「環境力」、「風險度」及「推薦度」的「兩力兩度」TEEMA模式，加以統計剖析，同時就兩岸經貿之專業領域中，敦請30餘位產、官、學界之知名人士擔任評審工作，歷經多次審查與研討，確使本調查報告更具公正性與客觀性。

本次專案問卷調查部份，回收之有效問卷達成評比目標數的城市，高達80個城市，確實強化了本調查的深度與廣度，在此特別要對研究團隊及評審委員的辛勤投入與台商先進們的熱忱協助，表達萬分的謝意。

本報告除了將7年來的統計資料做一完整的趨勢性比較分析，同時也就中國大陸近年推行的「自主創新」議題，其思維、策略與各項獎勵措施以及各地經貿糾紛案例等，做了深入的專章研析，期盼這份研究成果，能帶給所有投資者及相關機構一項最具參考價值的投資資訊。

台灣區電機電子工業同業公會副理事長

兼大陸經貿委員會主任委員

善用資訊知己知彼　協助台商運籌帷幄

　　過去台灣企業擅長代工，並不斷尋求低成本國家作生產的佈局，然而在代工利潤不斷被壓縮下，為提昇產品附加價值，企業不得不認真思考突破重圍的因應之道，從以代工為主，逐步轉型到技術研發與自創品牌行銷；爰此，台灣未來在全球佈局上，除著重成本下降外，更應致力於市場的開拓，以善用全球資源配置，來提升我國企業國際競爭力。

　　自中國大陸改革開放以來，由於其經濟與台灣具有若干程度的互補性，且因地理、語言及風俗習慣相近，在產業國際化趨勢下，自然吸引許多台商登陸，將中國大陸視為其全球生產佈局的一部分；惟隨著台灣對中國大陸市場依賴程度的日益加深，相對提高我總體經濟的風險，因此就台商在中國大陸經營的優勢與劣勢、機會與威脅，實須要進行一全面的評析，所謂「最好的資訊蒐集與分析，是降低風險、致勝成功的先決條件」。

　　政府現階段「積極管理、有效開放」的兩岸經貿政策，係冀望政府部門積極善盡管理責任，以協助廠商在赴中國大陸投資前審慎評估，有效降低投資風險，同時在「台灣的主體性、政策的主動性」主軸下，藉中國大陸生產製造，作為台灣產業價值鏈的分工及品牌通路的開發，落實品牌台灣，以厚植台灣的經濟實力及產業根基，達到深耕台灣，佈局全球的目標。

　　台灣區電機電子工業同業公會在許理事長的帶領及全體業者的努力下，成績斐然，有目共睹，我們敬表佩服並予深切期許。自2000年起，公會體認業者的需求，每年針對台商在中國大陸投資進行「大陸地區投資環境與風險調查」研究，將中國大陸各地投資環境及台商所重視之投資風險問題，作客觀翔實的評估，今年更輔以多個自主創新案例分析，對台商進入中國大陸市場策略抉擇有相當大的助益。在此除特別感謝台灣區電機電子工業同業公會的努力與用心外，也樂意將此具實用性的書籍，推薦給關心兩岸經貿的人士參考。

行政院院長　

降低投資風險　開創投資榮景

　　台商到中國大陸投資已經有10年以上的經驗，這10多年來，不斷有新的台商與資金進入中國大陸市場，依照官方的資料，自1979 年至2006年1月底止，台資企業在大陸投資總數為68,829家，實際投資金額為418.95億美元，但是依照非官方的統計數字則高達2,800億美元，因此有關台商權益的保障問題刻不容緩，尤其台商在大陸投資獲利如何回流台灣的課題，是今後政府應該多加努力的方向。

　　2005年5月至7月間中國國民黨榮譽主席連戰、親民黨主席宋楚瑜先後率團到中國大陸，打破兩岸談判的僵局，並與對岸達成多項共識，為兩岸的互動開創全新局面；隨後在2006年4月14日所召開的國共「兩岸經貿論壇」，更為兩岸互惠、互利的經貿發展奠定厚實的基礎，中國大陸並對台商釋出15項利多的政策，為兩岸的和平發展、共存共榮描繪出雙贏的遠景。

　　2005年高盛(Goldman Sachs)金磚四國(BRICs)的話題，在進入2006年之後持續發燒，中國大陸不但穩坐亞洲區域經濟強權的寶座，並已將勢力伸向全世界，在可預見的未來幾十年，中國大陸仍為世界最具發展活力的經濟區域，其對台商的吸引力仍將有增無減，如何保障投資利益、降低企業經營風險，就成為所有台商共同關切的議題。

　　台灣地區會員規模與產值最大的台灣區電機電子工業同業公會，自2000年起以自有經費，委請學驗俱豐之學者專家，就大陸地區投資環境與風險評估進行調查研究，並將大陸各地區投資環境及風險情形，進行客觀與持續比較，且將糾紛處理結果對外公布。此一調查研究，不但海內外廠商及投資機構利用率頗高，甚至引起中國大陸當局及地方政府的重視。金平對於許勝雄理事長領導的台灣區電機電子工業同業公會，致力於台商權益保障及促進兩岸經貿交流與合作之用心與努力，給予高度的肯定，相信定有助於兩岸關係之穩定與持續和平發展，因此樂意為序推薦，請企業界參考利用，以降低投資佈局大陸之風險，開拓更廣大的商機。

立法院院長　王金平

掌握專業調查　慎選投資地點

　　「2006年中國大陸地區投資環境與風險調查」報告出爐了，這是台灣區電機電子工業同業公會連續7年，對中國大陸城市的投資環境所作的綜合性評估調查。調查報告所使用的方法本身是科學的、客觀的、中性的。調查的目的一方面是提供資訊給投資人參考，另一方面則有促使大陸各城市注意改善投資環境的作用，畢竟投資環境是決定投資地點的重要考慮因素。

　　依據經濟部核准台商赴大陸投資的統計，這兩年來，平均每筆投資金額有上昇的趨勢，2004年平均為350萬美金，而2005年平均則升至450萬美金，顯示投資規模擴大。在投資規模不大時，可能憑直覺就決定投資地點，但對大型投資案，則需有制度化的客觀評估，因而本調查報告所提供的資料與分析結果，就更為重要了。

　　本年的調查比往年有一個顯著的不同，是將逐步建立固定樣本，如此可以降低抽樣誤差，提高問卷調查結果的可靠度。調查的結果顯示，綜合客觀環境資料及台商推薦程度，仍以長三角的各城市為首選，包括上海、蘇州、杭州、揚州、無錫、南京等，另外，沿海的廈門也入選，這可能與大陸「一五規劃」想推動「海峽西岸經濟區」有關。華北則有天津濱海新區、北京亦庄及大連入選，內陸部分則與去年相同，有成都及南昌入圍。大致上說來，今年的調查結果與去年相比並沒有太大的變化。

　　大陸在2001年底加入WTO之後，經貿法制化程度日漸提高，已逐漸調整與世界接軌，同時大陸也履行WTO會員的義務，逐步開放國內市場，因此整體經營環境的透明度與公平性較前提高。但是相對而言，企業在大陸經營的競爭程度也愈來愈激烈，根據工商時報最近的調查，今年與去年調查的排名變化相當劇烈，去年的百強企業中有41%退出，而今年有22家進入百強的，去年根本連1,000名都排不到，激烈的競爭，使台商更應注意慎選投資地點，使這份調查報告的參考價值更高。

　　為了積極保障台商權益，有必要經常性蒐集台商經營問題，並定期與中共當局協商解決。2005年11月，「台商服務及聯繫中心」即在北京與中共國台辦及相關部委協商面對面討論，議題範圍涵蓋：土地使用權、租稅查核期間、公平仲裁、開放投資醫療保健、台胞證多次入境方便等，大陸方面應允在政策、法規及執行等層面予以改善。預期此類協商工作未來仍將定期舉行，以協助台商在大陸的經營。

　　每年的調查報告，除了將調查結果依序排名外，也針對每年的特殊經營環境，包括政策走向等，提出專題分析。本年的專題是大陸「十一五規劃」所強調的「自主創新」，本報告蒐集其相關的背景、政策及措施，值得台商參閱。

　　最後，祝福所有的台商都能進軍大陸順利，並能衣錦返鄉，回台開創新事業，達到兩岸互補互利的雙贏目標。

本計畫研究顧問

高孔廉

以TEEMA模式探析中國大陸　自主創新商機

「觀念改變，行動改變；行動改變，命運改變」，從「計畫經濟」向「具有中國特色的社會主義市場經濟」轉型；從「鎖國封閉」到「改革開放」；從「中國製造」到「中國創造」；從「外資依賴」到「自主創新」，中國大陸政經變革之路，走過27載，其經濟發展成果，讓世界各國既羨慕又驚訝！羨慕的是中國大陸內需市場讓人充滿無限的想像空間，驚訝的是中國大陸重要經濟指標屢創新高。也因此創造「中國因素」這一個企業經營必須考量的關鍵因子，因為「只要是中國大陸想買的，全球價格必然上漲；若是中國大陸想賣的，其價格必然下跌」，中國大陸袤廣的市場與外包的優勢，儼然已成為影響全球經濟脈搏跳動的激素。

台商經略中國大陸，有如成吉思汗開疆闢土者，亦有若哥倫布發現新大陸者，尚有如徐霞客遊歷神州者，但也有憧憬夢碎、落魄歸鄉；而台商逐鹿中原績效為何有殊，對中國大陸投資環境與風險資訊的掌握、跨文化的融合、創新遠見的策略佈局、經營思維的開闊都是重要的決定因素。中國大陸經濟騰飛發展與台商企業西進豐碩的主要核心，歸結而言，都是在於政府領導者及企業經營者的「典範轉移」(paradigm shift)，亦即：能夠通權達變、因勢利導，能夠跳脫既定慣性思維框架，能夠建構與時俱進、持續跨越的策略宏圖，如此才能引領國家與企業長治久安及基業長青。

TEEMA 2006報告集合產、官、學、研之智慧，整合各地台商會員之力量，融合最前沿的調查分析技術，符合信度與效度的學術要求，秉客觀、中立之原則，持公平、公正之態度，使得TEEMA報告在所有對中國大陸的研究調查報告中，樹立權威地位，建立良好信譽，並基於追求卓越、臻於完美的TEEMA雄略與企圖，希冀能與執全球國家競爭力調查牛耳地位的IMD、WEF齊名，期盼TEEMA報告成為投資中國大陸的指針，提供整體、系統、價值的資訊，為台商佈局中國大陸發揮導航之效；最終，冀盼TEEMA報告能成為中國大陸政府考核各地方官員城市建設的重要參考依據，砥礪中國大陸地方政府改善投資環境，構建優質發展條件，整合台商國際競爭優勢，共創兩岸經濟繁榮，人民生活富裕安康。

TEEMA 2006報告除承襲昔日「兩力兩度」評估模式，形成城市綜合實力推薦榜外，為剖析中國大陸「十一五」規劃，自主創新與自創品牌的兩「自」戰略思維，以

為台商佈局中國大陸轉型、升級和擴張之決策參考，特突出「自主創新」為TEEMA 2006年度專題報導，以供台商預應中國大陸由「製造」轉向「創造」的商機占有率。並希望TEEMA 2006報告能整合兩岸「群策群力，以竟事功」之優勢，讓兩岸政府戮力於建構優質的經營環境，擘劃符合兩岸最佳的經貿互動政策與模式，以實現「海峽兩岸合，賺世界人錢」之理想。

值此TEEMA 2006 報告付梓之際，提筆為序，感恩心境油然而生，感謝電電公會同仁的齊心協力、研究委員的潤飾斧正、研究顧問的卓越領導、統計小組的精細實嚴、出版單位的焚膏繼晷；感激台商的無私建言、受訪企業的評估意見，願所有為TEEMA 2006報告竭盡棉薄、奉獻心力的每一顆種子，深耕兩岸華夏大地，花繁葉茂、碩果纍纍。

計畫主持人

呂鴻德

CONTENTS 目錄

（封面圖片來源：歐新社）

第一篇

崛起與反思——
中國大陸磁吸與全球經貿衝擊

第1章

全球經濟版圖變遷：從「西潮」到「東望」

在1975年首由法國、美國、英國、德國、日本和義大利6國組成，接著1976年加拿大的加入，在1977年歐洲共同體爲主體的倫敦成立7大工業國（G7, Group of Seven），從1994年開始，加入了俄羅斯成爲8大工業國，是當時全球經濟的中心、生產中心，主要集中在歐美日。

1980年代隨著亞洲經濟實力的崛起，以日本爲首的雁行經濟結構，帶動了「香港、新加坡、台灣、韓國」亞洲四小龍的經濟騰飛，而這四個國家則給予亞洲經濟F4的雅號，也因此引領全球經濟的目光，投向亞洲的市場，此被稱之爲全球的「東望」政策。

2003年10月高盛經濟報告指出：「巴西、俄國、印度和中國大陸的經濟崛起，將逐步取代全球前6大經濟體的地位」，合組Brazil、Russia、India、China四國的起首字母，稱之爲金磚四國（BRICs）。預測到2050年6大經濟體將變爲「中國大陸、美國、印度、日本、巴西、俄羅斯」。高盛證券繼2003年提出「金磚四國」報告後，2006年再度提出新鑽11國「N-11」（the Next Eleven）報導，指出南韓、墨西哥、孟加拉、印尼、菲律賓、越南、伊朗、巴基斯坦、奈及利亞、埃及及土耳其將成爲全球新經濟體，全球經濟版圖由過去的「西潮」（West Waves）演進成爲今日的「東望」（Look East）。

高盛報告中指出：「世界經濟的風貌，在過去50年裡劇烈改變，下一個50年，變動的幅度將一樣戲劇化。」「中國大陸崛起的故事已爲人們所熟知，但我們懷疑，印度和其他國家的潛力，以及發達國家的老年化和發展中國家經濟增長之間的相互影響，還不爲人們所認識。」

全球經濟每數10年就變更一次，19世紀的歐洲，20世紀初的美國，世紀末的日本，到21世紀初的中國大陸及印度，顯然此時亞洲新興地區的生產與市場，已令世人再度聚焦而無法忽視。

第2章

全球經濟新絲路：「中國熱潮」與「中國現象」

中國大陸經濟成長的議題，已經成爲全球政治領袖、知名媒體、財經刊物以及財經學者關注討論的重點，「中國熱潮」、「中國現象」等名詞都已成爲全球經濟討論的重心，一股「中國熱」正取代過去的「和風」、「韓流」，形成無可抗拒的「漢潮」。

全球政治領袖對中國大陸崛起的關注

根據CNN報導，美國總統布希（Bush, 2005）積極肯定中國大陸經濟的快速發展，指出中國大陸經濟發展已取得了不起的成就，同時對中國大陸加強知識產權保護的執法力度感到鼓舞，表示這將增加美國企業在中國大陸發展的信心。

新加坡前內閣總理李光耀（2005）表示，近年來中國的經濟與社會發展舉世矚目，而在今後，中國將有能力維持長遠和穩健的經濟增長。李光耀表示，中國經濟的增長給本地區其他國家帶來了挑戰，也帶來了共同發展的實惠和合作的良機。他表示，中國快速的經濟增長，給東亞各國提供了日益緊密的貿易和生產作業聯繫，這將使東南亞各經濟體緊密地聯繫起來，在30至50年內形成一個鏈狀的生產作業群體，屆時有望成爲世界最大的經濟群體。

全球著名媒體對中國大陸崛起的評析

根據英國《BBC》中文網（2005）報導指出，中國大陸經濟如此快速增長，將來經濟總量肯定會超過全球頭號經濟強國美國，對其地位形成挑戰；但隨著中國大陸經濟的不斷壯大，中國大陸的生產力和購買力都越來越強，對世界的正面影響是顯而易見的；隨著中國大陸國際地位的增強，其對外交往來的姿態也將更積極和更寬容。《BBC》新聞網（2006）所發表的文章指出，中國大陸值得被如此關注是因爲這個沉睡的巨人正在伴隨著經濟的迅猛發展而成爲一個甦醒的巨人，現在應該把中國大陸看作一個希望再次得到它在世界上適當位置的巨人。

德國《趨勢》雜誌文章曾指出中國大陸是「開始起跳的超級老虎」，美國之音則推出系列報導，說「中國大陸的崛起震動了整個世界」。中外學者、名流交口稱讚，

認為這一「崛起」十分了不起，並「已經開始對世界產生深刻的影響」。

全球管理大師對中國大陸崛起的言論

經濟學者大前研一（Ohame，2005）指出，中國大陸經濟與商業形貌已經在過去5年來從根本上有著大變化，企業應對中國大陸，是典範移轉的進行式，在互動中，中國大陸自身也在改變。過去的官方規章制度依舊存在，不同的是內容逐漸鬆綁；早年因嚴格管制而停滯不前的企業也活絡起來，競爭出現在銳進的新興當地企業與外來企業中。中國大陸市場的內部需求成長明顯，市場規範亦趨西方資本世界，強勁的成長力、吸引力，使得在中國大陸成立企業不僅可行，更是必要的潮流。

第3章

中國大陸經濟發展思路：6大典範移轉

　　隨著中國大陸經濟改革開放，超高速的經濟成長吸引著全球的目光，但從早期的「招商引資」到當今的「招商選資」，從早期的「以市場換就業」到目前的「以市場支撐自主創新」的思維變遷，在在都顯示，中國大陸隨著經濟發展策略，思路不斷的在調適與修正，總結中國大陸經濟發展思路6大典範移轉如後：

從「部分先富論」到「共同富裕論」

　　日本著名的財經刊物《經濟界》雙週刊於2006年5月25日發表專文，認為：「中國經濟的最大瓶頸是地區發展不均衡和農業問題」。1978年中共11屆三中全會鄧小平宣導的「先富論」，就是由於國土遼闊、人口眾多的中國大陸不可能一下子富裕起來，因此要使一部分地區先富裕起來，然後再帶動相對貧困的地區。目前，中國大陸每人平均國內生產總值（GDP）已突破1,500美元，預計2020年將達到3,000美元。中國大陸領導人認為在這一關鍵階段，要防止出現貧富懸殊、失業人口增多、城鄉和地區差距拉大、社會矛盾加劇等問題，否則會導致經濟社會發展長期徘徊不前，甚至出現社會動盪和倒退。

　　因此，中國大陸新領導階層目前正在逐步調整「先富論」政策。在經濟政策中，消除城市與農村的差距，重視協調發展和福利的方針尤為突出。而且，開始強調城市地區的失業對策和減輕農民負擔等問題。中國大陸溫家寶總理2004年3月5日的《政府工作報告》中，通篇貫穿了以人為本，樹立全面、協調、可持續的發展觀，促進經濟社會和人的全面發展以及統籌城鄉發展、區域發展等的新指導思想，可以說，這是從「先富論」向「共同富裕論」的轉換。中國大陸第十一個五年規劃強調區域協調發展，對於變「先富」為「共富」的目標達成非常關鍵。

從「中國威脅論」到「和平崛起論」

　　「中國威脅論」一般是指中國的崛起對亞洲及世界的和平與穩定構成威脅的觀點、理論和思潮。冷戰結束後，「中國威脅論」開始出現並且成為某些國際輿論中的一種時尚。1990年8月日本防衛大學副教授村井龍秀在《諸君》月刊上發表題為〈論

中國這個潛在的威脅〉的文章，從國力角度把中國視爲一個潛在的敵人，因而被認爲是「中國威脅論」的始作俑者。Munro and Bernstein（1997）在合寫的《即將到來的美中衝突》一書中宣稱：中國在下世紀成爲世界主導力量後，肯定是美國的長期敵人而不是戰略夥伴，此一著作可算是宣揚「中國威脅論」的巔峰之作。

「中國和平崛起」論題首次提出是在2003年11月3日，時任中國改革開放論壇理事長的鄭必堅在博鰲亞洲論壇上做了題爲「中國和平崛起新道路和亞洲的未來」的演講，這個理論架構宏大，內容涵蓋中共今後發展的內政、外交、文化和歷史等各種面向。2004年溫家寶總理詮釋中國大陸和平崛起的要義：1. 中國大陸的崛起就是要充分利用世界和平的大好時機，努力發展和壯大自己；同時又以自己的發展，維護世界和平。2. 中國大陸的崛起應把基點放在自己的力量上，依靠廣闊的國內市場、充足的勞動力資源和雄厚的資金儲備，以及改革開放帶來的機制創新。3. 中國大陸的崛起離不開世界，中國必須堅持對外開放的政策，在平等互利的基礎上，同世界一切友好國家發展經貿關係。4. 中國大陸的崛起需要很長的時間，恐怕要多少代人的努力奮鬥。5. 中國大陸的崛起不會妨礙任何人，也不會威脅任何人；中國現在不稱霸，將來即使強大了也永遠不會稱霸。

在基本認可現存國際制度的情況下，中國大陸已經參加了軍備控制、人權、貿易、投資、金融、資訊、能源以及環境保護等多個問題領域的國際機制，並根據自身的實際能力和利益需求而在其中一些機制中發揮著建設性乃至主導性的作用。在參與國際制度的過程中，中國大陸逐漸形成了在多邊制度安排的基礎上處理全球和地區公共問題的新理念，有的學者甚至將其稱爲：「中國大陸外交新思維」。

從「先發後治」到「綠色生態」

中國大陸先從地方經濟發展的角度，以改善人民生活的角度出發，認爲應該「先發展，後治理」，但隨著環境資源供給相對減少，而對其需求卻在不斷增加，環境所面臨的壓力增大了，因此也產生許多問題：1. 在工業化過程中，造紙、電力、冶金等重污染行業，控制污染和生態破壞的難度加大。2. 在城市化過程中，城市環境基礎設施建設滯後，地表植被受到破壞。3. 在農業現代化過程中，化肥農藥的使用和養殖業的發展將使耕地污染，持久性有機污染物防治任務更爲艱鉅。4. 在社會消費轉型中，電子電器廢物、機動車尾氣、有害建築材料和室內裝飾不當等各類新污染呈迅速上升趨勢。

從「GDP崇拜」到「GDP省思」

「GDP崇拜」是發展中國家面臨的首要問題，就是要盡快地發展生產力，提高經濟水平，解除貧困狀態，增強綜合國力；在這種背景下，多數發展中國家確立的發展戰略都以經濟增長為首要目標。也因為中國大陸官員太重視GDP，過於忽視其他經濟和社會目標以及自然環境的保護，所以這些年來導致了很多偏差。中國大陸目前經濟社會和環境發展的不平衡、地區差異的加大、收入差距的擴大，必然會使社會發展的總體均衡喪失，短期內會降低經濟的效率，長期內則會影響社會穩定，阻礙社會的長遠和全面發展。

為解決傳統GDP核算體系存在的缺陷，中國大陸也開始採取了「綠色GDP」核算和綠色會計；「綠色GDP」指用以衡量各國扣除自然資產損失後新創造的真實國民財富的總量核算指標；簡單地講，就是從現行統計的GDP中，扣除由於環境污染、自然資源退化、教育低下、人口數量失控、管理不善等因素引起的經濟損失成本，從而得出真實的國民財富總量。綠色GDP不僅能反映經濟增長水準，而且能夠體現經濟增長與自然保護和諧統一的程度，可以很好地表達和反映可持續發展觀的思想和要求。綠色GDP占GDP的比重越高，表示國民經濟增長的正面效應越高，負面效應越低。

從「中國製造」到「中國創造」

無論是打火機、皮鞋、紐扣、領帶，還是彩電、手機，甚至國產轎車，低成本向來是「中國製造」的核心競爭力所在，在全球化的產業轉移過程中，憑藉巨大的人力資源優勢，中國大陸迅速發展成為跨國公司的外包加工基地。2005年中國大陸加工貿易順差超過1,400億美元，是當年外貿順差的主體來源，依靠出口加工和建立在低成本基礎之上的民族工業，中國大陸經濟維持了長達20多年的高速增長，並解決了大量城鎮居民就業和農村勞動人口的轉移問題。

國內外市場上的重重壁壘，為過度依賴低成本發展戰略的中國大陸企業敲響了警鐘，「中國製造」在海外幾乎成了低質低價甚至假冒偽劣產品的代名詞，不多的利潤還要被接連不斷的關稅壁壘剝削。也因如此，過去中國大陸是個製造工廠。現在中國大陸已經變成一個創新市場；有很多聰明的人在做創新，可以說正走在創新的路上，而且相當積極。所謂創新，不只是我們一般所說的科技創新，如iPod或影像電話等，還包括服務、行銷通路的創新。大陸的飲料公司包括來自蒙古的牛奶供應商「蒙牛集

團」與賣水的「娃哈哈」，都在積極改變通路形式，這就是一種創新。

從「製造中國」到「智造中國」

過去中國大陸的許多企業還滿足於貼牌代工做「世界工廠」，滿足於用廉價的成本與價格去敲開世界市場，甚至是大型企業長期停留在「微笑曲線」的谷底；Made in China被蒙上了廉價與低端影子，低端、無序、缺乏核心技術與現代商業智慧的盲目製造，只能讓更多的人與企業陷入微利低價的同制化競爭泥淖，顯然，對於大多數大陸企業來說，單純依靠「製造」的路並不好走。

但新世紀的中國大陸顯然不會停止其前進的步伐，一部分眼光、膽識、智慧與魄力獨到的企業與企業家，依靠新技術，捕捉新市場，並整合行業資源，在新的環境中找尋行業的高利潤區。中國大陸的企業正在由「製造」向「智造」轉化。人是產業的主導，是能夠創造高附加值的能動因素，今天的中國大陸擁有大量的高級人才，最大資源就是人才資源，中國大陸經濟轉型之際必須用智慧去勞動，用智慧去創造企業的現在與未來。

「智造」也為大陸經濟帶來了新亮點，「智造」的興起以及「智造中國」概念的提出，本身就是經濟轉型的重要標誌，因為在「智造」涵義下的技術創新和產業結構升級，是大陸經濟持續發展的推動力，如何做到這一點已經成為大陸企業和產業所面臨的更重要和更關鍵的問題；在這個轉型期內，大陸的企業不僅僅要看到「智造」所帶來的重大變化，更要學會用智慧去創造企業的現在與未來。

第 4 章

中國大陸經濟新動力：「十一五」規劃

　　「十一五」時期是中國大陸全面建設小康社會，承前啓後的關鍵時期，也是經濟社會發展轉入科學發展軌道的關鍵時期。面向未來，現階段中國大陸站在一個新的歷史起點上，採取以鄧小平理論和「三個代表」重要思想爲指導，全面貫徹落實科學發展觀，堅持以人爲本，轉變發展觀念，創新發展模式，提高發展品質，促進經濟社會協調可持續發展，開創社會主義經濟建設、政治建設、文化建設、社會建設的新局面，立足科學發展，著力自主創新，完善體制機制，促進社會和諧，明確未來經濟社會發展的指導方針，提出符合大陸國情、順應時代要求、反映人民意願的發展目標和總體部署。

　　「十一五」規劃建議中，強調提高科技自主創新能力，這表示大陸政府近年來一再強調的「自主創新」，將由理念上升至運作層面，並被提升到未來5年「國家戰略層次」，爲「十一五」經濟社會發展的重要戰略，並進行部署實施。台商在中國大陸投資，均相對集中於沿海富裕地區，鮮少關注落後的大西部及農村，但在「十一五規劃」綱要的藍圖中，明白點出未來中國大陸政策方向的轉變，這是準備長期佈局中國大陸台商必須重視的方向。

　　十一五規劃將勾勒中國大陸經濟發展，這些「新」將帶動一系列的政策轉變，這些政策的新取向將爲相關產業帶來良好機遇。從16屆五中全會通過的《中共中央關於制定國民經濟和社會發展第十一個五年規劃的建議》內容來看，十一五期間大陸在消費市場、產業升級、自主創新戰略、區域發展、新農村建設等五個發展方面，體現出諸多新亮點，蘊涵著新的商機。

1. **消費市場**：十一五期間，中國大陸強調經濟增長與人民生活水準同步提高，意味著大陸經濟在經歷出口拉動型、投資拉動型增長之後，開始注重增強拉動經濟增長的「第三架馬車」－消費的拉動力，開始以擴大內需爲經濟發展的基本立足點和長期戰略方針。未來5年，住房、汽車、教育和旅遊將成爲大陸居民消費支出的重點。內需消費市場的逐步復甦，將給兩類企業提供機會：一是鯊魚型企業，不斷收購兼併提高行業集中度，在部分基礎消費品、管道、物流網路等市場實現「壟斷」；二是雄鷹型企業，借助品牌和高端路線，避開廣泛的

價格戰和惡性競爭，在部分品質敏感型消費品、奢侈消費品、時令消費品上獲得超額利潤。內需消費市場的逐步復甦，使服務業也面臨強大發展機遇。

2. **產業升級**：十一五規劃期間強調中國大陸經濟將由傳統的高消耗、高污染、低效率的粗放型增長方式，逐步走向低消耗、低排放、高效率的集約型增長方式轉變，採有效利用資源和保護環境為基礎的生態經濟之路。十一五期間，可以預見：新能源、環保、裝備製造業等都有可能成為大陸重點支持的行業；太陽能、核能、風能等產業的投資將得到大大提高，產業前景值得關注；低耗能、低污染的機器設備開發面臨較好的投資機會。在節能、環保、基礎設施建設和軍工等方面的新型設備，將會有較多的政策優惠與發展機遇。受惠行業還將包括電網設備、鐵路設備、清潔高效發電裝備、海洋石油工程裝備、數控機床、新型紡織機械等領域。

3. **自主創新**：十一五規劃把增強自主創新能力作為科學技術發展的戰略基點和調整產業結構、轉變增長方式的中心環節，大力提高原始創新能力、集成創新能力和引進消化吸收再創新能力。自主創新將成為強國的新戰略，中國大陸將掀起一股自主創新浪潮。今後，企業將直接成為研究開發的主體，一改過去大陸政府總是把研發經費撥到高等院校、研究院的老一套。機械裝備工業、水泥、電解鋁等等這些看似低水準重複建設的行業，如果其中有公司開始向自主創新或者新技術發展，同樣可以帶來機會。此外，類似醫藥、電子、IT等領域都存在著重大的創新和進步空間，對其中有戰略意義和經濟意義的重點投資值得關注。

4. **三大區域**：統籌做好區域規劃、城市規劃和土地利用規劃；區域經濟整合將成為推動大陸新一輪改革開放的支柱力量之一。在十一五期間，將有三大新的重點區域發展值得關注：一是海峽西岸：「支持海峽西岸和其他台商投資相對集中地區的經濟發展」，由於「海峽西岸」第一次寫進大陸文件，成為《建議》的一個亮點，意味著地處海峽西岸的福建在整體經濟中的地位大大提高，支援海峽西岸發展，為福建提供了一個新的發展機遇，有利於促進兩岸經濟技術交流和合作。二是天津濱海新區：「推進天津濱海新區等條件較好地區的開發開放，帶動區域經濟發展」，意味著天津濱海新區開發開放，被納入大陸發展的總體佈局，呈現出巨大的潛能和廣闊的發展空間。三是成渝地區：將成渝地區列入十一五規劃，顯然是加快西部發展、協調區域發展的重要一步，成渝地區

將由此獲得良好的發展契機。

5. **新農村建設**：十一五規劃提出，建設社會主義新農村是大陸現代化進程中的重大歷史任務，新農村建設相比較過去單向的政策而言，是系統性、綜合性的政策，新農村的內涵本身即蘊涵著新商機；新農村的內涵至少包括5個方面，即新房舍、新設施、新環境、新農民、新風尚，其中，「新設施」就是要完善基礎設施，包括道路、水電、廣播、通訊、電信。

第二篇

自主與創新——
中國大陸經濟再騰飛雙引擎

第5章

TEEMA報告的「雄略」與「企圖」

「台灣區電機電子工業同業公會」（Taiwan Electrical and Electronic Manufacturers' Association；以下簡稱**TEEMA**）自2000年起，即針對台商在中國大陸投資進行「中國大陸地區投資環境與風險調查」研究，在本會大陸經貿委員會及許多產、官、學、研界等專家的共同努力下，連續7年，將大陸各地投資環境及台商所重視之投資問題，做客觀翔實的評估，此項調查報告不但深受海內、外台商們的讚許，也引起兩岸政府相當的關注，爲求一年比一年完善，達到一年比一年更好，本年度的TEEMA報告將有別以往展現下列4大雄略。

1. 與IMD、WEF全球競爭力報告齊名

TEEMA 7年來，集合產、官、學、研之智慧，整合各地台商協會之力量，融合最佳的調查分析技術，符合信度與效度的學術要求，秉持客觀、中立之原則，使得「中國大陸地區投資環境與風險調查」在所有對中國大陸的研究調查報告中，樹立權威之地位，建立良好之信譽。爲賡續前6年之計劃成果，並基於追求卓越、臻於完美的TEEMA企圖，2006年的調查報告，仍將以建立TEEMA模式爲重心，希冀能與全球競爭力調查的IMD、WEF模式齊名，使TEEMA報告成爲投資中國大陸的指針。

2. 台商投資中國大陸指南與寶典

中國大陸是台商征戰寰宇的戰略要塞，同時也是台商創造自有品牌，打造國際名品的必經之路。台商企業基於追求比較利益，和全球佈局之考量，不得不前進中國大陸，然而一個從計劃經濟過渡到市場經濟的經濟體，卻在法制尚未健全、人治色彩尚存之際，充滿社會、法治、經營等風險，如何爲台商企業提供充分的資訊，讓投資中國大陸的台商企業能夠減少「嘗試錯誤成本」，如何爲台商企業提供中國大陸重要城市之投資環境評估，以更透明的訊息，更細緻的剖析，讓台商企業能夠達成明確選擇投資區域，創造應有之投資回報，開展全球擴張格局的發展藍圖。

3. 全球企業佈局中國大陸重要投資資訊

中國大陸經濟與商業形貌已經在過去5年來從根本上有著重大變化，企業應對中國大陸，是典範移轉的進行式，在互動中，中國大陸自身也在改變。過去的官方規章制度依舊存在，不同的是內容逐漸鬆綁；早年因嚴格管制而停滯不前的企業也活絡起

來，競爭出現在銳進的新興當地企業與外來企業中。中國大陸市場的內部需求成長明顯，市場規範亦趨西方資本世界，強勁的成長力、吸引力，使得在中國大陸成立企業不僅可行，更是必要的潮流。除此之外，中國大陸已在全球經濟市場中，打著新興市場的名號，成為一股強大的、不可忽視的影響力。本次調查除延續前6年的研究成果外，將以建構一個具有國際水準的TEEMA調查模式為重心，成為全球企業佈局中國大陸的重要投資依據。

4. 中國大陸投資趨勢前瞻分析專業報告

在接下來五年的「十一五規劃」期間，中國大陸投資環境將有展新的面貌。毋庸置疑，「十一五規劃」這樣涉及未來五年經濟、社會、生活每個角落的策略方針和遠景，對於台商來說自然是不可小覷。未來五年台商何去何從？其佈局的方向為何？此乃台商所極為擔憂之事。但隨著本年度「2006年中國大陸地區投資環境與風險調查」將延續前6年的調查基礎，並具有一致性及比較性，透過TEEMA調查報告將形塑出完整的中國大陸地區投資環境與風險評估模式，可以讓遠赴中國大陸投資的台商們，全面瞭解中國大陸各城市的投資環境與風險，做為其佈局方針之指引參考及瞭解中國大陸投資趨勢前瞻分析專業報告。

TEEMA 2006調查報告除延續2000-2005年的研究成果外，將以建構具有國際水準的TEEMA調查模式為重心，具體而言，本次計畫的主要目的有下列6項：

1. 構建TEEMA模式的信度與效度

為使調查結果周延和嚴謹，本研究以「兩力兩度」模式為核心，「兩力」乃是指「城市競爭力」和「投資環境力」；而「兩度」則是指「投資風險度」和「台商推薦度」。藉由這4個變項（variable），建構一個「城市綜合投資實力」這個構念（construct），換言之，「城市綜合投資實力」是由「城市競爭力」、「投資環境力」、「投資風險度」、「台商推薦度」4個衡量變項所組成，而每個變項再由數個構面組成。今年之研究將首先側重衡量構面的「建構效度」（construct validity），希望經由相關研究模式的文獻回顧（literature review）以及學者專家德菲法（Delphi Method）的收斂，探討出最適宜的構面和指標。TEEMA 2006調查報告為能夠提高問卷的信度與效度，將建立長期的固定樣本問卷調查法（panel），2006年設定80個調查城市，有530份問卷是由固定樣本調查而得，提高了問卷的回收品質以及問卷的回收數量，進而提升TEEMA模式的信度與效度，以提高本研究報告的正確性與信任感。

2. 反映台商對中國大陸投資環境與風險之評價

延續過去6年TEEMA研究報告執行成果，2006年將針對台商投資較爲密集且未來具有發展潛力的中國大陸城市，進行「城市競爭力」、「投資環境力」、「投資風險度」、「台商推薦度」的評估調查；所謂台商密集的城市，乃是指台商投資家數最多的城市，並已形成產業群聚（cluster）的城市爲調查重點，並參酌未來最具有投資潛力的中國大陸新興發展城市爲調查對象，最後經由權重的換算，排出台商心目中最具有「城市綜合投資實力」的排行榜，並依「極力推薦」、「值得推薦」、「勉予推薦」、「暫不推薦」4個等次，做爲台商投資中國大陸地點選擇之參考，以利台商之「安心、安全、安穩、安樂、安康」的經營。然而，最重要的目的是藉由台商的心聲，提供大陸當地政府作爲改善當地投資環境之依據。此一心聲的表達，從過去6年的調查成果報告發表後，各地政府積極改善投資環境可以得到證明。2006年TEEMA的調查報告將本著反映台商投資心聲與揭示當地投資環境與風險爲重點。

3. 強化台商關切之投資議題之評估排序

TEEMA 2006調查報告，除延續過去6年「兩力兩度」以及「城市競爭力」、「投資環境力」、「投資風險度」、「台商推薦度」、「城市綜合實力」等5項排行之外，將針對台商關切的15大單項主題進行排行，諸如：(1)當地政府行政透明度；(2)當地對台商投資承諾實現度；(3)當地政府解決台商經貿糾紛滿意度；(4)當地台商人身安全程度；(5)最適合從事內銷市場；(6)最適宜服務業投資；(7)最適宜IT製造業投資；(8)當地台商企業獲利程度；(9)當地金融環境自由化程度；(10)當地政府歡迎台商投資的熱情度；(11)最重視自主創新；(12)最具誠信道德價值觀；(13)當地政府對台商智慧財產權保護程度；(14)當地台商享受政府自主創新品牌程度；(15)台商高科技、傳統及服務產業最佳投資城市排行。

4. 深究台商經貿糾紛案例始末作為台商投資之參鑒

爲了能夠深入瞭解投資環境與投資風險的經貿糾紛案例，TEEMA於2006年5月19日集合產、官、學、研共同舉辦一場「大陸台商智慧產權經驗分享研討會」，從投資合同糾紛、貿易糾紛、人身安全、智慧財產權糾紛、品牌糾紛、合資糾紛、創新糾紛、仿冒糾紛等，以業者及政府的角度深入剖析，並將台商所面對的糾紛案例依相關類別彙總，作爲兩岸經貿糾紛案例及解決改善之重要參鑑。從2000年TEEMA調查報告開始執行以來，每年調查報告完成之際，亦對台商在中國大陸的經貿糾紛進行深入剖析，到目前爲止，已累積135個經貿糾紛案例，2006年特別針對中國大陸「十一五

規劃」中的「兩自戰略」，即「自主創新」與「自創品牌」所涉及到的經貿糾紛議題
爲重點；如此將對台商在中國大陸佈局應該防範的風險有所借鑑。

5. 建立固定台商調查樣本的問卷調查系統

　　爲提高調查的信度與效度，並提高問卷的質與量，2006年TEEMA的調查重點在
於建立台商固定樣本，以使得回卷的樣本能一致，並且能夠提高問卷回卷的品質，使
調查的年度比較，更具有公信力。爲使調查報告更具有代表性，本年度希望藉由建立
台商固定調查樣本的資訊系統，提高問卷的回卷品質與可信度，本年度希望建立四分
之一的台商回卷樣本數，更期望此系統能分3年完成，如此，2008年將全面以固定樣
本作爲TEEMA調查報告的回卷基礎。

6. 針對年度專題報告提供台商中國大陸年度熱門主題

　　中國大陸投資環境變化甚速，每年都有新增的議題，爲能夠及時反映中國大陸投
資環境的脈動，TEEMA調查報告從2002年開始都選擇年度主題進行深入剖析，2002
年爲「中國大陸加入WTO」、2003年爲「SARS對台商之衝擊與影響」、2004年爲「宏
觀調控對台商經營的影響」、2005年爲「中國大陸內銷市場」，TEEMA的年度報告都
得到台商企業的肯定；爲延續過去的出版風格，2006年特別針對中國大陸「十一五規
劃」的核心：「自主創新」作爲年度專題報告，希冀藉由專題報告提供台商瞭解中國
大陸政府對於自主創新的主張、思維、策略、獎勵等相關措施，以爲台商切入自主創
新領域投資之參考，並藉由自主創新專題的報告瞭解台灣企業在中國大陸從事科技研
發、科技創新、軟體開發、研發人才培育、自創品牌、共同研發、技術移轉等議題，
以作爲其他台商投資的標竿學習榜樣。

第6章

中國大陸自主創新背景：「自省」與「自惕」

　　回顧中國大陸近25年來的改革開放歷程，在沒有先例可循，沒有現成理論答案的情況下，中國大陸的改革開放必然是一個充滿問題、充滿矛盾、充滿曲折與挫折的過程，但因為其關係著廣大人民的利益，必然會造成一波市場衝擊效應，也可能會得到廣大人民群眾的擁護和支援。改革開放的政策給中國人民帶來了巨大的實惠，使中國大陸的一躍成為世界的矚目焦點，而這些變化也反映在許多經濟發展上，例如以下4項指標性數據的重大變化：1.高經濟成長：中國大陸25年來年平均增長率為9.4％左右，中國大陸的經濟總量，已從1978年居世界第6位，上升到2005年居世界第4位。2.高GDP收入：經濟的持續高速增長，帶來了人民收入水平的整體提高。2005年，中國大陸GDP已達到1,700美元，為1978年的7.6倍。3. 高外匯表現：中國大陸年出口總量已從1978年的97.5億美元上升到2005年的8,189億美元；中國大陸已從一個外匯極其短缺的國家，成為持有最多外匯的國家。4. 高財政收入：中國大陸政府的財政收入，已從1978年的人民幣1,132.26億元，增加到2005年近3萬億元，幾乎是增加了26倍。

　　歷經改革開放20多年，中國大陸已成為製造大國和貿易大國，但目前仍未成為「科技強國」，在國際上也只獲得了「世界加工廠」的稱號。中國大陸固然有神舟太空船這樣的領先技術，但在更廣泛的科技領域，還是屬於落後者，儘管近年來大陸各級政府都在強調「產業升級換代」，但自主知識產權成為發展的瓶頸，中國大陸的工業仍處在世界產業鏈的低端，於是，對「創新」的闡述，出現在2005的中共中央十六大的報告中，這也是「自主創新」策略的重要開端。

　　2005年10月，在中國大陸16屆五中全會中除推出「十一五規劃」外，令外界矚目的是，代表胡溫新政的又一新口號「自主創新」成為會上焦點，在規劃建議中，強調提高科技自主創新能力，此表示中國大陸政府將把「自主創新」理念提升至運籌層面，並列為未來5年中國大陸最高戰略，作為「十一五」經濟社會發展的重要戰略進行部署。

　　「立足科學發展，著力自主創新，完善體制機制，促進社會和諧」－中國大陸16屆五中全會把自主創新提到了實現科學發展、推動民族振興的戰略地位。「走中國特色的自主創新之路，建設創新型國家」，這是中國大陸綜合分析國際形勢和發展階段

提出的重大指導方針，同時要推動大陸經濟社會發展轉入科學發展軌道。

　　檢視中國大陸的自主創新發展現況，發現「自主創新」確實充斥在中國大陸的政策中，自主創新滿天飛，從南到北，從傳統領域到高新技術，彷彿一夜之間，中國就成了一個自主創新的大國。事實是否如此？自主創新究竟有無實質概念和內涵？可由以下10大現象得到解釋。

1. 1.5%目標迄今未實現

　　中國大陸歷史上科技投入佔GDP的比重最高是1960年的2.32%，以後逐年下降，到1998年為0.69%，2000年以後有所回升，到2004年為1.23%，但與國家相關法規規定的1.5%還有差距，也就是說中國大陸目前的科技投入總量仍然不足。

2. 對外技術依存度居高不下

　　中國大陸對外技術依存度高達50%，而美國、日本僅為5%左右。關鍵技術自給率低，佔固定資產投資40%左右的設備投資中，有60%以上要靠進口來滿足，高科技含量的關鍵裝備基本上依賴進口。許多重點領域特別是國防領域的對外技術依賴，會對國家安全構成嚴峻挑戰。

3. 自主產品「叫好不叫座」

　　「國外的再貴也要用，國產的再好也不用」，許多自主創新產品和技術在市場上步履艱難；自主產品缺乏政策環境支援，成為阻礙創新型國家戰略落實的一個重大問題。

4. 高層次人才嚴重不足

　　雖然中國大陸人才總體規模已近6千萬，但高層次人才十分短缺，能躋身國際前沿、參與國際競爭的戰略科學家更是鳳毛麟角。在158個國際一級科學組織及其包含的1,566個主要二級組織中，中國大陸參與領導層的科學家僅佔總數的2.26%，其中在一級科學組織擔任主席的僅1名，在二級組織擔任主席的僅佔1%。

5. 管理評價體系簡單僵化

　　長期以來，許多單位以論文數量作為考核的主要指標，導致科研人員片面追求論文數量，花大量時間跑課題、要經費、寫總結。論文質量卻無法讓人樂觀。1993年至2003年，世界各學科領域按照作者統計的SCI（科學引文索引）論文被引用次數，前20名沒有大陸學者，前100名僅有2人。

6. 企業盲從效果造成空洞化

　　目前中國大陸規模以上（營收超過500億元）企業開展科技活動的僅占25%，研

究開發支出占企業銷售收入的比重僅占0.56％，大中型企業僅爲0.71％，企業熱中於從國外引進設備，卻很少投資去消化吸收，以上海企業爲例，其對國外技術依賴度高達75％。企業自主創新形成一邊科技經費迅速增加、一邊科技對外依存度上升的現象。

7. 核心技術涵蓋率超低

中國大陸擁有自主知識產權核心技術的企業僅爲萬分之三。企業難以掌握核心技術，重引進、輕消化吸收再創新的問題一直未能有效解決。2004年，規模以上工業企業技術引進經費支出397億元，消化吸收經費支出僅61億元，遠遠低於日本和韓國的水準，科技創新能力嚴重不足，使許多企業陷入受制於人的被動境地。

8. 資源分散重複、忽視績效

目前，中國大陸科技基礎條件仍然存在著薄弱和分散等突出問題，成爲科技、經濟發展中的瓶頸。據大陸有關部門統計，中國大陸大型科研裝備利用率只有25％，而許多先進國家則達到170％到200％。中國大陸目前創新基礎條件資源短缺與浪費現象並存，共用創新資源是緩解短缺矛盾的唯一選擇。

9. 經濟社會發展面臨瓶頸

中國大陸自從改革開放以來，由於過度依賴外資、著重低廉勞動力的提供、低加工層次的商品造成超競爭的紅海格局，因此中國大陸經濟發展造成了所謂「增收不創利；繁榮不富裕；優外不富民」的現象。整體經濟社會要再邁向另外一個臺階，必須強調技術的自主、觀念的創新、資源的優化。

10. 創新文化無法跟進

以創新爲主導的價值觀尚未成爲普遍風尚，功利化、工具化的科技觀具主導地位，「官本位」等傳統文化中的消極因素影響科技工作者的行爲模式，科學管理制度存在嚴重缺陷，有利於創造力的思維品格尚未形成，使科研成爲一些人追名逐利的工具。傳統教育體制和方法也不利於創新意識的培養，重知識灌輸，輕能力培養，重趨同一致，輕標新立異。

面對日新月異的科學技術變革，以及以創新和技術升級爲主要特徵的激烈國際競爭，中國大陸自主創新能力薄弱的問題成爲發展的瓶頸；而加快提高自主創新能力，是「十一五」時期中國大陸經濟發展的重要任務，除了加快轉變經濟增長方式，推動產業結構優化升級，也是增強綜合國力和競爭力的首要任務，在激烈的國際競爭中，

從根本上保障國家經濟安全。根據中國大陸發展現況，歸納出自主創新的產生背景有以下4項：

1. 國際競爭壓力倍增

隨著中國大陸參與國際競爭的深度和廣度不斷增加，先進國家及其跨國公司對中國大陸的技術封鎖不斷加劇，相較之下，大陸產業創新能力弱，關鍵技術依賴國外進口的問題日益突出，國家競爭力受到嚴重影響。在涉及國防安全和經濟安全的關鍵領域，核心技術受制於人的局面，使中國大陸難以掌握戰略的主動權，目前，知識產權、技術標準等已經成為其參與國際競爭的巨大障礙，因此，必須強化自主創新能力，集中力量突破影響產業競爭力的關鍵技術，開發具有自主知識產權的核心技術，扭轉中國大陸在重要領域的關鍵技術上依賴國外的狀況。

2. 低成本優勢的消弭

從2002年開始的新一輪的經濟增長中，「低成本競爭」增長模式受到很大衝擊。衝擊主要來自兩個方面，一是部分地區土地、勞動力、環境等要素成本的明顯上升；一是能源和其他重要資源供給緊張加劇。持續了20多年的增長模式面臨了日益增大的轉型壓力，轉型的一個重要內容，就是實現動態比較優勢的轉換，在低成本優勢逐步削弱後，通過技術、組織和制度創新，形成以提升技術含量和附加價值為重點的新的比較優勢和競爭優勢。這樣就需要顯著地提高中國大陸經濟的自主創新能力。

3. 技術密集型產業比重上升

從國際經驗看，不同產業的技術含量有較大差別，機械、電子通訊、精細化工等行業的技術含量和研發投入比重明顯地高於其他行業。2002年中國大陸經濟開始的新一輪經濟增長中的一個重要特點，是重工業的比重提高，其中增長最快、比重最大的是重工業中的加工工業，也就是技術密集型產業。技術密集型產業和環節比重的上升，一方面對高新技術形成大量需求，另一方面，技術提供者為了貼近市場，提高技術的適應性和競爭力，也會日益增多地將研發環節轉移到中國大陸。近年來跨國公司研發中心的增加已經反映了這一趨勢。大陸企業的自主研發能力也會在這一過程中逐步增強，企業成為負責任的、有長遠眼光的創新主體。

4. 科技發展瓶頸日益突出

2005年企業科技經費支出占產品銷售收入的比重僅為1.52％，其中，用於新產品開發的支出僅占0.66％。目前全世界86％的研發投入，有90％以上的發明專利都掌握在西方先進國家手中，中國大陸在科學知識生產方面佔世界總量比重較小，國際科學

論文也只佔了世界的4.38%。而中國大陸用於技術引進的投入比爲1：0.087，相較之下，日本與韓國此一比例約爲1：5至1：8，可見其中的科學技術能力差距之大。

5. 爭取持久性競爭優勢

經過多年競爭和積累，中國大陸國內的企業集成國內外技術資源的能力緩慢增加，在組合技術資源進行技術創新和開發新產品奠定基礎。在「先占市場」和「自主創新」之間，大多數行業中的大多數企業不論在追求效益的動機上，還是在實際能力上，往往選擇前者而不是後者。近年來中國大陸經濟最活躍的珠三角、長三角等地區，勞動力、土地和其他重要生產要素成本不同幅度的上升，使低成本優勢趨於削弱，以中低技術占領市場的空間日趨縮小。成本上升背景下企業盈利的保持和增加，經濟的持續增長，都需要通過創新來增加技術含量和附加價值，提升產業結構。這意味著拉動自主創新的市場條件正在形成。

第7章

中國大陸以自主創新邁向創新型國家

　　世界上公認的創新型國家有20個左右，包括美國、日本、芬蘭、南韓等。這些國家的共同特徵是：創新綜合指數明顯高於其他國家，科技進步貢獻率在70％以上，研發投入佔GDP的比例一般在2％以上，對外技術依存度指標一般在30％以下。此外，這些國家所獲得的三方專利（美國、歐洲和日本授權的專利）數佔世界數量的絕大多數。目前全世界86％的研發投入、90％以上的發明專利都掌握在發達國家手裏，中國大陸科技進步對經濟增長的貢獻率僅為39％，中國大陸商務部長薄熙來曾感慨，中國大陸需要賣掉8億件襯衫才能換來一架波音飛機。

　　目前，中國大陸科技創新能力較弱，根據有關研究報告，2004年中國大陸科技創新能力在49個主要國家（約佔世界GDP的92％）中位居第24位，處於中等水準。在全面建設小康社會步入關鍵階段之際，根據特定的國情和需求，中國大陸提出，要把科技進步和創新作為經濟社會發展的首要推動力量，把提高自主創新能力作為調整經濟結構、轉變增長方式、提高國家競爭力的中心環節，把建設創新型國家作為面向未來的重大戰略。

　　2006年初舉行的中國大陸全國科學技術大會，中國大陸政府向社會發出了堅持走中國特色自主創新道路、建設創新型國家的號召。根據中國大陸科技部引用國際通行的定義指出，創新型國家均具備以下四大共同特徵：

1. 高科技進步貢獻率

　　創新綜合指數明顯高於其他國家，科技進步貢獻率在70％以上 。目前中國大陸的科技進步貢獻率約在39％左右的水準，2020年的發展目標將是從目前的40％左右提高到60％。

2. 高創新研發投入

　　研究開發投入占國內生產總值的比重大都在2％以上，而中國大陸現在是1.3％左右。

3. 高自主創新能力

　　國家的對外技術依存度指標通常在30％以下，而目前中國大陸的對國外引進技術的依存度約在60％左右。

4. 高創新產出

　　這些國家獲得的3方專利（美國、歐洲和日本授權的專利）數，占到世界總量的97％。2005年中國大陸科技創新能力在49個主要國家（佔世界GDP的92％）中位居第24位，處於中等水準。

第8章

中國大陸自主創新關鍵力：智慧財產權保護

智慧財產權保護是自主創新的重要環節，對於建設創新型國家非常重要；同時，智慧財產權是自主創新的基礎和衡量指標，也是市場競爭的重要手段。改革開放以來，中國大陸大量引進國外先進技術和管理經驗，促進了經濟發展，但缺少自主智慧財產權的問題卻日益突出。

中國大陸加入WTO後，將完全執行世界貿易組織《與貿易有關的智慧財產權協定》（即TRIPS協定）的有關規則，中國大陸一些與TRIPS協定相衝突的智慧財產權法律必將被逐步修改，這就對大陸的智慧財產權執法機制提出了更新、更高的要求。隨著電腦技術、生物技術、基因工程、資訊科學、網路技術等科學技術的迅猛發展，一系列新類型案件不斷出現，如：生物技術專利、電子商務、網路著作權侵權、商標功能變數名稱等等，這些新類型案件與傳統智慧財產權案件有很大不同，在程式上、證據上以及審判方式方面都有新的特點。

台商目前在中國大陸遭遇的智慧財產權相關糾紛及困境可整理為3點，分別在：法律層面、企業層面與個人層面3個不同的等級。

1.法律曖昧不明、規定模糊不清

回顧以往，由於中國大陸的經濟相對不夠發達及人們對智慧財產權保護意識的欠缺等原因，過去智慧財產權糾紛案件較少，這類案件都分散在民庭和經濟庭審理，沒有建立專門的審判機構。然而，智慧財產權案件所具有的專業技術性強、案件法律關係複雜、審理難度大等特點，尤其是隨著智慧財產權保護範圍的不斷拓展，新類型案件不斷出現，中國大陸原本這種鬆散型的審判機制，因為其缺乏專門的審理機構和人員，已經是難以保護智慧財產權案件的審判質量，不能適應時代對智慧財產權保護的要求。目前，中國大陸的工業產權和智慧財產權立法與保護尚存在很多不足，因此應加強對這些問題的思考，完善相關的制度。

2. 忽略企業權益、缺乏正式效力

而在企業方面，也應盡快適應國際工業產權和智慧財產權保護方面相關法律的要求，這對於各行各業的生存和成長不僅是必要的，而且是非常急迫的。台商在面對智慧財產權糾紛時，應當要即時、認真與詳細查明專利被侵害的情形，尤其提出實用新

型與外觀設計專利侵權時，更須先對本身專利的新穎性進行審查，以免爭訟後反而因為專利不具合法性，導致專利被判無效。

3. 恣意進行侵權、產權意識薄弱

現階段中國大陸人民自主知識產權積累不足，自我保護意識、尊重他人知識產權合法權益的意識薄弱，以2006年初北京秀水街發生的「反打假事件」為例，商家不滿政府制止販售假貨而引發抗議事件，對這些商家而言「違法犯罪有理、販售盜版商品無罪」，更是進一步說明了中國大陸人民對於智慧財產權的意識是相當的不足，這樣的現象也對許多在中國大陸投資的台商造成莫大的困擾。

第9章

自主創新之台商契機：「機會」與「威脅」

中國大陸政府為吸引R&D資源，提升外資質量，積極鼓勵跨國公司投資研究開發。1999年中國大陸有關部門聯合制定了「關於當前進一步鼓勵外商投資的意見」，其中規定了一系列鼓勵外商投資企業進行技術開發和創新的措施。2000年，原外經貿部發表「『關於外商投資舉辦投資性公司的暫行規定』的補充規定」，鼓勵外商投資性公司在華設立研發機構；同年，原外經貿部頒布「關於外商投資設立研發機構的通知」，規範了外商投資研發機構的形式、經營範圍、條件、設立程式，並列出了跨國公司研發機構適用的優惠政策。2000年，海關總署與原外經貿部等部門下發的「關於進一步鼓勵外商投資有關進口稅收政策的通知」，國務院頒布了「鼓勵軟體產業和積體電路產業發展的若干政策」。2001年原外經貿部制定了「關於擴大外商投資企業進出口經營權有關問題的通知」，分別對外商投資研發機構給予不同的優惠。經過重新修訂並於2005年起實施的「外商投資產業指導目錄」，明確將外商投資研發機構列為鼓勵類專案，享受優惠待遇。目前，大陸已明確出台的鼓勵外商投資設立研發中心的政策有：

1. 投資總額內，進口自用設備及其配套的技術、配件、備件（不包括「外商投資專案不予免稅的進口商品目錄」中的商品和船舶、飛機、特種車輛、施工機械），且限於不構成生產規模的實驗室或中試範圍的，免徵進口關稅和進口環節稅。

2. 利用自有資金進行技術改造，按照「海關總署關於進一步鼓勵外商投資有關進口稅收政策的通知」的規定，在原批准的經營範圍內進口符合前條條件的自用設備及其配套的技術、配件、備件，免徵進口關稅及進口環節稅。

3. 自行研發技術的轉讓收入，免徵營業稅。

4. 技術開發費比上年增長10%以上（含10%）的，經稅務機關批准，可再按技術開發費實際發生額的50%抵扣當年度的應納稅所得額。

5. 允許跨國公司投資研發中心，為進行其研發產品的市場測試，進口並銷售少量其母公司生產的高新技術產品。

整體而言，跨國企業在中國成立研發中心的趨勢可歸納為下列4項：跨國公司逐漸擴大研發中心的規模、跨國公司在大陸研發中心的重要性顯著上升、跨國公司加強

和大陸大學及研究機構的合作、以及跨國公司研發人才的本地化。

1. 擴大研發中心的規模

隨著在華研發中心地位的上升，跨國公司在大陸研發投入不斷增長，已經形成一些獨立、頗具規模的研發中心，如：通用電氣、飛利浦在上海設立的研發中心，摩托羅拉、西門子在北京設立的研發中心，投入的研發費用均超過千萬美元。

2. 提昇中國大陸研發中心的重要性

隨著近年來外資在大陸研發機構的快速發展，中國大陸參與全球性研發事業的程度越來越深。外資在大陸大量設立研發機構，一方面將有助於促進中國大陸快速成為全球企業研發基地，成為強大的技術育成中心，逐步實現「中國製造」向「中國研發」的戰略性轉變；同時，外資研發機構的進入也有助於帶動中國大陸研發機構在與之接觸和競爭中學習、提高，不斷提昇自主創新能力和與國際接軌的競爭意識。

3. 加強和大陸國內大學及研究機構的合作

跨國公司通過在大陸設立的研發中心與大陸國內大學及研究機構展開密切交流與合作，這是目前在大陸設立的研發中心的重要特點之一。通用電氣、上海貝爾阿爾卡特、摩托羅拉等跨國公司都和科研院校展開了密切的合作。

4. 促進研發人才的本地化

跨國公司普遍注重推動研發人才的本地化進程，在大陸研發中心的研究人員絕大部分是在大陸國內招聘的高校畢業生或者引進的留學歸國人員。部分研發中心在大陸國內招聘人員和留學歸國人員的比例超過90％。跨國公司研發中心充分發揮了人才聚集效應，促進了中國大陸科技人才數量的增長、研發水平的提高。

對中國大陸而言，由於影響和平與發展的不穩定、不確定因素增多，工業國家在經濟科技上佔優勢的壓力，世界經濟發展不平衡狀況加劇，資源、市場、技術、人才的競爭更加激烈，貿易保護主義升高，對中國大陸經濟社會發展和安全提出了新的挑戰。自主創新強調中國大陸經濟發展必須實現從資源依賴型向創新驅動型的轉變，實現從對國外技術的依賴型向自主創新型的戰略轉變。針對此一議題，中國大陸進行自主創新對台商應注意的投資影響因素整理為下列6項：

1. 對外貿易方式改變

依據自主創新的精神，中國大陸將「加快轉變對外貿易增長方式」，除了控制高能耗、高污染產品出口，提高紡織品、家用電器和部分機電產品等領域的國際競爭力外，將繼續推動「科技興貿」戰略，積極擴大軟體出口，培育高科技自主品牌，加快

大陸對外貿易增長方式的轉變，以往台商在中國大陸投資的勞力密集產業將受到衝擊。

2. 由「招商引資」變為「招商選資」

在吸引外資的重點方面，由於十一五規劃強調中國大陸經濟發展必須實現從資源依賴型向創新驅動型的轉變，實現從對國外技術的依賴型向自主創新型的戰略轉變，強調「把能源、資源、環境、農業、資訊等關鍵領域的重大技術開發放在優先位置」，顯示其外資政策將由「招商引資」轉變為「招商選資」，未來吸引外資的重點在於「著重引進先進技術、管理經驗和高素質人才」，以技術創新能量高之外資為優先。

3. 產業升級加速資源控管

在產業結構優化升級方面，自主創新提出改變經濟增長方式，把節約資源作為基本國策，發展循環經濟，保護生態環境，加快建設資源節約型、環境友好型社會，促進經濟發展與人口、資源、環境相協調，實現可持續發展。因此，此期間，台灣企業在投資時應盡量避開污染重、耗能高的項目；已經投資這類項目的企業應盡早轉型或運用新技術降低能耗、減少污染。

4. 強調自主品牌與關鍵技術

除了強調「加快發展先進製造業」，以資訊化帶動工業化，廣泛應用高技術和先進適用技術改造提昇製造業，中國大陸也強調「形成更多擁有自主知識產權的知名品牌」，特別是要扭轉大陸在重要領域的關鍵技術上依賴國外的狀況，增強中國大陸產業的國際競爭力。對台商而言，一方面將為台商提供相關產業之投資機會，對在相關產業領域具有優勢的台商，提供供應關鍵原材料或組件之商機，也提供與大陸產業進行技術合作之空間。

5. 供應鏈關係改變

中國大陸於十一五期間強調促進形成「引進來」和「走出去」有機結合的雙向對外開放格局，明訂「支持有條件的企業『走出去』，按照國際通行規則到境外投資，鼓勵境外工程承包和勞務輸出，擴大互利合作和共同開發」。除有助於其提昇全球競爭力外，對於台商與這些「走出去」企業間之關鍵原材料或零組件供應關係，勢必帶來影響，值得台商注意。

6. 生產成本大幅上升

由於大陸「高投入、高消耗、高污染、低效益」的粗放型經濟增長方式，難以根

本轉變，在於長期以來資源產品價格受政府管制，明顯偏低。因此未來中國大陸的水、電、石油、天然氣、土地、煤炭等資源價格將逐步提高，將提高台商的生產成本。

針對中國大陸這一波自主創新的政策，對台商而言，存在著市場潛在機會，但相反地，其中也隱含著些許市場威脅與競爭。

在機會方面，由於中國大陸的科學技術將隨著大量的創新浪潮而水漲船高，有助於台商企業在中國大陸的上下游整合及產業合作，大幅提昇營運效率；同時，自主創新也帶動了中國大陸官方政府對於智慧財產權的重視，幫助企業確保核心技術與專業知識；此外，對於台商投資者的技術能力和技術轉移期程，可採取鼓勵或直接指導的方式管理，有效減少繁複的行政作業，台商可以通過積極參與大陸的自主創新，創造新的商機。

而在威脅部分，如果自主創新政策一旦奏效，則大陸的產業升級，在國際市場的競爭力提昇，對台灣產業的國際競爭地位勢必造成更大威脅；在自主創新的政策下，中國大陸將引領新一波的高科技發展，如此一來將會威脅到傳統企業發展，對許多早年已進入中國大陸設廠的台商製造業將會有所影響。隨著知識經濟時代的到來，品牌、專利、技術訣竅等無形資產在生產中發揮著越來越關鍵的作用，企業必須通過技術、管理和機制等方面的自主創新來掌握自主智慧財產權，否則將會在智慧財產權和核心競爭力上永遠受制於人。

第三篇

標竿與分享——
台商佈局中國大陸自主創新個案

第10章

價值鏈創新個案：鴻海精密工業

「全球經濟的運作，不能沒有台灣。」美國《商業週刊》2005年5月16日出刊的雜誌封面寫著這樣斗大的標題。文章中提到，台灣主要的25家公司，如全球第一大的晶圓代工廠台積電、全球第一筆記型電腦代工廠廣達、全球重要面板供應商友達、提供所有電腦所需零組件的鴻海，一年就創造了1,220億美元的營收，而且已經從過去只能做代工的模式，提昇到可進行原創設計。

鴻海是另一個重組價值鏈企圖心強烈的企業。2005年6月的電腦展上，鴻海出人意料地，居然大張旗鼓地推廣零組件自有品牌，不僅設立大面積的展場，更派出100名員工，幾乎是一對一地接待來自全球的100位貴賓級客戶，「過去大家所認為的零組件市場，總覺得是冰冷的、且跟一般人互動少，因此鴻海要做品牌，因為那可以讓客戶對鴻海更有認同。」負責實際品牌操盤的鴻海通路行銷事業處全球市場經理王文玉說：「在鴻海集團的眼裡，沒有競爭對手，因為鴻海只有唯一的選擇，那就是做第一。」

品牌之外，鴻海在整合上下游的動作更是積極，對比過去總是以戴爾、惠普這類品牌大廠的供應鏈架構，鴻海所示範的是另一種價值鏈的模式，面對競爭者同樣能輕易取得相同零組件，甚至在成本或性能上彼此也沒有顯著差異之時，勢必帶動產業朝反整合的方向發展，形成新的水平關係。

鴻海精密工業中國大陸佈局歷程

鴻海集團投資中國大陸地區（含香港）企業家數約為83，且資產總額已達1,302億元，在大陸地區投資的93個事業中至少有45個電子製造工廠，涵蓋半導體設備、LCD後段模組、各類電腦組件、印刷電路板、網路設備、電腦及手機組裝等，故而資產總額極高。僅在中國大陸，鴻海集團就擁有深圳龍華科技園（總部），昆山科技園（全球最大的PC連接器生產地），北京科技園（集團全球無線通訊事業總部），錢塘科技園（佔地850畝），太原科技園（山西省最大外商）。

鴻海價值鏈創新佈局中國大陸

在價值鏈中，能提供附加價值的部份不只是在設計端，鴻海是以發動大規模的整合行動。「價值的創新者永遠不會說，我們的競爭對手正在這麼做。」以《創新者的兩難》一書聞名的哈佛大學企管系教授克里斯汀生（Clayton M. Christensen），在其最新著作《創新者的解答》中指出，以往企業多從擴大市占率而獲利，但現在企業要創造最大的市場價值，反而要以支配市場的企圖心為出發點。鴻海4階段創新如下：

1. **第一階段創新（1984年─1995年）**：產品專注於垂直整合階段。重心在「核心技術扎根化，專利系統制度化，零件製造知識化。」

2. **第二階段創新（1996年─1998年）**：產品走向逆向整合階段。重心在「一地製造，兩地設計，三區交貨。」

3. **第三階段創新（1999年─ 2001年）**：產品往橫向整合階段。重心在「一地設計，三區製造，全球交貨。」

4. **第四階段創新（2002年─2003年）**：產品走向多元整合階段。重心在「兩地設計，三區製造，全球彈性交貨。」

鴻海爭霸全球的佈局，依3大策略進行：一地設計（time to market）、三地製造（time to volume）、以及全球交貨（time to money）。上述這3點就是鴻海贏的策略精髓，進入鴻海近10年的鴻海中國大陸內銷產品事業處處長顏鴻強調。鴻海能得到許多國際級的大客戶青睞，第一個優勢在於鴻海能全力配合在重要策略客戶的附近設立研發設計、工程測試、快速樣品製作的機制，以便與客戶同步開發新產品，使產品盡速量產上市，就是所謂的「一地設計」（time to market）。

「三地製造」（time to volume），為鴻海贏得客戶青睞的一大法寶。在新產品獲得認可之後，鴻海能在最短時間內在亞洲、北美、歐洲三個主要市場製造基地，佈置生產所需的採購、製造、工程、品管等各項能力，並能依據客戶的市場需求遞增，快速地擴充產能，滿足客戶快速爬升的需求。

最後，全球交貨指「客戶要貨有貨，不要貨時零庫存」，企業活動從研發、行銷、製造，一直要及時交貨給客戶，把錢收回來，才算打上一個句號。郭台銘強調：「賺不賺錢，客戶最後付款給你才算數！」貨物放在自己的工廠或中途發貨倉庫，只能算是負擔，不能算是收益。

鴻海佈局中國大陸未來展望

重視價值鏈的時代已經來臨。對20世紀的公司來說，決定生存與否的關鍵，就在於能否把庫存減少到一年交貨量的五分之一；但對21世紀的公司而言，企業的競爭優勢，則來自於企業能否將產品設計、生產、行銷、運輸、支援作業等多項因素，進行全面化的整合與重組，拉出一條不同於供應鏈（supply chain）關係的新價值鏈（value chain）。

對於這個獨創的模式，郭台銘相當自豪。有趣的是，一直到現在，鴻海仍提供全球前10大專業代工廠關鍵零組件。一名曾待過美國旭電業務部門的業界人士指出，現在大家雖然知道鴻海也要進來搶食市場大餅，但還是得和鴻海做生意，因為鴻海的材料又便宜又好，可以增加本身競爭力，這就是一次重新洗牌的開始。郭台銘一向以不斷改寫遊戲規則稱霸業界。「全球性的競爭，『大者恆大』，郭台銘並指出這是一場從城運、省運、國運、亞運、再到奧運的升級挑戰，」。提昇全面競爭力的新時代，鴻海的全球爭霸之路，已經鳴槍。

資料來源：參考鴻海集團網站http://www.foxconn.com.tw/以及鴻海精密工業2006年年報整理而成。

第11章

科技研發創新個案：宏達電

宏達國際電子股份有限公司（HTC）是一家台灣的科技公司，成立於1997年5月，因董事長王雪紅小姐與執行長卓火土先生著眼於人類已生活在「資訊無所不在的網路世代」（information at your fingertips）中，必須發展更新更容易使用的隨身科技產品作為輔助工具，而成立。主要研發智慧型手機（Smart Phone）及個人數碼助理（PDA）等無線通訊產品，並獲得微軟Windows Mobile的授權，成為微軟的手持裝置的最佳伙伴。

自公司成立以來，研發出許多「世界第一」的輝煌成就，宏達始終秉持著精益求精的精神，致力於高品質高科技產品的研發創新而努力不懈。如同執行長卓火土先生在談及公司願景時表示：「宏達的主要任務以研發生產掌上智慧型產品、無線通訊產品為目標，透過提供高附加價值的產品設計能力、一流的製造及售後服務品質，並朝向3G無線寬頻行動通訊與資訊產品發展的領域邁進，以期成為行動通訊與資訊產品之領導廠商。」

宏達電中國大陸佈局歷程

2002年宏達電為符合國際大廠進軍中國大陸市場的需求，同時因應199、299美元口袋電腦時代來臨，基於製造成本的競爭力及貼近大陸市場，決定赴大陸設廠。於2003年在蘇州投資設廠，轉投資成立宏達電子（蘇州）公司。

另外，多普達（DOPOD）與宏達電有著密切的關係，多普達為宏達電的策略合作伙伴，而多普達是大陸智慧型手機的品牌，其銷售的智慧型手機和PDA手機，都是由宏達電製造的微軟平台手機，由多普達進行通路和行銷，也協助推出各區域市場需要的客製化和應用服務，也使宏達電在大陸佈局上更快速進軍大陸市場。

2005年5月，比爾蓋茲在美國拉斯維加斯，向世人展示全球第一款使用微軟Mobile 5.0系統為平台的3G PDA手機「Universal」，這支手機的研發製造商，就是宏達電。從1997年創立開始，宏達電就一直是微軟進軍手持裝置市場的親密戰友，如今，宏達電更是微軟系統全球最大的手持式裝置供應商。

宏達電科技研發創新佈局中國大陸

宏達電創造很高的獲利與投資，更替客戶創造了很高的價值。宏達電以智慧型手機結合資訊處理與通訊功能，將過去不存在的東西結合個別功能，進而解決客戶的需求，開創一群需要隨時上網、收發e-mail的商務顧客層。這種結合影像、資訊處理和通訊功能的高性能手機，幾乎兼具個人數位助理（PDA）和手機的功能，可說是開創此產業的新藍海。

1. **不盲從，躍進式創新**：「宏達在一開始的時候，刻意不去看市場上的競爭對手。」因為企業如果在進行策略規劃時候，就緊盯競爭對手，最後只能跟著他的遊戲規則走。就是因為這份堅持，讓宏達電切入市場不大，但是潛力無窮的手持式電子裝置市場，並且選擇投入當時乏人問津的微軟Win CE陣營。宏達電連在產品的設計也是大膽嘗試，甩開競爭者。宏達電拿掉厚重的電池模組，改用一家新公司的高分子電池技術，大幅把PDA體積縮小，iPAQ推出立即成為市場暢銷產品。

2. **無限化，超越現有的需求**：宏達電要的不只比別人多做一點的創新，而是要做全新的產品設計、全新的策略思考。「我們就是不要做me-too的公司！」宏達電總經理周永明說，做me-too，永遠難以享受到競爭的優勢。就這樣花了整整3年時間，宏達電嘗試把不易上網的PDA與缺乏資料處理能力的手機結合，在2002年研發出全球第一款PDA手機Xda，一推出就震驚全球手機市場。當年，英國最大的手機雜誌甚至還以超大的封面標題，將宏達電這款PDA手機封為「手持式裝置之王（King of Handheld）」。

3. **創造電信營運商的商機**：宏達電很堅持跟別人走不同的路，開創出業界第一個跳過手機品牌、直接與電信服務業者合作的商業模式。這種前所未有的策略模式，更為宏達電築起讓人無法超越的競爭障礙。當台灣的手機製造商都朝向承接低價量大的手機品牌廠訂單時，宏達電卻積極進軍Vodafone、Orange、mmO2等歐洲電信營運商市場。也因宏達電是手機市場後進入者，於是宏達電只好「越級」挑戰難度最高的電信營運商市場。

宏達電佈局中國大陸未來展望

由於歐洲市場需求龐大，宏達電在2005陸續於歐洲與美國設立子公司，以「國際第一流思維與在地化最佳的服務」的營運模式深耕客戶及夥伴的長期承諾，以強化雙方未來合作關係的決心。爲提供全球通訊業者與廣大消費者最佳的產品與服務，與均衡全球各區域之業務發展，宏達電也將同時強化其他區域的無線通訊市場之開發與深耕工作，以加深自我之競爭力。

另就產品創新研發方面而言，爲更了解未來通訊與科技發展之趨勢、貼近當地市場之需求與更即時化之服務，包括產品的設計、材質、色彩、軟體、應用等等不同客戶的市場需求，宏達電將朝向提供更客製化的服務，以協助客戶於無線產品中，進一步強化語音、影視等多重功能，擴展無線產品的功能與應用。

藉由全球多元化觸角之伸展，將可以進一步強化宏達電在市場拓展，產品創新、與客戶銷售服務等支援工作，使其能在此大幅成長的市場中，因應更多的挑戰，宏達電的全球化佈局也將更爲綿密且穩固。宏達電於2006年度訂定的經營方針：1. 擴大事業經營規模。2. 引進先端技術與應用研究，開發高品質、高附加價值之創新產品。3. 強化經營體制，追求高效率的經營管理。4. 教育訓練機能，全面提昇人員素質。

根據宏達電2006年年報指出，在政策方面，宏達電將在全球運籌管理之產銷模式下，規劃建立全球物料供應鏈與後勤支援系統。建立MRP系統，精準掌握材料庫存量及未來市場需求量，以降低庫存管理之成本與風險，減少呆滯存貨跌價損失。持續提昇對客戶群之整體性服務，包括產品設計、量產、後勤支援、配銷及售後服務，以持續爭取與世界大廠的策略聯盟關係，並經由技術合作夥伴間之聯盟關係，縮短產品開發時間，提昇產品之附加價值，以創造競爭優勢。

資料來源：參考宏達電網站http://www.htc.com/tw/以及宏達電2006年年報整理而成。

第12章

品牌價值創新個案：明基電通

明基電通是一個擁有卓越研發能力的國際品牌，在電腦、通訊及消費電子等3C產品領域居領導地位。結合設計、生產與行銷數位生活產品能力於一身，BenQ創造出液晶電視、液晶顯示器、手機、筆記型電腦、MP3數位隨身聽、數位相機、投影機、掃描器、多功能事務機、光碟燒錄器、DVD錄放影機、鍵盤滑鼠等完整多元的網絡時尚產品，讓人們在工作、休閒、學習及娛樂中，得以實現「享受快樂科技」的新生活夢想。

明基電通以國際化體系經營，目前在國內、海外共有7個支點，總部設於桃園，國內尚有台北辦公區與桃園楓樹廠。在海外方面，於中國大陸蘇州與馬來西亞檳城設有生產工廠，另在荷蘭與美國設置分公司，負責銷售明基生產之各項周邊產品。

明基電通中國大陸佈局歷程

近兩年來明基致力於行銷通路的佈局，陸續完成歐洲及亞太地區行銷據點的建立，並成功地在中國大陸打開品牌知名度，自2002年明基以自己的品牌BenQ作為全球行銷的標記，在中國大陸則沿用既有的「明基」中文標記，以BenQ為輔，繼續朝數位商品與資訊周邊領域衝刺，以自有品牌行銷世界各地。而明基之所以在中國大陸市場有卓越的表現，其經營策略如下：

1. **鎖定中低階領域**：在競爭環境定位上，明基進軍中國大陸的產品定位，鎖定市場最大的中低階產品領域，不與國際品牌正面交手。加上明基比起中低階領域的中國大陸本土廠商知名度高，此定位等於是挑選了中國大陸本土廠商最弱與國際大廠無法兼顧的戰場切入，先天定位上非常有利。

2. **以「個性行銷」打進大陸市場**：明基針對中國大陸加入WTO一般民眾與國際接軌之心態，打出「享受快樂科技、數碼時尚生活」的廣告訴求，強調個性與流行的特質，主攻中國大陸25至35歲的白領階級。中國大陸推出的光碟機讀寫頭要特別強固，能同時讀正版與盜版的光碟，明基喊出「鱷魚什麼肉都能吃、明基光碟機什麼版都能讀」的口號，配合代言的動物、表情逗趣的「數碼鱷魚」，標榜明基的光碟機特色，也是專為中國大陸的市場開發設計出來的機種，成功切中消費者的需求，一炮而紅。

3. **採取多管齊下的產品線策略**：在市場占有率上，明基的光碟機（CD-ROM）、可燒錄光碟機（CR-RW）、鍵盤、數位影像光碟機（DVD）、掃描器、液晶顯示器（LCD）都是排名第一。明基採取多管齊下的產品線策略，能大幅支援自有品牌通路，每一條產品線又垂直深耕，擴大經濟規模，由垂直生產力做到水平擴張。

4. **以「感性行銷」建立強大通路**：行銷通路是業績的咽喉，明基堅持通路一定要抓在自己手上。目前明基在中國大陸已佈建了4,000多個銷售據點，500多個直屬經銷商直接出貨。明基的創新行銷是深入每個區域，採取結盟夥伴的本土化策略。堅持現金發貨的策略也發揮了篩選體質較弱經銷商的功能，使得經銷商體質較爲穩固。

5. **堅持「現金往來」的穩健財務策略**：爲了健全經銷商體質，堅持全部採取現金往來，決不放款，輔導經銷商與下游廠商也採取現金往來的方式，以降低壞帳機率；明基的掃描器產品在中國大陸的定價，比別家廠商高出50%，明基在中國大陸市場已成功創造出差異性以提高其產品之附加價值。

明基電通品牌創新佈局中國大陸

2005年6月初明基宣佈併購西門子手機事業部門一事，將使明基成爲全球第4大的手機品牌，進一步推升明基成爲營收超過美金100億的公司。但是對明基而言，眼前最大的挑戰，還是心態調整的問題，也就是如何從過去ODM的製造公司，眞正成爲一個「品牌」的公司。併購西門子手機後，未來的品牌產品將占營收60%以上，也被迫一定要從「Make Money By Saving Money」（從省錢中賺錢）的能力，升級或加上「Make Money By Spending Money」（從花錢中賺錢）的能力，這是明基繼續茁壯成長的關鍵。

明基電通佈局中國大陸未來展望

明基將努力用速度衝出全球品牌，不但要做到「今日事，今日畢」，更要做到「今日事，昨日就應該做好」。

而由於手機市場仍然大有可爲，所以明基也會透過西門子在手機上的關鍵技術來取得市場。另外，隨著3G時代的來臨，手機螢幕必須能滿足更高的解析度、色澤、以及亮度的需求，明基擁有友達這樣穩定的供應商，在消費性電子產品競爭中將有較強的競爭力。故明基希望用液晶面版來衝出3G的優勢，手機面板最大的特色是：「客製化」程度較高，世代轉換較不容易，所以面板廠和原廠間需要有共同開發的能

力。未來手機面板的發展趨勢,也會加重友達的角色:由於3G世代的到來,手機必須朝向亮度更高、色彩更艷、解析度更細緻的趨勢發展,多媒體功能會愈來愈強,甚至市場上已經有MVA(超廣視角)的產品出貨,而小尺寸面板的快速開發及量產,本來就是明基的強項。

另一方面,就是專注經濟效益與品牌價值。因為明基的全球品牌管理,將入「中德融合」的階段,這個階段主要有兩大特點:第一是講究「投資報酬率」(ROI),第二是做到「母以子貴」。也就是要集中火力,講究研發與行銷的經濟效益,接著再以BenQ-Siemens這個新品牌來拉抬整體品牌價值。最後,未來明基將從著重於努力整合西門子的研發與明基執行力,並將Siemens品牌精髓灌入BenQ以及良好地整合全球管理團隊下手,以期帶領明基成長。

資料來源:參考明基電通網站http://www.benq.com.tw/以及明基電通2006年年報整理而成。

第13章

產品價值創新個案：神達電腦

　　成立於1982年的神達電腦集團為台灣最大的電腦集團，以研究、開發、生產和銷售電腦及電子資訊周邊設備並提供廣大用戶解決方案為主，在科技產業領域內多元化發展的全球化集團公司。

　　神達在全球已部署20多個子（分）公司，並於1989年公司股票上市，發展出全球運籌管理模式。神達為神通集團的一員，關係企業包括神通集團、聯強國際、美國新聚思、美商泰安電腦及聯成化學科技等。神達電腦秉持著「讓你的數位生活更輕鬆」的理念，致力於為全球用戶提供最新最好的科技產品。

　　面對全球網路化科技的日益更新和進步，神達電腦積極調整發展策略，專注於新產品的開發與製造，永不停止向前邁進的步伐。神達也積極投入研發創新的工作，進一步增加產品及公司本身的優勢，獎勵專利創新，建立兩岸研發團隊將新產品及時導入市場縮短新產品上市時間。

神達電腦中國大陸佈局歷程

　　神達在中國大陸華東地區昆山的昆達生產基地，目前主導著集團在筆記型電腦、GPS PDA、智慧型手機等產品的製造業務。2005年，神達旗下負責筆記型電腦生產的神基，又將全球筆記型電腦生產業務從廣東順德廠（順達）移到昆達。神達還將在昆達設立集團的華東總部，預計最快在2006年動工。2005年昆達總產值將達人民幣100億元，與2003年的人民幣10億元相比，呈現10倍速增長，在2005年下半年，筆記型電腦、智慧型手機、PDA和數位相機等總產能分別可達每月30萬、12萬、48萬和20萬台，昆達已成為神達Digital Portable最佳的逐夢夥伴。

　　而神達最早進入中國大陸華東地區佈局所籌設的環達，主攻軟體開發，自2001年至今已擁有軟體開發工程師 1,000人左右，Mio GPS PDA等產品近來廣受矚目的地圖旅遊與導航功能，幾乎都來自神達之手，未來計劃讓全球各國地圖，都能以不同語言在GPS PDA下使用。神達總裁蔡豐賜說，神達在台灣有2,000多名以硬體為主的研發工程師，在神達的全球佈局思維中，環達是利用全球資源的重要一環，在中國大陸投資軟體事業，可以成為台灣科技企業，未來架構其他必須兼顧軟硬體開發的產品的平

台。另外，在中國大陸華南廣東順德的漢達，神達也正在積極招兵買馬，擴充鋁鎂壓鑄、表面處理及真空濺鍍等上游模具處理能力。

神達電腦產品創新佈局中國大陸

神達在中國大陸有多處生產據點、轉投資及分公司，在電子零件生產及電腦代工方面，以位於廣東順德為基地的順達電腦公司為主；電腦內銷及全球維修中心方面，則以東海神達掛帥；在電子產品軟體的設計及研發則以位於上海的環達科技為先鋒。轉投資部份，以位於廣東中山製造印刷基體電路板的祥豐電子為代表，關係企業的轉投資，則以位於上海神通電腦的亞太神通計算機公司、以及位於中山及上海聯成科技的分公司等。

1. **重新定位，超越現有需求**：全球前5大手持式GPS品牌廠商神達，5年前開始面對電腦代工毛利江河日下的困境，因此神達尋求新市場，在推出自有品牌Mio的PDA之際，市面上充斥惠普、康柏等高價PDA與台灣生產的低價PDA廝殺。因此當時神達亦面臨相同的困擾，當時市面上的PDA都可自由選擇GPS的軟硬體銷售，但卻沒有以GPS功能為主打。因此神達開始朝此方向發展，推出一款便宜好用的消費型GPS來滿足一般消費者的需求。

2. **增加生活訊息，改變市場規則**：神達改變了消費者對於GPS的生活探索需求，把GPS從單一的導航功能，變成生活的電子嚮導，並且專攻歐洲、台灣、日韓等汽車普及較高的市場。由於GPS市場沒有任何一家廠商提供旅遊景點、餐廳等生活訊息，因此神達以此著手，開始整理各地觀光景點、美食小吃、溫泉地點與測速照相等相關訊息，並且透過網路來進行軟體的免費下載，也推出會員專屬的「Mi0旅遊手札」互動社群網絡，提供11萬會員分享旅遊私房照片、行程規劃和坐標點。

神達電腦佈局中國大陸未來展望

由於神達在高階手機的研發及製造實力深獲業界肯定，所以成為少數獲得中國大陸手機內銷牌照的台灣廠商，未來神達將在高階手機市場持續投入，推出各式具備移動商務及影音、照相、MP3多媒體等不同功能的智慧型手機和PDA Phone。

2006年，神達聯手台灣知名的互動娛樂傳媒公司─盛大網路，推出一款掌上（無線）網絡娛樂終端產品─EZ Mini。這款基於英特爾 XSCale技術平台的產品，由盛大提供網路遊戲以及互動娛樂內容，盛大的經典網路遊戲，如「傳奇世界」、「夢幻國

度」等，將陸續被移植到EZ Mini上；由神達設計及開發產品的硬件。EZ Mini具有電影播放、電視遊戲、圖片及電子書瀏覽等功能，支持MP3和WMA格式的音樂文件。

　　神達除在廣東順德及上海昆山擁有兩大生產基地外，目前也正在尋覓新的設廠地點。神達華東生產基地昆達的總經理李敬平指出，現在的投資限制越來越嚴格，以台商聚集最密的昆山市等地區來說，過去廠商在昆山取得土地並無太多的限制與要求，但現在不僅嚴格審核投資項目，必須是高科技或可創造較大營收與現金流量的物流等「鼓勵項目」，才較易取得土地，而且每畝地投資總金額必須達60萬美元才能獲得核准，買賣土地也必須向江蘇省國土資源局報備方可，而以前只要與昆山市政府打交道。

　　中國大陸部分地區在一段時間內缺水、缺電，加上可用土地越來越難取得等問題，確實讓很多廠商開始思考發展不同的製造模式，昆山現在也不斷檢討是否人口過多而衍生各種社會問題，現在為減少以人力為主的製造業，神達電腦未來將經營重心放在不是以人力為主的研發創新等業務上。

資料來源：參考神達電腦官網http://mitac.mic.com.tw/以及神達電腦2006年年報整理而成。

第14章
經營模式創新個案：英華達

英華達股份有限公司成立於西元2000年，英華達自成立以來，即矢志成為通訊網路產業的佼佼者；運用兩岸三地的資源，開創社群導向品牌行銷與高效整合設計代工的雙經營模式。

藉由不斷進行的組織進化，英華達有效串聯全球營運據點及生產基地；組織內的資源皆以事業、功能與區域3個方向進行高度整合，以事業單位主導資源整合，以功能性組織落實任務，並以各區域管理組織提供充分支援；不僅簡化與客戶、供應商間的運作，也保有組織管理的彈性和效率。英華達核心競爭力展現在3項優勢，高效率的「整合管理系統」、多樣化的「通訊網路終端」，及創新價值的「顧客關係管理」。

透過專注組織進化，密切關注產業競合，充分配合市場需求；英華達得以確保公司持續成長。從核心競爭力到不斷進行的組織進化，處處展現英華達縱橫深化的強大生命力！

英華達深知：強大競爭力來自堅穩的基礎建設！因此，不論是供應鏈管理、品質管理及生產製造流程，均搭配高效率的整合管理系統；並在嚴格ISO-9000國際品質系統及ISO-14001國際環保規範下，順利依時程推出完美精密的產品。

為大力提昇法人組織的核心競爭力，英華達利用CSP（Competence Strategy Performance）循環透過核心能力的分析，擬定營運政策，並在執行中，不斷地作績效評估，再強化核心能力，調整策略，重新評估；英華達經由內部CSP動態循環，創造出相當高的經營管理績效。

在產業競合方面，英華達藉由TIE（Target Industry Evolution）循環，從市場資訊中掌控短、中、長期的目標，透過精準的產業定位，使企業進一步演化（Evolution）；英華達經由外部TIE動態循環，在整個產業環境和態勢中脫穎而出。

CSP及TIE交互運作，形成企業盤結緊密的穩固性，英華達不但可以強化企業活力，更能維繫與策略夥伴的密切聯盟關係；這正是促使英華達不斷向前的重要驅動力！

英華達佈局中國大陸歷程

英華達股份有限公司本為英業達相關企業，在英華達於中國大陸成立之後，即將1991年中國大陸成立的英華達（南京）電子有限公司及英華達（上海）電子有限公司加以整併而成。英華達主要產品為MP3、PDA、手機、科學繪圖機以及GPS，配合兩岸三地之整合為全球主要代工公司，在2000年推出自有品牌OKWAP後，在台灣有了相當出色的銷售成績，在2004年登上最高峰，之後配合自有品牌OKWAP在中國大陸的佈局先後又成立英華達（南京）科技有限公司、英華達（上海）科技有限公司、英華達（上海）數碼電子銷售有限公司。

目前英華達生產據點以台灣五股工業區共有3個工廠外，90％以上的產能皆已移至中國大陸，除了上海廠與南京廠以外，新的建浦東廠及江寧廠也將在2006年前上線生產。

自從2005年OKWAP取得中國大陸的內銷權，更是少數取得中國大陸第一張TD-SCDMA標準的3G牌照，自此之後英華達積極針對中國大陸小靈通、3G及手機市場加速佈局，在小靈通方面推出機卡分離之產品，企圖作中國大陸小靈通市場的龍頭，手機市場延續台灣之經驗成果推出更合乎消費者需求之產品，由於取得3G牌照、手機內銷權，更能整合統一旗下通訊商品品牌辨識度。

英華達產品創新佈局中國大陸

英華達OKWAP以手機作為發展OKWAP品牌的試金石，而OKWAP手機的表現也不負期望，在成立短短的5年後，去年在台灣手機市場即以6.5％的市占率，拿下國產品牌第一名的寶座，僅排名在國際手機大廠Motorola、Nokia以及Sony Ericsson之後，今年更計劃推出12-14款以上手機，並以銷售100萬支為目標，搶佔台灣手機排名第3大，並保持台灣品牌第一名的佳績。

英華達OKWAP手機以成為華人第一品牌為目標，英華達品牌管理處副總經理陳鶴鳴表示，全球人口數中，華人比例最高，而其中又以中國大陸市場的人口最多，而中國大陸一年手機的銷售量約8,000萬支，若可以在中國大陸手機市場佔有一席之地，相對也在全球擁有一定的市占率，因此英華達OKWAP以成為華人第一品牌為目標。

英華達OKWAP之前在中國大陸以「英華OK」作為貼牌銷售，2005年取得中國大

陸手機內銷權後，為資源共享，以及提高品牌辨識度，整合兩岸手機品牌，統一以「英華達OKWAP」為名銷售。

除市場因素外，華人最了解華人的習慣、需求，因此從自己熟悉的領域出發，一定可以獲得客戶的認同。OKWAP手機從產品功能的企劃、開發，以及內容的取得，都是針對華人的使用習性及需求，由台灣自行研發而成，並與內容提供者合作，提供符合華人喜愛的鈴聲、圖形、文章及應用程式的下載服務，以滿足華人的娛樂需求。

為了在競爭激烈的手機市場中突圍，英華達OKWAP更因應華人最大需求，以及結合英業達集團內本身資源「無敵電子辭典」，進而開發出英文學習手機，英華達手機內建英漢雙語字典、英語學習功能，而英語學習手機也成為OKWAP的首要特色。

英華達原為英業達內部「學習數位機事業群」，以生產個人數位助理器（PDA）及科學繪圖機產品為主，但因英業達當時大客戶Compaq佔用大部分的營運資源，為了讓不同的事業團隊有充分的發展空間，持續企業的成長，因此英業達董事長葉國一規劃將學習數位機事業群分割出來，成立英華達，同時發展自有品牌OKWAP手機。

英華達品牌管理處副總經理陳鶴鳴說，當時手機被視為電子產業的明日之星，且沒有標準化介面，而軟體應用介面剛好是學習數位機事業群的強項，再加上全球手機市場僅有Nokia、Motorola兩大品牌，但消費者對手機品牌的忠誠度不高，在學習數位機事業群具備研發手機的技術能力，以及沒有手機代工客戶下，即計劃在學習數位機事業群獨立出來時，推出自有品牌OKWAP手機。

當時由英業達執行副總張景嵩擔任英華達董事長，英業達上海電子技術公司總經理李家恩擔任總經理，英華達專注發展自有品牌產品，且產品不跨足代工客戶的領域，在其他產品代工方面不斷擴增新客戶，以及自有品牌出貨量逐步成長，去年營收已從成立第一年的26.26億元成長至千億元以上，員工數也從當年的2,000人，成長到2萬人。

英華達目前自有品牌佔營收約15%，代工則佔85-90%，在代工方面，MP3產品佔營收約60-70%，PDA佔5-7%，手機（PHS）7-10%，衛星導航裝置約8-12%，科學繪圖機約5-7%。英華達董事長張景嵩表示，英華達將秉持自有品牌與代工業務2條路線兼備的方向前進，除了自有品牌的手機之外，將會推出除手機以外的自有品牌產品。

英華達佈局中國大陸未來展望

1. 雙主軸經營

英華達立基於技術整合與完備服務的優勢，獨創社群導向品牌行銷（Community Own Brand Marketing, COBM）與高效整合設計代工（Integrated Original Design Manufacturing, IODM）的雙經營模式。

COBM模式打造出優質的華人品牌OKWAP，以在地化扎根品牌價值的經營，推出各種產品與加值服務，以經營時尚流行的社群來充實品牌內涵。藉由自我品牌的建立，不但累積企業專長優勢，更掌握市場動態以進行決策分析，爲後續產品開發提供最佳的創新貢獻。

IODM模式則專注於整合全球設計代工服務，深入瞭解客戶需求，規劃最佳解決方案，並嚴謹審視品質及成本，以即時即量（Time to Market, Time to Volume）的交期承諾，爲顧客創造最大的價值。

專注代工還是經營自我品牌，過去給業界十分困惑的選擇題，代工客戶對於業者經營自我品牌總會有戒心；然而英華達的研發與創新，成功的運用雙經營模式，在高效率的整合體系下，兩者的關係互補互利，開創英華達強韌的雙主軸。

2. 自創品牌策略

OKWAP是英華達在華人市場自創的手機品牌，產品功能的開發與內容服務的提供，都是針對華人在地化需求所研製而成；品牌推廣策略以華人市場爲中心，推出多元功能產品爲核心，並擴張中文平台介面的加值服務，以建立龐大的社群網絡，成爲品牌經營另一個差異化的核心價值。

爲提昇顧客價值，英華達除了以OKWAP.com網站提供消費大衆鈴聲、圖形、文章、社群溝通及應用程式下載等娛樂需求與內容服務外；也用心於通路經營，專爲OKWAP經銷商成立了經銷商俱樂部（Dealer club）網站系統，運用兩百萬以上的會員資料，提供策略夥伴最翔實的市場資訊與行銷活動協助。

目前OKWAP已規劃4個手機產品系列：A系列代表「流行時髦」，I系列講究「科技創新」，S系列追求「系統整合」，而H系列則訴求「健康活力」；其中創新產品逐年屢獲國家大獎。英華達將持續以此自我品牌在大中華地區努力推廣，淬鍊出更堅實超群的品牌形象！

資料來源：參考英華達網站http://www.iac.com.tw/以及英華達2006年年報整理而成。

兩力與兩度——
TEEMA探析中國大陸優質城市

第 15 章

TEEMA 2006「城市競爭力」分析

　　TEEMA 2006城市競爭力分析主要是藉由次級資料蒐集，延續TEEMA 2000-2005研究之成果，並以陸委會「中國大陸資訊及研究中心」圖書館，收藏之各省市最新（2005）統計年鑑為主，蒐集中國大陸各省市城鄉的詳細統計資料。資料來源主要以中國大陸城市統計年鑑（2005）為主，中國大陸統計年鑑（2005）、其他省市之統計年鑑（2005）以及中國大陸城市概況─中國大陸城市社會經濟統計資料（2005）等為輔，並參考《2005中國大陸國際競爭力發展報告》以及《2005中國大陸現代化報告》等書籍。

　　TEEMA 2006依回卷超過15份城市且是地級市、省會、副省級城市、直轄市的44個，進行城市競爭力分析結果如表15-1所示。依加權分數之高低，將其分為A至E5個等級，此外，為了解44個城市在基礎條件、財政條件、投資條件、經濟條件、就業條件等5項構面的評比與排名，茲將其彙總如表15-2。

A級城市之競爭力分析

　　A級城市方面，共計5個城市，前5名的城市仍舊為上海、廣州、北京、天津、深圳等5個城市，只是排名上略有變動。上海是西太平洋地區重要的國際港口城市，大陸對外開放的龍頭城市。上海本身位於長江三角洲，憑藉著其雄厚的經濟實力，強大的凝聚力發揮著地區經濟發動機的功能，所以今年依舊維持在第一名。除此之外，上海自從改革開放以來，上海地區國民經濟也保持快速增長；而深圳和去年比較起來今年的名次上升了一名，深圳是珠江三角洲城市群最重要城市之一。作為大陸最早建立的經濟特區，深圳的改革先鋒和開放窗口的形象已深入人心。目前，深圳已形成以電腦零件和通信產業為主導，醫藥生物技術、新材料等新興行業發展迅速的產業格局。展望未來，深圳將繼續發展出創新的活力。

　　整體而言，A級城市仍係以沿海、靠江及重要直轄市或都會城市為主，這些城市本身的各項的建設皆已十分完善，故能吸引大多數的外商進入投資。其中直轄市方面以上海、北京、天津等本身具有豐厚資源之古都，分居1、3、5名。其他城市包括廣州、深圳，均為各省市省會及歷史發展重鎮，且多為台商本已聚集之地。A級城市較

去年而言變動不大，顯示因為原有之良好投資環境，配合地利，吸引外資進入而不斷發展進步，進而提昇競爭力，創造更良好投資環境，外資受群聚效應、優秀投資環境吸引持續投入投資，成為良好循環。

B級城市之競爭力分析

杭州位處長江三角洲南翼，杭州灣西端，錢塘江下游，京杭大運河南端，是中國大陸的7大古都之一，素有「人間天堂」之美譽。杭州市區範圍的擴大使其具備了更加寬鬆的資源配置空間，而環杭州灣經濟帶的蓬勃發展給處於樞紐地位的杭州帶來更大的機遇，這也是杭州今年進步如此迅速之主要原因。然而，杭州需要通過加快國際化等途徑注入更多的創業精神，使杭州不僅成為一流的生活城市，而且成為一流的創業舞臺。無錫之交通便捷，是溝通蘇、浙、皖三省的交通樞紐，憑藉優良的現代產業基礎和尚德務實、開拓進取的文化傳統，無錫始終能在變革、發展與競爭中保持和增進城市活力。

「親商、安商、富商」的投資創業環境，是許多「寧波幫」人士對寧波最大的感受，也是他們在寧波不斷投資的動力。首批來寧波投資的寧波斯邁克製藥有限公司總經理戴先生稱讚說：「寧波給外來投資者提供了一流的投資環境、便利的交通通信、優惠的地方投資政策、快速有效的政府服務。」整體而言，從B級城市中可發現多屬於臨海省市之重要城鎮及內陸重要省會，顯示其地理環境及歷史發展仍有助於奠立現代化基礎，而B級城市中含有內陸都市，顯示中國大陸西進策略已有彰顯成效。

C級城市之競爭力分析

東莞的優勢源於其經濟的快速發展，而其劣勢也恰恰是這種快速發展過程中所帶來的。在已經獲得很強經濟實力支撐的基礎上，東莞需要在新一輪發展中努力解決阻礙持續發展的種種問題，包括資源環境矛盾、人才和科技問題，這樣才能不斷提高其競爭力。另外，推動結構升級已經成為東莞的當務之急。在第一階段，東莞抓住了世界產業結構調整的機會，迅速利用本身的比較優勢，融入國際合作和分工的生產鏈中，以較低的勞動力和土地價格、強大的工業配套能力、優越的投資環境、高效的政府服務吸引了大量的國際資本，但這種僅僅依靠生產要素的低成本優勢正在受到國內和國際上更多地區的挑戰，從勞動密集型產業向資本和技術密集型產業轉型是東莞所不能迴避的道路。

　　在C級城市中可發現多數以中國大陸東半部之沿岸省市城市為主，和B級城市有所差異的是，這些城市大多偏往內陸；此外，屬發展較緩慢地區之省市省會與內陸省分之城市增加許多，由此可知，中國大陸開發策略欲地區平均化仍有成效，造成部分海岸城市之投資移往內陸城市之情事，未來內陸城市排名之提昇仍有待觀察。其中應注意的是，部分C級城市排名仍未有明顯上升，也可能是受限於已發展城市（落於A、B級城市）吸引投資已經建立良好基礎以及先天自然環境之限制所致。

D級城市之競爭力分析

　　D級城市中除了惠州進步最大之外，另有4個城市進步15名以上分別是威海、合肥、揚州、江門。合肥雖然屬於中部地區，但在地理區位上與沿海地區的絕對距離很近。近年來合肥市政府積極融入長三角的姿態樹立了政府一心一意謀發展的良好形象，而招商引資和企業重組的大手筆展現了政府發展地方經濟的決心和魄力；以大企業、大集團和上市公司為重點，深化產權制度改革的策略體現了政府工作的重點；建立良好創業環境、政策環境和人文環境，營造崇尚創業、致富光榮氛圍的全方位宣傳將文化建設和制度建設有機地結合起來。這一系列動作可能會使整個政府的管理能力和企業管理能力共同提高，從而為合肥的城市綜合競爭力進一步提昇打下堅實的基礎。

　　D級城市多屬各省市之次次級城市，且多集中於東北地區、華北地區、西南地區、華中地區等，和多數人對中國大陸區塊相對落後地區直覺相符，顯示中國大陸政府為何亟欲推廣減少區域差異化。東北地區、華北地區多數城市基礎建設分數較其他指標高，排名上升，顯示中國大陸推行之西進效果略有成效。

E級城市之競爭力分析

　　最後，E級城市共計5個，分別為汕頭、泰州、廊坊、漳州、桂林其皆位處於大城市附近的副城市，相對資源的受限導致發展並不像大城市般的耀眼。由分析資料發現這五個城市之經濟條件和就業條件都明顯較其他城市來得相對弱勢。

表15-1　TEEMA 2006 中國大陸城市競爭力分析

級別	省市	❶基礎條件 權重20%	❷財政條件 權重10%	❸投資條件 權重20%	❹經濟條件 權重30%	❺就業條件 權重20%	競爭力加權 權重100%	排名
A	上海市	88.33	100.00	98.40	97.08	92.97	95.06	01
	廣州	87.73	94.15	91.40	93.55	92.97	91.90	02
	北京市	91.80	97.60	92.20	87.73	94.53	91.79	03
	深圳	49.95	94.15	89.87	95.88	92.20	84.58	04
	天津市	80.18	90.60	79.80	84.83	81.33	82.77	05
	杭州	77.83	84.80	76.70	83.68	66.60	77.81	06
	南京	70.30	86.00	81.33	77.85	75.90	77.46	07
	武漢	84.83	75.55	71.27	70.88	68.17	73.67	08
	蘇州	46.45	68.55	90.67	80.75	66.63	71.83	09
	瀋陽	76.70	81.35	75.17	63.90	65.07	70.69	10
B	大連	67.98	75.55	69.73	72.63	67.40	70.37	11
	青島	70.30	70.85	75.90	63.90	65.87	68.67	12
	寧波	55.78	80.15	75.90	72.63	58.87	67.91	13
	成都	80.18	68.55	61.97	52.30	64.30	63.83	14
	無錫	37.15	61.60	78.23	79.60	48.00	62.72	15
	濟南	72.60	56.95	48.80	61.58	60.40	60.53	16
C	重慶市	59.85	86.00	68.17	52.85	40.27	58.11	17
	廈門	44.73	58.05	44.13	61.55	69.70	55.98	18
	哈爾濱	66.23	65.05	37.93	44.70	64.30	53.61	19
	東莞	31.35	60.40	46.43	75.55	40.27	52.32	20

等級	城市							排名
	福州	54.60	41.80	58.07	47.08	53.43	51.52	21
	西安	72.05	54.60	30.20	37.15	62.73	49.60	22
	煙台	54.03	33.70	64.30	49.35	36.40	49.12	23
	長沙	67.95	51.10	48.00	31.35	47.23	47.15	24
	昆明	66.23	48.80	27.07	35.40	57.33	45.63	25
	常州	35.43	46.50	41.83	56.35	41.03	45.21	26
C	石家莊	57.50	40.65	39.47	42.98	37.17	43.79	27
	珠海	26.13	38.30	24.77	49.35	64.30	41.68	28
	中山	22.05	34.80	36.40	52.88	49.60	40.95	29
	南昌	40.68	32.55	29.43	27.85	42.60	34.15	30
	嘉興	26.13	10.40	50.33	30.18	36.37	32.66	31
	泉州	31.95	13.90	34.83	29.63	38.70	31.38	32
	威海	22.63	11.60	39.50	40.65	27.87	31.36	33
	合肥	43.55	37.15	31.70	17.40	30.97	30.18	34
D	惠州	13.30	20.90	29.43	31.93	46.43	29.50	35
	南通	38.93	22.05	37.97	20.30	27.87	29.25	36
	徐州	39.50	26.70	25.53	23.78	29.40	28.69	37
	揚州	22.05	18.55	25.53	23.23	28.67	24.07	38
	江門	18.58	15.10	19.33	31.93	19.30	22.53	39
	汕頭	11.60	27.85	3.87	18.58	17.00	14.85	40
	泰州	26.10	4.60	17.00	11.03	8.47	14.08	41
E	廊坊	26.73	11.63	4.63	7.53	3.48	10.39	42
	漳州	14.50	2.30	15.47	8.10	7.73	10.20	43
	桂林	25.55	8.10	3.83	2.30	8.50	9.08	44

附註：組別之分類以綜合評估指標，綜合分數為該評比指標，綜合分數80~100分為A級、60~79分為B級、40~59分為C級、20~39分為D級、0~19分為E級。

資料來源：本研究整理

表15-2　TEEMA 2006 中國大陸城市競爭力排名分析

排名	城市	省市	地區	分數	排名	分數	排名	分數	排名	分數	排名	分數	排名	競爭力
01	上海	上海市	華東地區	88.33	02	100.00	01	98.40	01	97.08	01	92.97	02	95.06
02	廣州	廣東省	華南地區	87.73	03	94.15	03	91.40	03	93.55	03	92.97	02	91.90
03	北京	北京市	華北地區	91.80	01	97.60	02	92.20	02	87.73	04	94.53	01	91.78
04	深圳	廣東省	華南地區	49.95	22	94.15	03	89.87	05	95.88	02	92.20	04	84.58
05	天津	天津市	華北地區	80.18	05	90.60	05	79.80	07	84.83	05	81.33	05	82.77
06	杭州	浙江省	華東地區	77.83	07	84.80	08	76.70	09	83.68	06	66.60	11	77.81
07	南京	江蘇省	華東地區	70.30	11	86.00	06	81.33	06	77.85	09	75.90	06	77.46
08	武漢	湖北省	華中地區	84.83	04	75.55	11	71.27	13	70.88	13	68.17	08	73.67
09	蘇州	江蘇省	華東地區	46.45	23	68.55	14	90.67	04	80.75	07	66.63	10	71.83
10	瀋陽	遼寧省	東北地區	76.70	08	81.35	09	75.17	12	63.90	14	65.07	13	70.69
11	大連	遼寧省	東北地區	67.98	13	75.55	11	69.73	14	72.63	11	67.40	09	70.36
12	青島	山東省	華北地區	70.30	11	70.85	13	75.90	10	63.90	14	65.87	12	68.67
13	寧波	浙江省	華東地區	55.78	19	80.15	10	75.90	10	72.63	11	58.87	19	67.91
14	成都	四川省	西南地區	80.18	05	68.55	14	61.97	17	52.30	17	64.30	14	63.83
15	無錫	江蘇省	華東地區	37.15	29	61.60	20	78.23	08	79.60	08	48.00	23	62.72
16	濟南	山東省	華北地區	72.60	09	56.95	20	48.80	20	61.58	16	60.40	18	60.53
17	重慶	重慶市	西南地區	59.85	17	86.00	06	68.17	15	52.85	20	40.27	28	58.11
18	廈門	福建省	華南地區	44.73	24	58.05	19	44.13	23	61.55	17	69.70	07	55.98
19	哈爾濱	黑龍江	東北地區	66.23	15	65.05	16	37.93	28	44.70	25	64.30	14	53.61

排名	城市	省份	區域											
20	東莞	廣東省	華南地區	31.35	32	60.40	18	46.43	22	75.55	10	40.27	28	52.32
21	福州	福建省	華南地區	54.60	20	41.80	25	58.07	18	47.08	24	53.43	21	51.52
22	西安	陝西省	西北地區	72.05	10	54.60	21	30.20	32	37.15	28	62.73	17	49.60
23	煙台	山東省	華北地區	54.03	21	33.70	30	64.30	16	49.35	22	36.40	32	49.12
24	長沙	湖南省	華中地區	67.95	14	51.10	22	48.00	21	31.35	32	47.23	24	47.15
25	昆明	雲南省	西南地區	66.23	15	48.80	23	27.07	35	35.40	29	57.33	20	45.63
26	常州	江蘇省	華東地區	35.43	30	46.50	24	41.83	24	56.35	18	41.03	27	45.21
27	石家莊	河北省	華北地區	57.50	18	40.65	26	39.47	26	42.98	26	37.17	31	43.78
28	珠海	廣東省	華南地區	26.13	34	38.30	27	24.77	38	49.35	22	64.30	16	41.67
29	中山	廣東省	華南地區	22.05	39	34.80	29	36.40	29	52.88	19	49.60	22	40.95
30	南昌	江西省	華中地區	40.68	26	32.55	31	29.43	33	27.85	35	42.60	26	34.15
31	嘉興	浙江省	華東地區	26.13	34	10.40	41	50.33	19	30.18	33	36.37	33	32.66
32	泉州	福建省	華南地區	31.95	31	13.90	38	34.83	30	29.63	34	38.70	30	31.37
33	威海	山東省	華北地區	22.63	38	11.60	40	39.50	25	40.65	27	27.87	37	31.35
34	合肥	安徽省	華中地區	43.55	25	37.15	28	31.70	31	17.40	40	30.97	34	30.18
35	惠州	廣東省	華南地區	13.30	43	20.90	35	29.43	33	31.93	30	46.43	25	29.50
36	南通	江蘇省	華東地區	38.93	28	22.05	34	37.97	27	20.30	38	27.87	37	29.25
37	徐州	江蘇省	華東地區	39.50	27	26.70	33	25.53	36	23.78	36	29.40	35	28.69
38	揚州	江蘇省	華東地區	22.05	39	18.55	36	25.53	36	23.23	37	28.67	36	24.07
39	江門	廣東省	華南地區	18.58	41	15.10	37	19.33	39	31.93	30	19.30	39	22.53
40	汕頭	廣東省	華南地區	11.60	44	27.85	32	3.87	43	18.58	39	17.00	40	14.85
41	泰州	江蘇省	華東地區	26.10	36	4.60	43	17.00	40	11.03	41	8.47	42	14.08
42	廊坊	河北省	華北地區	26.73	33	11.63	39	4.63	42	7.53	43	3.48	44	10.39
43	漳州	福建省	華南地區	14.50	42	2.30	44	15.47	41	8.10	42	7.73	43	10.20
44	桂林	廣西	西南地區	25.55	37	8.10	42	3.83	44	2.30	44	8.50	41	9.08

資料來源：本研究整理

第16章

TEEMA 2006「投資環境力」分析

　　延續TEEMA 調查的精神，為使研究具有縱貫面的比較性，TEEMA 2006「投資環境力」衡量的構面有7個，包括：1. 自然環境；2. 基礎建設；3. 公共設施；4. 社會環境；5. 法制環境；6. 經濟環境；7. 經營環境。各構面權重如表16-1所示：

表16-1　TEEMA 2006投資環境力構面與權重

投資環境力構面	權　　重	構面題數
❶自然環境	10%	3
❷基礎建設	10%	6
❸公共設施	10%	5
❹社會環境	10%	5
❺法制環境	25%	12
❻經濟環境	15%	8
❼經營環境	20%	10
合　　計	100%	49

資料來源：本研究整理

中國大陸整體投資環境力分析

　　中國大陸台商對於2006年中國大陸80個城市的投資環境的各細項平均分數如表16-2所示。表16-2顯示投資環境整體評估指標的加權平均數為3.41，高於2005年研究3.35。

　　1. **基礎建設方面**：總平均分數為3.49，是所有項目中得分最高者。在基礎建設中又以當地海、陸、空的交通運輸便利程度（3.56）、當地的通訊設備、資訊設施、網路建設完善程度（3.54）和未來總體發展及建設規劃完善程度（3.54）分數最高。

　　2. **公共設施方面**：整體而言台商的滿意度為3.44，除食衣住行便利程度為3.49，低於2005年的3.52均有所提高，其中在醫療的設施為3.31。另外，當地的城市建設國際化的程度項指標分別為3.37，較2005的3.29高。

　　3. **社會環境方面**：台商受當地民眾歡迎的程度高達3.54，但與2005年3.63相比則下降0.29。

表16-2　TEEMA 2006中國大陸投資環境力細項指標評估分析

投資環境力評估各項指標	2006	2005	2004	2003	2002	五年平均
投資環境力指標總平均	3.41	3.35	3.24	3.28	3.24	3.30
一、自然環境	3.46	3.52	3.46	3.58	3.66	3.54
1）當地生態與地理環境符合企業發展的條件	3.55	3.65	3.56	3.77	3.85	3.68
2）當地水電、燃料等能源充沛的程度	3.38	3.42	3.35	3.41	3.36	3.38
3）當地土地取得價格的合理程度	3.40	3.38	3.4	3.52	3.73	3.49
整體而言，當地的自然環境條件評比	3.50	3.61	3.51	3.62	3.69	3.59
二、基礎建設	3.49	3.42	3.28	3.38	3.36	3.38
1）當地海、陸、空交通運輸便利程度	3.56	3.60	3.52	3.65	3.7	3.61
2）通訊設備、資訊設施、網路建設完善程度	3.54	3.56	3.45	3.58	3.63	3.55
	3.54	3.56	3.36	3.46	3.36	3.46
3）當地城市規劃、配套設施符合企業發展	3.47	3.25	3.20	3.50	3.52	3.39
4）當地的污水、廢棄物處理設備完善程度	3.32	3.18	3.04	3.08	3.01	3.13
	3.32	3.18	3.02	3.05	2.95	3.10
5）當地的倉儲物流處理能力	3.49	3.37	3.22	3.26	3.09	3.29
6）未來總體發展及建設規劃完善程度	3.54	3.49	3.39	3.47	3.47	3.47
整體而言，當地的基礎建設評比	3.50	3.48	3.35	3.44	3.47	3.45
三、公共設施	3.40	3.34	3.22	3.24	3.08	3.26
1）當地的食衣住行便利	3.49	3.52	3.41	3.42	3.38	3.44
2）當地的醫療衛生條件	3.31	3.16	3.03	3.07	2.85	3.08
3）當地的教育機構提供條件	3.36	3.29	3.13	3.20	3.01	3.20
4）當地的銀行商旅等商務環境便捷程度	3.43	3.37	-	-	-	3.40
5）當地的城市建設的國際化程度	3.37	3.29	3.24	3.26	3.02	3.24
整體而言，當地的公共設施評比	3.44	3.42	3.28	3.27	3.13	3.31
四、社會環境	3.37	3.37	3.24	3.31	3.27	3.31
1）當地的社會治安	3.38	3.29	3.20	3.28	3.17	3.26
2）當地民眾生活素質及文化水平程度	3.29	3.16	3.07	3.08	2.99	3.12
3）當地社會風氣及民眾的價值觀程度	3.30	-	-	-	-	3.30
4）當地民眾的誠信與道德觀程度	3.28	-	-	-	-	3.28
5）民眾及政府歡迎台商投資設廠態度	3.54	3.63	3.41	3.56	3.7	3.57
整體而言，當地的社會環境評比	3.41	3.39	3.28	3.31	3.23	3.32
五、法制環境	3.39	3.22	3.09	3.02	2.94	3.13
1）行政命令與國家法令的一致性程度	3.41	3.30	3.08	3.13	2.94	3.17
2）當地的政策優惠條件	3.42	3.33	3.25	3.21	3.19	3.28
3）政府與執法機構秉持公正執法態度	3.39	3.25	3.09	2.98	2.86	3.11
4）當地解決糾紛的管道完善程度	3.34	3.18	3.02	2.98	2.85	3.07
5）當地的工商管理、稅務機關行政效率	3.37	3.23	3.10	3.05	2.98	3.15
	3.37	3.23	3.07	2.92	2.88	3.09
6）當地的海關行政效率	3.39	3.22	3.06	3.00	2.83	3.10

（接下表）

自主創新興商機　2006年中國大陸地區投資環境與風險調查

表16-2　TEEMA 2006中國大陸投資環境力細項指標評估分析（續）

7）勞工、工安、消防、衛生行政效率	3.36	3.17	3.05	2.99	2.84	**3.08**
8）當地的官員操守清廉程度	3.37	3.16	3.02	2.88	2.84	**3.05**
9）當地的地方政府對台商投資承諾實現程度	3.44	3.30	3.33	3.31	3.42	**3.36**
10）當地環保法規規定適宜且合理程度	3.40	3.24	3.10	3.04	3.06	**3.17**
11）當地政府政策穩定性及透明度	3.37	3.19	3.06	2.97	2.85	**3.09**
12）當地政府對智慧財產權重視的態度	3.34	3.04	2.90	2.78	2.65	**2.94**
整體而言，當地的法制環境評比	**3.43**	**3.27**	**3.15**	**2.99**	**2.94**	**3.16**
六、經濟環境	**3.39**	**3.27**	**3.12**	**3.13**	**3.09**	**3.20**
1）當地民眾生活條件及人均收入狀況	3.42	3.27	3.08	3.07	3.22	**3.21**
2）當地的商業及經濟發展程度	3.42	3.32	3.25	3.53	3.68	**3.44**
3）當地的金融體系完善的程度	3.34	3.25	3.13	3.13	3.17	**3.20**
	3.34	3.25	3.01	3.01	2.99	**3.12**
4）當地的資金匯兌及利潤匯出便利程度	3.33	3.19	3.04	3.00	2.8	**3.07**
	3.33	3.19	3.02	2.88	2.68	**3.02**
5）當地的資金貸款取得便利程度	3.27	3.08	2.97	2.93	2.9	**3.03**
6）當地經濟環境促使台商經營獲利程度	3.38	-	-	-	-	**3.38**
7）該城市未來具有經濟發展潛力的程度	3.47	-	-	-	-	**3.47**
8）當地政府改善投資環境積極程度	3.45	3.42	3.32	3.41	3.24	**3.37**
整體而言，當地的經濟環境評比	**3.45**	**3.39**	**3.25**	**3.23**	**3.13**	**3.29**
七、經營環境	**3.36**	**3.31**	**3.26**	**3.29**	**3.26**	**3.30**
1）當地的基層勞力供應充裕程度	3.33	3.33	3.47	3.7	3.82	**3.53**
2）當地的專業及技術人才供應充裕程度	3.22	3.14	3.15	3.31	3.13	**3.19**
	3.22	3.14	3.07	3.09	2.98	**3.10**
3）環境適合台商發展內需、內銷市場程度	3.37	3.33	-	-	-	**3.35**
4）台商企業在當地之勞資關係和諧程度	3.40	3.35	3.28	3.25	3.31	**3.32**
5）經營成本、廠房與相關設施成本合理程度	3.35	3.30	3.30	3.35	3.33	**3.33**
	3.35	3.30	3.24	3.33	3.28	**3.30**
6）有利於形成上、下游產業供應鏈的完整程度	3.40	3.31	3.24	3.27	3.29	**3.30**
7）當地的整體產業技術與研發水平	3.32	3.22	3.09	3.1	2.93	**3.13**
8）當地的市場未來發展潛力優異程度	3.45	3.43	3.45	3.38	3.52	**3.45**
9）同業、同行間公平且正當競爭的環境條件	3.35	3.22	3.25	3.04	2.91	**3.15**
10）當地台商享受政府自主創新獎勵程度	3.35	-	-	-	-	**3.35**
整體而言，當地的經營環境評比	**3.41**	**3.35**	**3.31**	**3.32**	**3.38**	**3.35**
七個投資環境構面，當地投資環境評比	**3.44**	**3.37**	**3.32**	**-**	**3.42**	**3.39**

資料來源：本研究整理

4. **法制環境方面**：得分爲3.39，高於2005年的3.22、2004年的3.09、2003年的3.02，由此可見中國大陸在2005年在法制環境的努力有獲得台商的肯定。在各細項當中，當地的政策優惠條件豐厚（3.42）與當地的地方政府對台商友善程度（3.54）得分較高，

5. **經濟環境方面**：平均值爲3.39，較2005年的3.27大幅提昇。其中以該城市未來具有經濟發展潛力的程度最受肯定（3.47），其次是當地政府改善投資環境積極程度（3.45），可見中國大陸的市場正逐漸開放當中。相反的滿意程度最低的爲當地資金貸款取得的便利性（3.27）、當地的資金匯兌及利潤匯出便利程度（3.33）與當地金融體系完善的程度（3.34），但相較於2005年，這些項目的得分都有明顯改善，從台商對經濟環境滿意程度，可見中國大陸對經濟環境正努力改善。

6. **經營環境方面**：平均值爲3.36，在各細項當中，當地的市場開發潛力得分最高（3.45），其次爲當地外資企業之勞資關係和諧程度（3.40）與當地有利於形成上、下游產業供應鏈的完整程度（3.40)。其中以當地的專業及技術人才供應充裕程度得分最低（3.22）。

雖然台商對於中國大陸投資環境的整體認知較2005年所作評價高，然而盯衡各指標的變化有上升亦有下降，投資環境力指標前10優分別爲：1. 當地海、陸、空交通運輸便利程度；2. 當地生態與地理環境符合企業發展的條件；3. 當地通訊設備、網路建設完善程度；4. 未來總體發展及建設規劃完善程度；5. 民衆及政府歡迎台商投資設廠態度；6. 當地的倉儲物流處理能力；7. 當地的食衣住行便利；8. 城市規劃、配套設施符合企業發展；9. 該城市未來具有經濟發展潛力的程度；10. 當地的市場未來發展潛力優異程度。茲整理如表16-3所示。

此外，TEEMA2006調查報告亦顯示在投資環境力49項細項指標排名最末的10項分別爲：1. 當地的資金貸款取得便利程度；2. 當地民衆的誠信與道德觀程度；3. 當地民衆生活素質及文化水平程度；4. 當地社會風氣及民衆的價值觀程度；5. 當地的醫療衛生條件；6. 污水、廢棄物處理設備完善程度；7. 當地的專業及技術人才供應充裕程度；8. 當地的整體產業技術與研發水平；9. 當地的基層勞力供應充裕程度；10. 當地的資金匯兌及利潤匯出便利程度。茲整理如表16-4所示。

表16-3　TEEMA 2006投資環境力十大最優指標

投資環境力10大最優指標	環境力評	排名
基礎-❶）當地海、陸、空交通運輸便利程度	3.56	❶
自然-❶）當地生態與地理環境符合企業發展的條件	3.55	❷
基礎-❷）當地通訊設備、網路建設完善程度	3.54	❸
基礎-❻）未來總體發展及建設規劃完善程度	3.54	❸
社會-❺）民眾及政府歡迎台商投資設廠態度	3.54	❸
基礎-❺）當地的倉儲物流處理能力	3.49	❻
公共-❶）當地的食衣住行便利	3.49	❻
基礎-❸）城市規劃、配套設施符合企業發展	3.47	❽
經濟-❼）該城市未來具有經濟發展潛力的程度	3.47	❽
經營-❽）當地的市場未來發展潛力優異程度	3.45	❿

資料來源：本研究整理

表16-4　TEEMA 2006投資環境力十大劣勢指標

投資環境力 10 大劣勢指標	環境力評價	排名
經營-❷）當地的專業及技術人才供應充裕程度	3.32	❻
經濟-❺）當地的資金貸款取得便利程度	3.27	❶
社會-❹）當地民眾的誠信與道德觀程度	3.28	❷
社會-❷）當地民眾生活素質及文化水平程度	3.29	❸
社會-❸）當地社會風氣及民眾的價值觀程度	3.30	❹
公共-❷）當地的醫療衛生條件	3.31	❺
基礎-❹）污水、廢棄物處理設備完善程度	3.32	❻
經營-❼）當地的整體產業技術與研發水平	3.32	❻
經營-❶）當地的基層勞力供應充裕程度	3.33	❼
經濟-❹）當地的資金匯兌及利潤匯出便利程度	3.33	❼

資料來源：本研究整理

　　TEEMA 2006環境力調查指標與2005進行差異分析，茲將上升幅度較高的前10項整理如表16-5所示。從表16-5發現，上升幅度較高的前10名指標：(1) 當地政府對智慧財產權重視的態度；(2) 當地城市規劃、配套設施符合企業發展；(3) 當地的官員操守清廉程度；(4) 當地的資金貸款取得便利程度；(5) 勞工、工安、消防、衛生行政效

表16-5　TEEMA 2005-2006投資環境力細項指標上升排名

投資環境力細項指標	2005-2006 進步評價	2005-2006 上升排名
法治-⑫）當地政府對智慧財產權重視的態度	+0.30	❶
經濟-❺）當地的資金貸款取得便利程度	+0.19	❹
基礎-❸）當地城市規劃、配套設施符合企業發展	+0.22	❷
法治-❽）當地的官員操守清廉程度	+0.21	❸
法治-❼）勞工、工安、消防、衛生行政效率	+0.19	❹
經營-❷）當地的專業及技術人才供應充裕程度	+0.18	❻
法治-⑪）當地政府政策穩定性及透明度	+0.18	❻
法治-❹）當地解決糾紛的管道完善程度	+0.18	❻
法治-❻）當地的海關行政效率	+0.17	❾
法治-⑩）當地環保法規規定適宜且合理程度	+0.16	❿

資料來源：本研究整理

表16-6　TEEMA 2005-2006投資環境力細項指標下降排名

投資環境力細項指標	2005-2006 退步評價	2005-2006 下降排名
自然-⑫）當地水電、燃料等能源充沛的程度	-0.20	❶
自然-❶）生態與地理環境符合企業發展的條件	-0.10	❷
社會-❺）民眾及政府歡迎台商投資設廠態度	-0.09	❸
基礎-❶）當地海、陸、空交通運輸便利程度	-0.04	❹
公共-❶）當地的食衣住行便利	-0.03	❺
社會-❸）當地社會風氣及民眾的價值觀程度	-0.02	❻
基礎-❷）當地通訊設備、網路建設完善程度	-0.02	❻

資料來源：本研究整理

率；(6) 當地的專業及技術人才供應充裕程度；(7) 當地的海關行政效率；(8) 當地解決糾紛的管道完善程度；(9) 當地的海關行政效率；(10) 當地環保法規規定適宜且合理程度。

TEEMA 2006「投資風險度」分析

　　TEEMA 2006問卷調查中採用的風險因素指標有4個，包括：1. 社會風險；2. 法制風險；3. 經濟風險；4. 經營風險。與2005年相比，指標的種類與權數略有不同，不過各項風險項目中的細項略有調整，但整個內容與2005年仍十分接近，至於在細項風險指標中：1. 社會風險含有4個問項；2. 法制風險有8個問項；3. 經濟風險有8個問項；4. 經營風險有12個問項，全部共有32個問項。各構面權重如表17-1所示：

表17-1　TEEMA 2006投資風險度構面與權重

投資風險度構面	權　　重	構面題數
❶社會風險	10%	4
❷法制風險	25%	8
❸經濟風險	30%	8
❹經營風險	35%	12
合　　計	100%	32

資料來源：本研究整理

TEEMA 2006中國大陸整體投資風險度分析

　　TEEMA 2006年台商對中國大陸投資風險的評估，經加權平均後為2.50，略高於2005所做的調查（2.40）。在4項投資風險整體評估的由高至低順序（分數越低，代表風險越低，城市投資環境越優），分別為：經濟風險、經營風險、法制風險與社會風險，各個構面所得到的分數均呈現低於2002-2004年所做的調查，但高於2005的評價，茲將統計的結果整理如表17-2所示。

1. **社會風險方面**：該構面得分最低，只有2.46，雖然與2005年的2.32相比有些微偏高。但是仍可看出中國大陸地方政府在社會風險改善上的努力。

2. **法制風險方面**：得分2.47，和前一節法制環境大幅改善的結果加以比較，顯示台商雖然對於中國大陸的法制環境改善程度給予正面的評價，但同時也透露出中國大陸在法制方面仍有進步的空間。在各細項問題中，以當地的行政命

表17-2　TEEMA 2006年中國大陸投資風險度細項指標評估分析

投資風險度評估指標	2006	2005	2004	2003	2002	五年平均
投資風險度指標總平均	*2.50*	*2.40*	*2.76*	*2.67*	*3.01*	*2.71*
一、社會風險	*2.46*	*2.32*	*2.70*	*2.57*	*2.77*	*2.57*
1）勞工抗議、抗爭事件頻繁發生的風險	2.46	2.26	2.59	2.48	2.54	2.48
2）當地的社會治安不良造成社會秩序不穩風險	2.47	2.39	2.71	2.59	2.85	2.61
3）發生勞資或經貿糾紛不易排解風險	2.48	2.33	2.72	2.63	2.85	2.61
4）當地人身財產安全受到威脅的風險	2.44	2.33	2.76	2.57	2.86	2.60
整體而言，當地的社會風險程度	*2.42*	*2.28*	*2.71*	*-*	*2.86*	*2.58*
二、法制風險	*2.47*	*2.35*	*2.79*	*2.70*	*3.13*	*2.70*
1）當地的行政命令經常變動的風險	2.51	2.35	2.79	2.67	3.16	2.71
2）違反對台商合法取得土地使用權承諾風險	2.43	-	-	-	-	2.43
3）官員對法令、合同、規範執行不一致的風險	2.48	2.36	2.81	2.76	3.21	2.73
4）與當地政府協商過程難以掌控的風險	2.48	2.37	2.80	2.74	3.17	2.72
5）政府調解、仲裁糾紛對台商不公平程度風險	2.49	2.36	2.76	2.63	2.97	2.65
			2.78	2.66	3.02	2.20
6）機構無法有效執行司法及仲裁結果的風險	2.44	2.39	2.81	2.71	3.03	2.69
7）當地政府要求不當回饋頻繁的風險	2.45	2.32	2.78	2.68	2.96	2.65
8）當地常以刑事方式處理經濟案件的風險	2.46	2.31	2.75	2.62	2.97	2.63
整體而言，當地的法制風險程度	*2.54*	*2.32*	*2.79*	*-*	*3.12*	*2.70*
三、經濟風險	*2.52*	*2.43*	*2.79*	*2.74*	*3.23*	*2.79*
1）當地的原物料經營成本上漲的風險	2.56	2.58	2.64	-	2.99	2.70
2）當地外匯嚴格管制與利潤匯出不易的風險	2.50	2.49	2.82	2.80	3.48	2.83
			2.84	2.80	3.21	
3）當地的地方稅賦政策變動頻繁的風險	2.61	2.39	2.77	2.66	3.09	2.71
4）台商藉由當地銀行體系籌措與取得資金困難	2.46	2.53	2.89	2.82	3.40	2.83
			2.88	2.82	3.50	
5）政府對台商的優惠政策無法兌現的風險	2.51	2.34	2.75	2.70	2.99	2.67
6）台商企業在當地發生經貿糾紛頻繁的風險	2.48	2.34	2.75	2.69	-	2.58
7）當地政府保護主義濃厚影響企業獲利風險	2.51	2.37	2.78	-	-	2.57
8）當地政府收費、攤派、罰款項目繁多的風險	2.50	2.43	2.81	2.69		2.10
整體而言，當地的經濟風險程度	*2.53*	*2.37*	*2.77*	*-*	*3.16*	*2.72*
四、經營風險	*2.52*	*2.41*	*2.77*	*2.65*	*2.97*	*2.66*
1）當地的水電、燃氣、能源供應不穩定的風險	2.45	2.52	2.80	2.51	2.80	2.63
2）當地運輸、物流、通路狀況不易掌握的風險	2.50	2.31	2.63	2.52	2.76	2.55
3）當地跨省運輸不當收費頻繁的風險	2.47	2.37	2.74	2.64	3.05	2.66
4）當地的配套廠商供應不穩定的風險	2.52	2.35	2.70	2.63	2.93	2.64
5）當地的市場通路開拓困難的風險	2.64	2.39	2.77	-	2.80	2.66
6）當地企業信用不佳，欠債追索不易的風險	2.61	2.59	2.95	2.67	3.09	2.79
7）當地適任的員工招募與留用不易的風險	2.65	2.50	2.88	2.93	3.37	2.88
8）員工缺乏忠誠度造成人員流動率頻繁風險	2.54	2.59	2.94	2.66	3.12	2.78
9）經營企業維持人際網絡成本過高的風險	2.41	2.44	2.79	2.59	2.78	2.61
10）當地政府干預台商企業經營運作的風險	2.47	2.25	2.61	2.60	2.74	2.54
11）當地台商因經貿、稅務糾紛被羈押的風險	2.48	2.40	2.74	2.61	2.88	2.63
12）貨物通關時，受當地海關行政阻擾的風險	2.51	2.37	2.78	2.68	3.10	2.70
整體而言，當地的經營風險程度	*2.51*	*2.39*	*2.77*	*-*	*3.00*	*2.68*

資料來源：本研究整理

令經常變動的風險最爲嚴重（2.51），其次爲當地政府調解、仲裁糾紛對台商不公平程度的風險（2.49）。

3. **經濟風險方面：** 平均得分爲2.52，此結果顯示，台商除了法制風險之外，對於經濟環境不確定所產生的風險疑慮也高。風險較高的項目則分別是：「當地的地方稅賦政策變動頻繁的風險（2.61）」、「當地的原物料經營成本上漲的風險（2.56）」、「當地政府對台商的優惠政策無法兌現的風險，當地政府保護主義濃厚影響企業獲利的風險（2.51）」。

4. **經營風險方面：** 加權平均值爲2.52，高於社會風險、法制風險。其中風險較低的項目包含：「當地經營企業維持人際網絡成本過高的風險（2.41）」、「當地的水電、燃氣、能源供應不穩定的風險（2.45）」等兩項。而經營風險較高的項目包括：「當地適任的員工招募與留用不易的風險（2.65）、「當地的市場通路開拓困難的風險（2.64）」與「當地企業信用不佳，欠債追索不易的風險（2.61）」。

雖然台商對於中國大陸投資風險度的整體認知較2005年所作評價較高，然而盱衡各指標的變化有上升亦有下降，投資風險度指標前10優分別爲：1. 經營企業維持人際網絡成本過高的風險；2. 政府違反對台商合法取得土地使用權承諾；3. 機構無法有效執行司法及仲裁結果的風險；4. 當地人身財產安全受到威脅的風險；5. 當地的水電、燃氣、能源供應不穩定的風險；6. 當地政府要求不當回饋頻繁的風險；7. 勞工抗議、抗爭事件頻繁發生的風險；8. 當地常以刑事方式處理經濟案件的風險；9. 社會治安不良造成社會秩序不穩風險；10. 當地跨省運輸不當收費頻繁的風險。茲整理如表17-3所示。

此外，TEEMA2006調查報告亦顯示在投資投險度32項細項指標排名最末的10項分別爲：1. 當地適任的員工招募與留用不易的風險；2. 當地的市場通路開拓困難的風險；3. 企業信用不佳，欠債追索不易的風險；4. 當地的地方稅賦政策變動頻繁的風險；5. 當地的原物料經營成本上漲的風險；6. 員工缺乏忠誠度造成人員流動率頻繁；7. 當地的配套廠商供應不穩定的風險；8. 行政命令經常變動的風險；9. 當地政府對台商的優惠政策無法兌現；10. 貨物通關受當地海關行政阻擾的風險。茲整理如表17-4所示。

表17-3　TEEMA 2006投資風險度10大最優指標

投資風險度 10 大最優指標	風險度評價	排名
經營-❾） 經營企業維持人際網絡成本過高的風險	2.41	❶
法制-❷） 政府違反對台商合法取得土地使用權承諾	2.43	❷
法制-❻） 機構無法有效執行司法及仲裁結果的風險	2.44	❸
社會-❹） 當地人身財產安全受到威脅的風險	2.44	❸
經營-❶） 當地的水電、燃氣、能源供應不穩定的風險	2.45	❺
法制-❷） 當地政府要求不當回饋頻繁的風險	2.45	❺
社會-❶） 勞工抗議、抗爭事件頻繁發生的風險	2.46	❼
法制-❽） 當地常以刑事方式處理經濟案件的風險	2.46	❼
社會-❷） 社會治安不良造成社會秩序不穩風險	2.47	❾
經營-❸） 當地跨省運輸不當收費頻繁的風險	2.47	❾

資料來源：本研究整理

表17-4　TEEMA 2006投資風險度10大劣勢指標

投資風險度 10 大劣勢指標	風險度評價	排名
經營-❼） 當地適任的員工招募與留用不易的風險	2.65	❶
經營-❺） 當地的市場通路開拓困難的風險	2.64	❷
經營-❻） 企業信用不佳，欠債追索不易的風險	2.61	❸
經濟-❸） 當地的地方稅賦政策變動頻繁的風險	2.61	❸
經濟-❶） 當地的原物料經營成本上漲的風險	2.56	❺
經營-❽） 員工缺乏忠誠度造成人員流動率頻繁	2.54	❻
經營-❹） 當地的配套廠商供應不穩定的風險	2.52	❼
法制-❶） 行政命令經常變動的風險	2.51	❽
經濟-❺） 當地政府對台商的優惠政策無法兌現	2.51	❽
經營-⓬） 貨物通關受當地海關行政阻擾的風險	2.51	❽

資料來源：本研究整理

TEEMA 2006中國大陸城市投資風險度分析

　　盱衡TEEMA 2002-2006調查評估資料，中國大陸各城市的投資風險有所不同，其變化情形整理如表17-5所示。從表17-5中可以看出各年度變化相當大，5年來幾乎沒有城市可以穩居前10名。2006年投資風險較低的前10大城市分別說明如下：

表17-5　TEEMA 2005-2006前10名城市投資風險度排名變化分析

排名	2006	2005	2004	2003	2002
❶	蘇州工業區	上海閔行	徐　州	青　島	寧波奉化
❷	寧波北侖區	杭州蕭山	揚　州	杭州蕭山	杭州蕭山
❸	蘇州昆山	成　都	杭州蕭山	重　慶	揚　州
❹	揚　州	蘇州昆山	無錫江陰	無　錫	蘇州吳江
❺	杭州市區	無錫江陰	成　都	成　都	蘇州市區
❻	無錫江陰	徐　州	嘉　興	揚　州	無　錫
❼	蘇州市區	揚　州	上海閔行	福　州	蘇州崑山
❽	濟　南	南　昌	南　昌	杭州市區	寧波市區
❾	天津濱海區	上海浦東	汕　頭	汕　頭	杭州市區
❿	南　昌	天津市	寧波餘姚	寧波市區	中　山

資料來源：本研究整理

1. **蘇州工業區**：蘇州工業區在2006年新進榜就奪得第1名。造成其風險急遽下降的原因，在於以下幾項風險指標的下跌，分別是：社會風險(1.39)、法制風險(1.19)、經濟風險(1.43)、經營風險(1.37)、整體風險(1.16)、投資風險(1.35)。

2. **寧波北侖區**：寧波北侖區在2006年的投資風險評估名列第2名，也是屬於新進榜的城市。造成其風險急遽下降的原因，在於以下幾項風險指標的下跌，分別是：社會風險(1.47)、法制風險(1.33)、經濟風險(1.55)、經營風險(1.50)、整體風險(1.44)、投資風險(1.47)。

3. **蘇州昆山**：蘇州昆山曾經在2002年名列第7名，在2003年到2005年間則未再進到10名內。此次在2006年的調查排名為第3名。造成其風險急遽下降的原因，在於以下幾項風險指標的下跌，分別是：社會風險(1.39)、法制風險(1.54)、經濟風險(1.68)、經營風險(1.60)、整體風險(1.65)、投資風險(1.59)。

4. **揚州**：揚州在2004年的風險評估中排名第2名，2005年則名列為第7名，在2006年則又升回第4名，可能原因在於以下幾項風險指標的下跌，而細項分別是：社會風險(1.59)、法制風險(1.57)、經濟風險(1.72)、經營風險(1.60)、整體風險(1.64)、投資風險(1.63)。

5. **杭州市區**：杭州市區在2003年的排行為第8名，退出10名的排行3年後，此次在2006年又重回前10大的排行榜，並且排行為第5名。造成其風險急遽下降的原因，在於以下幾項風險指標的下跌，分別是：社會風險(1.59)、法制風險

(1.50)、經濟風險(1.75)、經營風險(1.68)、整體風險(1.70)、投資風險(1.65)。

6. **無錫江陰**：無錫江陰在2004年的調查爲第4名；2005年的調查爲第5名；在2006年的調查中依然保持前10名的水準，但卻下降至第6名的席次。造成其風險急遽下降的原因，在於以下幾項風險指標的下跌，分別是：社會風險(1.73)、法制風險(1.69)、經濟風險(1.83)、經營風險(1.76)、整體風險(1.90)、投資風險(1.73)。

7. **蘇州市區**：蘇州市區在2002年奪得第5名的排名後，退出10名內已有一段時間。此次在2006年的調查當中，排名重回10名內佔據第7名的席次。造成其風險急遽下降的原因，在於以下幾項風險指標的下跌，分別是：社會風險(1.67)、法制風險(1.80)、經濟風險(1.85)、經營風險(1.63)、整體風險(1.87)、投資風險(1.74)。

8. **濟南**：濟南在之前2004以及2005年都並未進入前10大，此次2006年可以進入前10名，可能原因來自如下的幾項風險指標下跌，分別是：社會風險(1.58)、法制風險(1.73)、經濟風險(1.69)、經營風險(1.92)、整體風險(1.60)、投資風險(1.81)。

9. **天津濱海區**：天津濱海區爲此次新進榜到10名內的城市，2006年調查的結果爲排名第9名。造成其風險急遽下降而進入前10大的原因，在於以下幾項風險指標的下跌，分別是：社會風險(1.75)、法制風險(1.75)、經濟風險(2.03)、經營風險(2.03)、整體風險(1.96)、投資風險(1.93)。

10. **南昌**：南昌在2004及2005年均進入前10大而且名列第8，但在2006年卻不如以往而屈居第10，可能的原因是由於以下的風險指標影響的關係，風險指標分別是，社會風險(1.83)、法制風險(1.88)、經濟風險(2.10)、經營風險(1.94)、整體風險(1.63)、投資風險(1.96)。

TEEMA 2006根據列入分析的80個城市進行投資風險度城市排行分析，在評估的80個城市中，以蘇州工業區的投資風險最低（1.35），寧波北侖區、蘇州昆山、揚州等城市的投資風險加權平均數也都低於2.00，爲低度投資風險的城市。有關TEEMA 2006中國大陸城市投資風險度80個城市的排行如表17-6所示：

表17-6　TEEMA 2006中國大陸城市投資風險度排行分析

排名	城市	省市	區域	❶社會風險		❷法制風險		❸經濟風險		❹經營風險		風險度
01	蘇州工業區	江蘇省	華東地區	1.39	01	1.19	01	1.43	01	1.37	01	1.35
02	寧波北侖區	浙江省	華東地區	1.47	03	1.33	02	1.55	02	1.50	02	1.47
03	蘇州昆山	江蘇省	華東地區	1.39	01	1.54	04	1.68	03	1.60	03	1.59
04	揚州	江蘇省	華東地區	1.59	05	1.57	05	1.72	05	1.60	03	1.63
05	杭州市區	浙江省	華東地區	1.59	05	1.50	03	1.75	06	1.68	06	1.65
06	無錫江陰	江蘇省	華東地區	1.73	08	1.69	06	1.83	07	1.76	07	1.73
07	蘇州市區	江蘇市	華東地區	1.67	07	1.80	09	1.85	08	1.63	05	1.74
08	濟南	山東省	華北地區	1.58	04	1.73	07	1.69	04	1.92	08	1.81
09	天津濱海區	天津市	華北地區	1.75	09	1.75	08	2.03	10	2.03	10	1.93
10	南昌	江西省	華中地區	1.83	10	1.88	10	2.10	12	1.94	09	1.96
11	成都	四川省	西南地區	2.01	12	1.93	11	2.01	09	2.12	12	2.03
12	上海閔行	上海市	華東地區	2.04	14	2.00	13	2.08	11	2.06	11	2.05
13	蘇州新區	江蘇省	華東地區	1.91	11	2.11	14	2.13	14	2.15	14	2.11
14	南京市區	南京市	華東地區	2.28	20	2.16	17	2.10	12	2.14	13	2.15
15	汕頭	廣東省	華南地區	2.10	15	2.18	18	2.16	15	2.16	15	2.16
16	北京亦庄	北京市	華北地區	2.28	20	2.34	24	2.38	22	2.19	16	2.21
17	廈門島外	福建省	華南地區	2.03	13	2.13	15	2.26	18	2.32	19	2.22
18	威海	山東省	華北地區	2.30	22	1.98	12	2.23	16	2.47	26	2.23
19	泉州	福建省	華南地區	2.21	17	2.28	21	2.25	17	2.20	17	2.23
20	上海浦東	上海市	華東地區	2.35	25	2.22	20	2.30	19	2.29	18	2.29
21	廊坊	河北省	華北地區	2.22	18	2.19	19	2.41	24	2.34	20	2.31
22	杭州蕭山	浙江省	華東地區	2.20	16	2.31	23	2.41	24	2.38	21	2.32
23	蘇州常熟	江蘇省	華東地區	2.33	23	2.14	16	2.36	21	2.45	23	2.33
24	嘉興	浙江省	華東地區	2.26	19	2.36	25	2.35	20	2.38	21	2.36
25	廣州天河	廣東省	華南地區	2.36	26	2.47	29	2.46	28	2.46	24	2.38

26	大　連	遼寧省	華北地區	2.36	26	2.29	22	2.40	23	2.46	24	2.39
27	珠　海	廣東省	華南地區	2.51	38	2.40	26	2.45	26	2.53	31	2.47
28	常　州	江蘇省	華東地區	2.33	23	2.44	28	2.53	30	2.50	29	2.48
29	蘇州張家港	江蘇省	華東地區	2.49	34	2.43	37	2.49	29	2.55	33	2.49
30	青　島	山東省	華北地區	2.41	30	2.48	30	2.61	34	2.49	27	2.52
31	廈門島內	福建省	華南地區	2.36	26	2.51	32	2.45	26	2.69	43	2.53
32	煙　台	山東省	華北地區	2.37	29	2.49	31	2.62	35	2.49	28	2.54
33	無錫宜興	江蘇省	華東地區	2.45	32	2.52	33	2.56	32	2.56	34	2.55
34	上海其他	上海市	華東地區	2.48	33	2.62	39	2.55	31	2.65	37	2.56
35	寧波市區	浙江省	華東地區	2.63	42	2.57	34	2.59	33	2.52	30	2.57
36	天津市區	天津市	華北地區	2.44	31	2.58	35	2.71	42	2.53	32	2.59
37	武漢武昌	湖北省	華中地區	2.49	34	2.61	37	2.68	41	2.68	41	2.61
38	南京江寧	南京市	華東地區	2.86	54	2.59	36	2.64	37	2.70	44	2.63
39	泰　州	江蘇省	華東地區	2.63	42	2.74	48	2.63	36	2.66	38	2.64
40	北京市區	北京市	華北地區	2.60	41	2.64	43	2.75	45	2.68	41	2.64
41	中　山	廣東省	華南地區	2.50	37	2.68	44	2.72	44	2.66	38	2.65
42	上海松江	上海市	華東地區	2.77	47	2.63	42	2.67	39	2.58	35	2.65
43	蘇州太倉	江蘇省	華東地區	2.57	39	2.63	41	2.75	45	2.60	36	2.68
44	寧波餘姚	浙江省	華東地區	2.84	52	2.72	46	2.66	38	2.71	45	2.70
45	武漢漢口	湖北省	華中地區	2.49	34	2.62	40	2.77	48	2.73	46	2.71
46	廣州市區	廣東省	華南地區	2.57	39	2.61	38	2.71	42	2.67	40	2.72
47	江　門	廣東省	華南地區	2.66	44	2.72	45	2.67	39	2.88	52	2.76
48	合　肥	安徽省	華中地區	2.72	46	2.76	50	2.75	45	2.83	48	2.78
49	上海市區	上海市	華東地區	2.70	45	2.79	52	2.93	54	2.93	54	2.84
50	重慶市區	四川省	西南地區	2.83	51	2.85	55	2.93	54	2.78	47	2.85
51	桂　林	廣　西	西南地區	3.08	67	2.73	47	2.79	49	2.95	56	2.85
52	寧波奉化	浙江省	華東地區	2.77	47	2.75	49	2.88	50	2.90	53	2.85
53	福州馬尾	福建省	華南地區	2.86	54	2.76	51	2.95	57	2.86	49	2.85

序號	城市	省份	區域									
54	漳州	福建省	華南地區	2.88	56	2.84	53	2.92	52	2.86	49	2.87
55	上海嘉定	上海市	華東地區	2.90	57	2.85	56	2.93	54	3.02	62	2.94
56	昆明	雲南省	西南地區	2.80	50	2.87	57	2.99	63	2.86	49	2.94
57	徐州	江蘇省	華東地區	2.85	53	2.96	60	2.92	52	2.97	57	2.95
58	石家莊	河北省	華北地區	3.05	65	2.88	58	2.91	51	2.99	59	2.95
59	福州市區	福建省	華南地區	3.01	63	3.01	62	2.96	60	3.05	63	2.98
60	無錫市區	江蘇省	華東地區	2.99	60	3.00	61	2.95	57	2.99	57	2.98
61	瀋陽	遼寧省	東北地區	3.00	61	3.03	64	2.98	62	2.94	55	2.98
62	長沙	湖南省	華中地區	2.77	47	3.04	66	2.95	57	3.07	66	2.99
63	西安	陝西省	西北地區	3.16	72	2.84	54	3.14	68	3.06	64	3.04
64	東莞虎門	廣東省	華南地區	3.02	64	3.05	68	3.08	67	2.98	58	3.05
65	武漢漢陽	湖北省	華中地區	3.08	67	3.11	70	3.07	66	3.00	61	3.06
66	深圳其他	廣東省	華南地區	2.95	58	3.05	67	3.18	70	3.06	64	3.07
67	哈爾濱	黑龍江省	東北地區	3.05	65	3.02	63	3.01	64	3.11	69	3.07
68	深圳龍崗	廣東省	華南地區	3.14	70	3.10	69	3.06	65	3.08	67	3.08
69	蘇州吳江	江蘇省	華東地區	3.00	61	3.03	65	3.26	71	3.18	72	3.11
70	深圳寶安	廣東省	華南地區	2.96	59	3.15	71	3.27	72	3.15	71	3.13
71	南通	江蘇省	華東地區	3.08	67	2.94	59	2.96	60	3.10	68	3.15
72	東莞石碣	廣東省	華南地區	3.19	73	3.18	72	3.14	68	3.14	70	3.16
73	惠州	廣東省	華南地區	3.20	74	3.18	73	3.30	74	3.24	73	3.24
74	深圳市區	廣東省	華南地區	3.15	71	3.26	74	3.28	73	3.30	74	3.25
75	東莞長安	廣東省	華南地區	3.26	75	3.41	78	3.32	75	3.31	75	3.32
76	東莞市區	廣東省	華南地區	3.43	77	3.32	76	3.34	76	3.35	76	3.35
77	東莞厚街	廣東省	華南地區	3.32	76	3.29	75	3.34	76	3.46	78	3.39
78	東莞其他	廣東省	華南地區	3.49	79	3.39	77	3.46	78	3.44	77	3.44
79	東莞清溪	廣東省	華南地區	3.47	78	3.62	79	3.74	80	3.59	79	3.66
80	東莞樟木頭	廣東省	華南地區	3.69	80	3.65	80	3.58	79	3.81	80	3.84

資料來源：本研究整理

第18章

TEEMA 2006「台商推薦度」分析

　　依據TEEMA「兩力兩度」模式，有關「台商推薦度」的部分，主要是針對在當地已有投資設廠的台商，依其過去對該城市之整體投資環境和投資風險評價，換言之，先前台商的投資評價是給未來準備赴大陸投資的台商企業做參考。有關台商推薦度的指標，2000年到2004年5年間都用相同的問項徵詢台商們意見，以形成台商推薦度的最後衡量指標。但是由於台商們的反映及兼顧學術的嚴謹性，2005年TEEMA調查報告特別將「台商推薦度」擴大成為6項衡量指標，包括：1. 城市競爭力；2. 城市環境力；3. 投資風險度；4. 城市發展潛力；5. 投資效益；6. 內貿與內銷市場開拓。TEEMA 2006經過學者專家及與台商協會會長討論，最後將「台商推薦度」指標發展成為十項衡量指標，包括：1. 城市競爭力；2. 投資環境力；3. 投資風險度；4. 城市發展潛力；5. 城市投資效益；6. 內銷市場前景；7. 國際接軌程度；8. 台商權益保護；9. 政府行政效率；10. 整體生活品質。相信藉由指標的擴充，使TEEMA 2006調查更具有可信度。

　　依據TEEMA 2006對已在中國大陸投資的2,137位台商調查結果顯示，如表18-1所示：

　　1. 台商推薦度前10個最優城市地區分別是：1. 蘇州工業區；2. 寧波北侖區；3. 揚州；4. 天津濱海區；5. 蘇州市區；6. 杭州市區；7. 蘇州昆山；8. 無錫江陰；9. 蘇州新區；10. 南京市區

　　2. 台商暫不列入推薦之後10個城市地區分別是：1. 東莞樟木頭；2. 東莞其他；3. 東莞長安；4. 東莞清溪；5. 東莞厚街；6. 深圳市區；7. 東莞市區；8. 東莞石碣；9. 南通；10. 惠州

TEEMA 2005-2006台商推薦度變化分析

　　依據TEEMA 2006與2005年台商推薦度比較結果，推薦分數進步最多的城市分別是：1. 煙台(0.71)；2. 杭州市區(0.65)；3. 蘇州市區(0.52)；4. 東莞虎門(0.42)；5. 廣州天河(0.4)；退步最多的城市則是：1. 徐州(-1.21)；2. 上海閔行(-1.01)；3. 西安(-0.88)；4. 長沙 (-0.84)；5. 北京市區(-0.82)。若就排名而言，2006和2005年比較起來，推薦排

名進步最多的城市依序分別為：1. 煙台(+38名)；2. 廣州天河(+25名)；3. 寧波餘姚 (+24名)；4. 蘇州常熟(+24名)；5. 北京亦庄(+23名)；推薦排名退步較多的城市則分別 是：1. 西安(-43名)；2. 徐州(-43名)；3. 無錫市區 (-39名)；4. 南通(-36名)；5. 長沙(-36 名)。

表18-1　TEEMA 2006中國大陸城市台商推薦度排行分析

排名	城　　市	省市	區　域	❶城市競爭	❷投資環境	❸投資風險	❹發展潛力	❺投資效益	❻國際接軌	❼權益保護	❽行政效率	❾內銷市場	❿生活品質	推薦度
01	蘇州工業區	江蘇省	華東地區	4.78	4.96	4.87	4.87	4.74	4.70	4.96	4.91	4.83	4.83	*4.84*
02	寧波北侖區	浙江省	華東地區	4.79	4.79	4.75	4.75	4.61	4.68	4.82	4.89	4.86	4.82	*4.78*
03	揚　　州	江蘇省	華東地區	4.68	4.67	4.64	4.64	4.68	4.75	4.68	4.68	4.76	4.76	*4.70*
04	天津濱海區	天津市	華北地區	4.64	4.73	4.70	4.73	4.64	4.39	4.73	4.76	4.64	4.64	*4.66*
05	蘇州市區	江蘇省	華東地區	4.57	4.53	4.50	4.57	4.50	4.56	4.54	4.49	4.50	4.54	*4.53*
06	杭州市區	浙江省	華東地區	4.66	4.59	4.48	4.52	4.52	4.48	4.45	4.42	4.45	4.48	*4.49*
07	蘇州昆山	江蘇省	華東地區	4.43	4.48	4.29	4.48	4.38	4.29	4.33	4.38	4.24	4.38	*4.37*
08	無錫江陰	江蘇省	華東地區	4.57	4.17	4.18	4.68	4.32	4.68	4.09	4.09	4.45	4.09	*4.35*
09	蘇州新區	江蘇省	華東地區	4.36	4.25	4.53	4.47	4.53	4.47	3.94	4.59	4.07	4.41	*4.29*
10	南京市區	南京市	華東地區	4.22	4.22	4.17	4.06	4.00	4.00	4.06	4.28	4.11	4.11	*4.12*
11	杭州蕭山	浙江省	華東地區	4.24	4.19	3.95	4.14	4.00	3.86	4.14	4.14	4.05	4.00	*4.07*
12	汕　　頭	廣東省	華南地區	4.06	4.17	4.12	4.17	3.83	4.11	4.00	4.06	4.11	4.06	*4.06*
13	成　　都	四川省	西南地區	4.26	4.05	3.89	4.00	3.84	3.89	3.84	3.79	4.00	4.21	*3.99*
14	廈門島外	福建省	華南地區	3.88	4.12	4.06	4.13	3.94	4.00	4.00	4.06	3.88	3.75	*3.99*
15	南　　昌	江西省	華中地區	3.92	3.98	3.79	3.95	3.84	3.81	4.12	3.89	3.96	3.81	*3.93*
16	廣州天河	廣州市	華南地區	4.00	3.89	4.33	3.83	3.78	3.89	3.83	3.89	3.89	3.94	*3.93*
17	上海閔行	上海市	華東地區	3.88	3.91	3.84	3.93	3.89	3.86	3.90	3.90	3.85	3.86	*3.89*
18	寧波餘姚	浙江省	華東地區	4.00	4.07	3.79	3.93	3.67	3.83	3.83	3.86	3.86	3.76	*3.88*
19	北京亦庄	北京市	華北地區	3.95	3.95	3.67	3.90	3.71	3.95	3.81	3.67	3.57	4.05	*3.88*
20	廊　　坊	河北省	華北地區	4.04	4.00	3.71	3.96	3.89	3.96	3.75	3.68	3.75	3.75	*3.82*
21	上海浦東	上海市	華東地區	3.85	3.84	4.00	3.95	3.80	3.85	3.85	3.75	3.85	3.75	*3.82*
22	大　　連	遼寧省	東北地區	3.81	3.94	3.81	3.81	3.81	3.88	3.81	3.81	3.63	3.81	*3.81*
23	嘉　　興	浙江省	華東地區	3.88	3.94	3.94	3.94	3.81	3.56	3.63	3.63	3.88	3.81	*3.80*
24	濟　　南	山東省	華北地區	3.82	3.65	3.82	3.88	3.76	4.12	3.94	3.76	3.76	3.59	*3.80*
25	泉　　州	福建省	華南地區	3.82	3.75	3.79	4.00	3.84	3.76	3.79	3.82	3.84	3.76	*3.78*
26	蘇州常熟	江蘇省	華東地區	3.82	3.78	3.85	3.82	3.91	3.45	3.77	3.76	3.73	3.73	*3.76*
27	煙　　台	山東省	華北地區	3.73	3.79	3.67	3.70	3.70	3.77	3.73	3.69	3.63	3.77	*3.75*
28	常　　州	江蘇省	華東地區	3.84	4.12	3.72	3.80	3.48	3.84	3.84	3.32	3.76	3.76	*3.75*
29	青　　島	山東省	華北地區	3.82	3.70	3.72	3.86	3.66	3.90	3.59	3.62	3.55	3.93	*3.74*
30	威　　海	山東省	華北地區	3.79	3.79	3.92	3.58	3.63	3.88	3.54	3.54	3.96	3.71	*3.73*
31	寧波市區	浙江省	華東地區	3.83	3.76	3.78	3.75	3.66	3.78	3.78	3.59	3.63	3.63	*3.71*
32	廈門島內	福建省	華南地區	3.78	3.58	3.56	3.64	3.72	4.00	3.84	3.56	3.56	3.67	*3.69*
33	無錫宜興	江蘇省	華東地區	3.82	3.65	3.53	3.65	3.59	3.65	3.59	3.59	3.59	3.82	*3.65*
34	天津市區	天津市	華北地區	3.72	3.72	3.72	3.56	3.39	3.67	3.61	3.44	3.56	3.47	*3.60*
35	廣州市區	廣州市	華南地區	3.67	3.39	3.44	3.78	3.61	3.56	3.61	3.50	3.53	3.56	*3.58*

表18-1　TEEMA 2006中國大陸城市台商推薦度排行分析（續）

36	蘇州太倉	江蘇省	華東地區	3.60	3.53	3.31	3.94	3.19	3.19	3.38	3.40	3.69	3.13	3.54
37	中　山	廣東省	華南地區	3.60	3.64	3.54	3.46	3.54	3.31	3.69	3.54	3.46	3.38	3.54
38	武漢武昌	湖北省	華中地區	3.51	3.49	3.41	3.65	3.35	3.65	3.41	3.48	3.35	3.37	3.52
39	北京市區	北京市	華北地區	3.33	3.15	3.42	3.81	3.54	3.85	3.58	3.27	3.65	3.77	3.51
40	珠　海	廣東省	華南地區	3.67	3.71	3.47	3.53	3.60	3.60	3.33	3.53	3.73	3.53	3.49
41	上海其他	上海市	華東地區	3.61	3.58	3.43	3.57	3.37	3.53	3.43	3.47	3.43	3.47	3.48
42	武漢漢口	湖北省	華中地區	3.71	3.54	3.35	3.71	3.41	3.24	3.53	3.41	3.82	3.41	3.48
43	上海市區	上海市	華東地區	3.67	3.61	3.39	3.44	3.39	3.39	3.47	3.28	3.44	3.28	3.46
44	泰　州	江蘇省	華東地區	3.41	3.45	3.27	3.57	3.41	3.27	3.32	3.45	3.55	3.52	3.44
45	上海松江	上海市	華東地區	3.50	3.19	3.50	3.44	3.31	3.44	3.56	3.44	3.69	3.38	3.44
46	南京江寧	南京市	華東地區	3.35	3.19	3.47	3.24	3.35	3.53	3.41	3.18	3.47	3.41	3.42
47	江　門	廣東省	華南地區	3.41	3.42	3.50	3.47	3.34	3.28	3.19	3.16	3.25	3.22	3.35
48	蘇州張家港	江蘇省	華東地區	3.44	3.25	3.31	3.44	3.38	3.31	3.19	3.25	3.38	3.31	3.34
49	徐　州	江蘇省	華東地區	3.48	3.65	3.19	3.43	3.35	3.38	3.33	3.24	3.24	3.24	3.31
50	重慶市區	四川省	西南地區	3.19	3.06	3.38	3.50	3.19	3.31	3.13	3.19	3.50	3.21	3.28
51	福州馬尾	福建省	華南地區	3.33	3.31	3.33	3.35	3.25	3.30	3.33	3.33	3.25	3.28	3.26
52	寧波奉化	浙江省	華東地區	3.47	3.26	3.31	3.28	3.28	3.25	3.16	3.13	3.38	3.22	3.25
53	上海嘉定	上海市	華東地區	3.44	3.25	3.31	3.63	3.13	2.69	3.31	3.13	3.44	3.19	3.22
54	福州市區	福建省	華南地區	3.15	3.25	3.30	3.20	3.05	3.00	3.40	3.30	3.20	3.25	3.21
55	昆　明	雲南省	西南地區	3.07	3.13	3.07	3.21	3.00	3.43	3.21	3.07	3.08	3.14	3.18
56	蘇州吳江	江蘇省	華東地區	3.31	3.13	3.25	3.13	2.94	3.38	3.19	3.31	2.81	3.00	3.17
57	漳　州	福建省	華南地區	2.95	3.10	3.35	3.20	3.21	3.20	3.15	3.15	2.95	3.10	3.16
58	東莞虎門	廣東省	華南地區	3.29	3.00	3.43	2.71	3.29	3.00	3.43	3.29	2.86	3.14	3.14
59	深圳龍崗	廣東省	華南地區	3.00	2.88	3.06	3.06	2.94	2.94	3.35	3.00	3.19	3.00	3.10
60	哈爾濱	黑龍江	東北地區	3.21	2.85	3.03	3.15	3.09	3.21	3.18	3.06	3.30	2.94	3.10
61	武漢漢陽	湖北省	華中地區	3.00	3.11	3.13	3.02	3.02	3.04	3.04	3.06	2.98	3.06	3.09
62	無錫市區	江蘇省	華東地區	3.33	3.07	3.20	3.00	3.13	2.93	2.93	3.00	3.07	2.87	3.05
63	石家莊	河北省	華北地區	3.15	2.95	3.00	2.88	3.06	3.06	3.19	3.12	2.76	3.12	3.00
64	長　沙	湖南省	華中地區	3.13	2.93	3.19	3.00	3.00	2.81	3.06	3.13	2.88	2.75	2.97
65	西　安	陝西省	西北地區	3.33	3.03	3.03	2.95	3.05	3.13	2.84	2.82	3.00	2.84	2.97
66	瀋　陽	遼寧省	東北地區	3.00	2.93	2.80	3.00	3.00	3.07	2.93	2.80	3.00	3.07	2.96
67	深圳寶安	廣東省	華南地區	2.93	3.00	2.93	2.90	2.93	2.97	3.03	3.10	2.93	3.00	2.93
68	桂　林	廣　西	西南地區	3.06	2.94	3.06	2.76	2.88	3.06	2.88	2.82	2.76	3.06	2.90
69	合　肥	安徽省	華中地區	2.77	2.71	2.88	3.00	2.88	3.06	2.82	2.76	3.00	2.71	2.87
70	深圳其他	廣東省	華南地區	3.00	2.79	3.00	2.83	2.78	2.87	2.83	2.70	3.05	2.65	2.85
71	惠　州	廣東省	華南地區	2.87	2.87	2.93	2.73	2.93	2.67	2.87	2.80	2.93	2.87	2.84
72	南　通	江蘇省	華東地區	2.89	2.89	2.75	2.80	2.82	2.93	2.95	2.93	2.93	2.83	2.82
73	東莞石碣	廣東省	華南地區	2.92	2.82	2.97	2.79	2.90	3.00	2.77	2.85	2.68	2.82	2.81
74	東莞市區	廣東省	華南地區	2.86	2.57	2.86	3.07	2.86	2.86	2.64	2.71	2.86	2.71	2.80
75	深圳市區	廣東省	華南地區	2.88	2.82	2.88	2.71	2.82	2.88	2.65	2.65	2.82	2.88	2.80
76	東莞厚街	廣東省	華南地區	2.81	2.56	2.59	2.82	2.65	2.88	2.82	2.71	2.88	2.65	2.75
77	東莞清溪	廣東省	華南地區	2.95	2.68	2.84	2.84	2.68	2.58	2.84	2.79	2.58	2.63	2.74
78	東莞長安	廣東省	華南地區	2.60	2.51	2.78	2.55	2.58	2.98	2.48	2.58	2.73	2.85	2.59
79	東莞其他	廣東省	華南地區	2.50	2.47	2.82	2.76	2.82	2.71	2.65	2.59	2.76	2.53	2.51
80	東莞樟木頭	廣東省	華南地區	2.47	2.13	2.69	2.44	2.44	2.38	2.44	2.56	2.31	2.38	2.44

資料來源：本研究整理

第19章

TEEMA 2006「城市綜合實力」分析

TEEMA 2006延續「兩力兩度」評估模式，綜合計算2006年列入評估的中國大陸80個城市，並依據各城市之：1. 城市競爭力；2. 投資環境力；3. 投資風險度；4. 台商推薦度等4構念（construct）所得到的台商評價計算出最終的「城市綜合實力」，作為台商對中國大陸城市的最終評價。

TEEMA 2006中國大陸城市綜合實力排行

TEEMA 2006延續過去TEEMA調查報告的計算方式，將本年度列入評估的80個城市在：1. 城市競爭力；2. 投資環境力；3. 投資風險度；4. 台商推薦度等4構念之各項調查結果的原始分數，依其高低排列，換算成為百分等級，再分別乘上適當的權數後得到加權評價及城市排名。其中，投資風險度得分係以越低者越佳，其百分位會越高。

TEEMA 2006對於最後「城市綜合實力」計算之權重，則是沿用TEEMA 2005所建構之「兩力兩度」構面權重為計算依據：1. 城市競爭力(15%)；2. 投資環境力(40%)；3. 投資風險度(30%)；4. 台商推薦度(15%)。即上述4項構念之原始分數及百分位排序，乘以構念的權重，將換算結果加權平均後，得出各項綜合指標分數，之後以0到100為百分位數加權計算，予以排序，而得到每一個城市的「城市綜合實力」分數與排名。

TEEMA 2006中國大陸「城市綜合實力」名次如表19-1所示。為了給未來赴中國大陸投資的台商有參鑒之作用，TEEMA 2006再以25分為一級距，將城市綜合實力轉變成城市推薦等級，2006年沿用過去TEEMA的推薦等級劃分為4大推薦等級：1. 75分以上城市為A級城市，TEEMA 2006稱之為「極力推薦」城市；2. 50分到75分(含)城市為B級城市，歸屬「值得推薦」之等級；3. 25分到50分(含)之城市為C級城市，歸屬於「勉予推薦」之等級；4. 25分(含)以下之城市則為D級城市，歸屬於「暫不推薦」之等級。有關TEEMA 2006列入評估的80個城市，其A、B、C、D推薦4等級的城市如表19-1所示。

TEEMA 2006中國大陸「城市綜合實力」評估結果顯示，中國大陸2006年「城市

綜合實力」最優前10名城市地區爲：1. 蘇州工業區；2. 寧波北侖區；3. 蘇州昆山；4. 杭州市區；5. 無錫江陰；6. 蘇州市區；7. 天津濱海區；8. 南京市區；9. 揚州；10. 北京亦庄，而2006年「城市綜合實力」排名較差的最後10名城市地區爲：1. 東莞樟木頭；2. 東莞其他；3. 東莞清溪；4. 東莞厚街；5. 東莞長安；6. 東莞市區；7. 惠州；8. 南通；9. 東莞石碣；10. 深圳市區。

　　爲瞭解TEEMA 2002-2006中國大陸城市綜合實力排行及台商推薦投資等級，茲將近5年來的評價結果整理如表19-2所示。而從表19-3顯示，中國大陸7大經濟區域進入2006台商「極力推薦」的城市，華東地區有12個城市爲最多，其次是華北地區的3個城市，再其次爲華南地區的2個城市，而華中地區、西南地區、東北地區則分別均有1個城市列爲極力推薦，在7大經濟區域中僅有西北地區沒有任何城市列入A級的極力推薦城市。

表19-1　TEEMA 2006中國大陸城市綜合實力與推薦等級排行分析

排名	城 市	省 市	區 域	❶城市競爭力		❷投資環境力			❸投資風險度			❹台商推薦度			城市綜合	綜合	推薦
				競爭力加權	排名	環境力加權	百分位	排名	風險度加權	百分位	排名	推薦度加權	百分位	排名	實力加權	排名	等級
01	蘇州工業區	江蘇省	華東地區	71.83	24	4.59	100.00	01	1.35	100.00	01	4.84	100.00	01	95.77	A01	極力推薦
02	寧波北侖區	浙江省	華東地區	67.91	35	4.39	98.70	02	1.47	98.70	02	4.78	98.70	02	94.08	A02	
03	蘇州昆山	江蘇省	華東地區	71.83	24	4.36	96.20	03	1.59	97.40	03	4.37	92.40	07	92.33	A03	
04	杭州市區	浙江省	華東地區	77.81	17	4.08	92.40	06	1.65	94.90	05	4.49	93.60	06	91.14	A04	
05	無錫江陰	江蘇省	華東地區	62.72	40	4.30	93.60	05	1.73	93.60	06	4.35	89.80	08	88.40	A05	
06	蘇州市區	江蘇省	華東地區	71.83	24	3.93	88.60	09	1.74	92.40	07	4.53	94.90	05	88.36	A06	
07	天津濱海區	天津市	華北地區	82.77	15	3.73	82.20	15	1.93	89.80	09	4.66	96.20	04	86.67	A07	
08	南京市區	江蘇省	華東地區	77.46	19	3.98	89.80	08	2.15	83.50	14	4.12	88.60	10	85.88	A08	
09	揚 州	江蘇省	華東地區	24.07	74	4.35	94.90	04	1.63	96.20	04	4.70	97.40	03	85.04	A09	
10	北京亦庄	北京市	華北地區	91.78	09	3.85	87.30	10	2.21	81.00	16	3.88	77.20	19	84.57	A10	
11	蘇州新區	江蘇省	華東地區	71.83	24	3.81	86.00	11	2.11	84.80	13	4.29	88.60	09	83.90	A11	
12	上海閔行	上海市	華東地區	95.06	01	3.70	79.40	17	2.05	86.00	12	3.89	79.70	17	83.77	A12	
13	廈門島外	福建省	華南地區	55.98	45	4.06	91.10	07	2.22	79.70	17	3.99	83.50	14	81.27	A13	
14	上海浦東	上海市	華東地區	95.06	01	3.70	78.40	18	2.29	75.90	20	3.82	74.60	21	79.58	A14	
15	濟 南	山東省	華北地區	60.53	43	3.70	79.70	16	1.81	91.00	08	3.80	70.80	24	78.88	A15	
16	成 都	四川省	西南地區	63.83	39	3.64	74.00	21	2.03	87.30	11	3.99	84.80	12	78.08	A16	
17	南 昌	江西省	華中地區	34.15	66	3.77	84.80	12	1.96	88.60	10	3.93	82.20	15	77.95	A17	
18	杭州蕭山	浙江省	華東地區	77.81	17	3.64	72.50	22	2.32	73.40	22	4.07	87.30	11	75.79	A18	
19	大 連	遼寧省	東北地區	70.36	33	3.75	83.50	13	2.39	69.30	26	3.81	73.40	22	75.75	A19	
20	廣州天河	廣東省	華南地區	91.90	07	3.62	70.70	24	2.38	69.60	25	3.93	81.00	16	75.10	A20	
21	青 島	山東省	華北地區	68.67	34	3.75	83.50	14	2.52	64.50	30	3.74	64.50	29	72.73	B01	值得推薦
22	蘇州常熟	江蘇省	華東地區	71.83	24	3.69	74.30	20	2.33	72.10	23	3.76	68.30	26	72.37	B02	
23	汕 頭	廣東省	華南地區	14.85	76	3.63	72.10	23	2.16	82.80	15	4.06	86.00	12	68.81	B03	
24	泉 州	福建省	華南地區	31.37	68	3.58	69.60	25	2.23	77.20	19	3.78	69.60	25	66.15	B04	
25	廊 坊	河北省	華北地區	10.39	78	3.69	74.60	19	2.31	74.60	21	3.82	75.90	24	65.16	B05	
26	威 海	山東省	華北地區	31.35	69	3.52	67.00	28	2.23	78.40	18	3.73	63.20	30	64.50	B06	
27	常 州	江蘇省	華東地區	45.21	62	3.53	68.30	27	2.48	67.00	28	3.75	65.80	28	64.07	B07	
28	寧波市區	浙江省	華東地區	67.91	35	3.50	64.50	30	2.57	58.20	35	3.71	60.70	31	62.55	B08	
29	天津市區	天津市	華北地區	82.77	15	3.49	60.70	33	2.59	56.90	36	3.60	58.20	34	62.50	B09	

自主創新興商機　2006年中國大陸地區投資環境與風險調查

表19-1　TEEMA 2006中國大陸城市綜合實力與推薦等級排行分析（續）

30	嘉興	浙江省	華東地區	32.66	67	3.47	62.00	32	2.36	70.80	24	3.80	72.10	23	61.75	B10	值得推薦
31	煙台	山東省	華東地區	49.12	59	3.49	63.20	31	2.54	62.00	32	3.75	67.00	27	61.30	B11	
32	廈門島內	福建省	華南地區	55.98	45	3.38	59.40	34	2.53	63.20	31	3.69	60.70	32	60.22	B12	
33	無錫宜興	江蘇省	華東地區	62.72	40	3.30	58.20	35	2.55	60.70	33	3.65	59.40	33	59.81	B13	
34	上海其他	上海市	華東地區	95.06	01	3.26	50.60	40	2.56	59.40	34	3.48	49.30	41	59.71	B14	
35	珠海	廣東省	華南地區	41.67	64	3.27	51.80	39	2.47	68.30	27	3.49	50.60	40	55.05	B15	
36	南京江寧	江蘇省	華東地區	77.46	19	3.27	53.10	38	2.63	53.10	38	3.42	41.70	46	55.04	B16	
37	廣州市區	廣東省	華南地區	91.90	07	3.20	46.80	43	2.72	41.70	46	3.58	56.90	35	53.55	B17	
38	北京市區	北京市	華北地區	91.78	09	3.17	41.70	47	2.64	49.30	40	3.51	51.80	39	53.01	B18	
39	寧波餘姚	浙江省	華東地區	67.91	35	3.18	44.30	45	2.70	44.30	44	3.88	78.40	18	52.96	B19	
40	武漢武昌	湖北省	華中地區	73.67	21	3.18	43.00	46	2.61	55.60	37	3.52	53.10	38	52.90	B20	
41	上海市區	上海市	華東地區	95.06	01	3.24	49.30	41	2.84	36.70	49	3.46	45.10	43	51.75	B21	
42	寧波奉化	浙江省	華東地區	67.91	35	3.51	65.80	29	2.85	32.90	52	3.25	35.40	52	51.69	B22	
43	泰州	江蘇省	華東地區	14.08	77	3.56	68.50	26	2.64	50.60	39	3.44	44.30	44	51.34	B23	
44	蘇州張家港	江蘇省	華東地區	71.83	24	3.14	36.70	50	2.49	65.80	29	3.34	40.50	48	51.27	B24	
45	蘇州太倉	江蘇省	華東地區	71.83	24	3.20	45.50	44	2.68	45.00	43	3.54	55.60	36	50.81	B25	
46	中山	廣東省	華南地區	40.95	65	3.28	55.60	37	2.65	46.80	41	3.54	54.40	37	50.58	B26	
47	武漢漢口	湖北省	華中地區	73.67	21	3.21	48.10	42	2.71	43.50	45	3.48	46.80	42	50.36	B27	
48	上海松江	上海市	華東地區	95.06	01	3.17	39.20	48	2.65	45.40	42	3.44	43.00	45	50.01	B28	
49	江門	廣東省	華南地區	22.53	75	3.30	56.90	36	2.76	40.50	47	3.35	41.70	47	44.54	C01	勉予推薦
50	上海嘉定	上海市	華東地區	95.06	01	3.13	35.50	51	2.94	29.20	55	3.22	34.10	53	42.33	C02	
51	重慶市區	重慶市	西南地區	58.11	44	3.16	37.90	49	2.85	35.40	50	3.28	37.90	50	40.18	C03	
52	福州馬尾	福建省	華南地區	51.52	56	3.11	34.10	52	2.85	31.60	53	3.26	36.70	51	36.35	C04	
53	昆明	雲南省	西南地區	45.63	61	3.09	32.90	53	2.94	29.10	56	3.18	31.60	55	33.47	C05	
54	福州市區	福建省	華南地區	51.52	56	3.02	27.80	57	2.98	25.30	59	3.21	32.90	54	31.37	C06	
55	無錫市區	江蘇省	華東地區	62.72	40	3.00	26.30	58	2.98	24.00	60	3.05	25.30	62	30.92	C07	
56	徐州	江蘇省	華東地區	28.69	73	3.07	29.60	56	2.95	27.80	57	3.31	39.20	49	30.36	C08	
57	蘇州吳江	江蘇省	華東地區	71.83	24	2.98	22.70	61	3.11	12.60	69	3.17	31.50	56	28.36	C09	
58	漳州	福建省	華南地區	10.20	79	3.09	31.60	54	2.87	30.30	54	3.16	30.30	57	27.81	C10	
59	石家莊	河北省	華北地區	43.78	63	2.99	24.00	60	2.95	26.50	58	3.00	24.00	63	27.72	C11	
60	合肥	安徽省	華中地區	30.18	70	2.96	22.70	62	2.78	37.90	48	2.87	13.90	69	27.06	C12	
61	長沙	湖南省	華中地區	47.15	60	3.00	25.30	59	2.99	21.50	62	2.97	22.70	64	27.05	C13	勉予推薦
62	武漢漢陽	湖北省	華中地區	73.67	21	2.88	16.40	67	3.06	17.70	65	3.09	26.50	61	26.90	C14	
63	瀋陽	遼寧省	東北地區	70.69	32	2.86	15.10	68	2.98	22.70	61	2.96	18.90	66	26.29	C15	
64	深圳龍崗	廣東省	華南地區	84.58	11	2.85	12.60	70	3.08	13.90	68	3.10	28.90	59	26.23	C16	
65	桂林	廣西	西南地區	9.08	80	3.07	30.30	55	2.85	34.10	51	2.90	16.40	68	26.17	C17	
66	深圳寶安	廣東省	華南地區	84.58	11	2.90	17.70	66	3.13	11.30	70	2.93	17.70	67	25.81	C18	
67	東莞虎門	廣東省	華南地區	52.32	48	2.92	18.90	64	3.05	18.90	64	3.14	29.10	58	25.44	C19	
68	哈爾濱	黑龍江	東北地區	53.61	47	2.95	21.60	63	3.07	15.10	67	3.10	27.80	60	25.38	C20	
69	西安	陝西省	西北地區	49.60	58	2.95	21.60	64	3.04	20.20	63	2.97	20.20	65	25.17	C21	
70	深圳其他	廣東省	華南地區	84.58	11	2.86	13.90	69	3.07	16.40	66	2.85	12.70	70	25.07	C22	
71	深圳市區	廣東省	華南地區	84.58	11	2.73	7.50	74	3.25	6.30	74	2.80	6.40	75	18.54	D01	暫不推薦
72	東莞石碣	廣東省	華南地區	52.32	48	2.83	11.30	71	3.16	8.80	72	2.81	8.80	73	16.33	D02	
73	南通	江蘇省	華東地區	29.25	72	2.79	8.80	73	3.15	10.10	71	2.82	10.10	72	12.45	D03	
74	惠州	廣東省	華南地區	29.50	71	2.80	10.10	72	3.24	7.50	73	2.84	11.30	71	12.41	D04	
75	東莞市區	廣東省	華南地區	52.32	48	2.67	5.00	76	3.35	4.40	76	2.80	7.50	74	12.29	D05	
76	東莞長安	廣東省	華南地區	52.32	48	2.70	6.30	75	3.32	5.00	75	2.59	2.50	78	12.24	D06	
77	東莞厚街	廣東省	華南地區	52.32	48	2.63	2.50	78	3.39	3.70	77	2.75	5.00	76	10.71	D07	
78	東莞清溪	廣東省	華南地區	52.32	48	2.65	3.70	77	3.66	1.20	79	2.74	3.70	77	10.24	D08	
79	東莞其他	廣東省	華南地區	52.32	48	2.48	1.20	79	3.44	2.50	78	2.51	1.20	79	9.26	D09	
80	東莞樟木頭	廣東省	華南地區	52.32	48	2.40	0.00	80	3.84	0.00	80	2.44	0.00	80	7.85	D10	

資料來源：本研究整理

表19-2　TEEMA 2002-2006年中國大陸城市綜合實力與台商推薦投資城市

推薦等級	2006年推薦城市	2005年推薦城市	2004年推薦城市	2003年推薦城市	2002年推薦城市
極力推薦（2002為「優先推薦」）	蘇州工業區、蘇州昆山、杭州市區、天津濱海區、南京市區、蘇州新區、上海閔行、北京亦莊、廈門島外、上海嘉定、成都、南昌、濟南、廣州天河、大連　**20/80（25%）**	上海閔行、杭州市區、蘇州昆山、成都、無錫江陰、徐州、上海浦東、上海市區、青島、蘇州新區、天津、南京市區、廈門島外、上海市區外、濟南、南京市區、汕頭、蘇州蕭山　**18/75（24%）**	杭州蕭山、上海閔行、上海市區、成都、揚州、徐州、無錫昆山、無錫江陰、天津、蘇州昆山、南昌、山、嘉興、大連、汕頭、濟南、青島　**14/65（22%）**	杭州蕭山、青島、無錫、大連、海市區、寧波市區、成都、蘇州市區、杭州市區、揚州　**10/54（19%）**	蘇州、無錫、寧波市區、揚州、州昆山、杭州蕭山、青島　**8/51（16%）**
值得推薦（2002為「可予推薦」）	青島、蘇州常熟、汕頭、泉州、廊坊、威海、常州、寧波市區、天津市區、嘉興、煙台、廈門島內、無錫宜興、上海市區、珠海、南京江寧、廣州市區、北京市區、寧波餘姚、寧波奉化、泰州、蘇州張家港、中山、武漢武昌、上海松江、武漢漢口、上海其他、武漢常熟　**28/80（35%）**	上海市區、北京市區、上海閔行、南京江寧、無錫市區、泉州、嘉興、西安、合肥、杭州、市區、重慶、莆田、武漢武昌、寧波奉化、莆田、上海其他、常州、中山、南通、北京市區外、長沙、武漢漢口、寧波餘姚、福州馬尾、上海嘉定、東莞厚街、珠海、武漢馬尾、武漢常熟　**30/75（40%）**	蘇州市區、南京市區、寧波市區、珠海、蘇州太倉、紹興、寧波餘姚、上海松江、常漳州、州、莆田、上海浦東、波奉化、重慶、江門、上海市區、南通、北京市區、中海市區、廈門、寧波奉化、山、東莞虎門、蘇州吳江、武漢、上海其他　**24/65（37%）**	中山、汕頭、廈門、上海寶山、上海松江、珠海、上海海東、上海閔行、福州、上海蘇州其他、常州、鄭州、陽、上海嘉定、濟南、潘武昌、上海嘉定、深圳福田、北京、津、蘇州吳江、廣州市區、深圳龍崗　**27/54（50%）**	寧波奉化、中山、蘇州吳江、上海市區、上海浦東、連、成都、鄭州、惠州、沙、漳州、南京、桂林、石家莊、汕頭、潘陽、珠海　**21/51（41%）**
勉予推薦（2002為「暫不推薦」）	江門、上海嘉定、重慶市區、南通、惠州、泉州馬尾、昆明、福州市區、無錫市區、東莞、石家莊、合肥、徐州、蘇州吳江、漳州、東莞長安、潘陽、深圳龍崗、桂林、深圳寶安、西安、東莞虎門、哈爾濱、東莞其他、深圳其他　**22/80（28%）**	江門、上海寶江、蘇州吳江、深圳、潘陽、蘇州太倉、泰州、福州州馬尾、張家港、衡陽、深圳寶安、州市區、漳州、桂林、廣州市區、長沙、深圳龍崗、桂林、昆明、東莞寶安、煙台、東莞石碣、深圳寶安、長安、東莞其他、東莞清溪、深圳其他　**19/75（25%）**	無錫市區、杭州其他、深圳、桂林、北京其他、深圳寶安、深圳龍崗、深圳寶安、東莞、嘉定、南寧、東莞石碣、東莞、昆明、廣州市區、佛山、其他、深圳其他、河源、長沙、福州市區、東莞清溪、東莞其他、深圳市區　**20/65（31%）**	深圳其他、杭州市區、深圳、寧、鎮江、深圳寶安、東莞虎門、莆田、東莞清溪、寧波餘姚　**9/54（17%）**	武漢、北京、佛山、濟南、鎮江、福州市區、餘姚、常州、昆明、溫州、深圳布吉、深州廣州福清、重慶　**17/51（33%）**
暫不推薦（2002為「絕不推薦」）	深圳市區、東莞嘉定、東莞石碣、南通、惠州、東莞市區、東莞長安、東莞厚街、東莞清溪、東莞其他、東莞樟木頭　**10/80（12%）**	惠州、深圳龍崗、深圳、東莞虎門、東莞市區、東莞市區、北海、他、東莞樟木頭　**8/75（11%）**	惠州、泉州、東莞石碣、虎門、東莞樟木頭、東莞長安、州、保定、泰州　**7/65（10%）**	佛山、泉州、東莞石碣、溫州、東莞其他、東莞長安、州、東莞市區、東莞其他、泰州　**8/54（14%）**	南寧、保定、泉州、東莞、南昌、莆田　**6/51（12%）**

資料來源：本研究整理

表19-3 TEEMA 2002－2006中國大陸台商推薦投資城市排名變化表

排名	城 市	省 市	區 域	2006	2005	2004	2003	2002
01	蘇州工業區	江蘇省	華東地區	A01	A18	B01	A07	A01
02	寧波北侖區	浙江省	華東地區	A02	A13	B04	A05	A03
03	蘇州昆山	江蘇省	華東地區	A03	A03	A08	B14	A04
04	杭州市區	浙江省	華東地區	A04	B10	C02	A09	A05
05	無錫江陰	江蘇省	華東地區	A05	A05	A06	A03	A02
06	蘇州市區	江蘇省	華東地區	A06	A18	B01	A07	A01
07	天津濱海區	天津市	華北地區	A07	A07	A07	B24	B08
08	南京市區	江蘇省	華東地區	A08	A15	B02	B23	B15
09	揚 州	江蘇省	華東地區	A09	A09	A04	A10	A06
10	北京亦庄	北京市	華北地區	A10	B20	C04	B19	C02
11	蘇州新區	江蘇省	華東地區	A11	A18	B01	A07	A01
12	上海閔行	上海市	華東地區	A12	A01	A02	B08	B04
13	廈門島外	福建省	華南地區	A13	A16	B19	B03	B10
14	上海浦東	上海市	華東地區	A14	A08	B12	B07	B05
15	濟 南	山東省	華北地區	A15	A11	A13	B15	C04
16	成 都	四川省	西南地區	A16	A04	A03	A08	B07
17	南 昌	江西省	華中地區	A17	A10	A11	--	D05
18	杭州蕭山	浙江省	華東地區	A18	A02	A01	A01	A07
19	大 連	遼寧省	東北地區	A19	A14	A10	A06	B09
20	廣州天河	廣東省	華南地區	A20	C10	C11	B26	C12
21	青 島	山東省	華北地區	B01	A12	A14	A02	A08
22	蘇州常熟	江蘇省	華東地區	B02	B30	--	--	--
23	汕 頭	廣東省	華南地區	B03	A17	A12	B02	B18
24	泉 州	福建省	華南地區	B04	B06	D05	D02	D03
25	廊 坊	河北省	華北地區	B05	--	--	--	--
26	威 海	山東省	華北地區	B06	--	--	--	--
27	常 州	江蘇省	華東地區	B07	B17	B10	B11	C08
28	寧波市區	浙江省	華東地區	B08	A13	B04	A05	A03
29	天津市區	天津市	華北地區	B09	A07	A07	B24	B08
30	嘉 興	浙江省	華東地區	B10	B07	A09	--	--
31	煙 台	山東省	華北地區	B11	C14	--	--	--
32	廈門島內	福建省	華南地區	B12	A16	B19	B03	B10
33	無錫宜興	江蘇省	華東地區	B13	--	--	--	--
34	上海其他	上海市	華東地區	B14	B26	B24	B10	B04
35	珠 海	廣東省	華南地區	B15	B29	B07	B06	B20
36	南京江寧	江蘇省	華東地區	B16	B04	B02	B23	B15
37	廣州市區	廣東省	華南地區	B17	C10	C11	B26	C12
38	北京市區	北京市	華北地區	B18	B02	B17	B19	C02
39	寧波餘姚	浙江省	華東地區	B19	B23	B08	C09	C07
40	武漢武昌	湖北省	華中地區	B20	B13	B23	B21	C01
41	上海市區	上海市	華東地區	B21	B01	B16	A04	B06
42	寧波奉化	浙江省	華東地區	B22	B14	B20	--	B01
43	泰 州	江蘇省	華東地區	B23	C06	D07	D08	--
44	蘇州張家港	江蘇省	華東地區	B24	C04	--	--	--

表19-3　TEEMA 2002 - 2006中國大陸台商推薦投資城市排名變化表（續）

45	蘇州太倉	江蘇省	華東地區	B25	C05	B03	--	--
46	中　　山	廣東省	華南地區	B26	B18	B18	B01	B02
47	武漢漢口	湖北省	華中地區	B27	B22	B23	B21	C01
48	上海松江	上海市	華東地區	B28	B03	B09	B05	B04
49	江　　門	廣東省	華南地區	C01	B15	B15	--	--
50	上海嘉定	上海市	華東地區	C02	B25	C07	B18	B04
51	重慶市區	重慶市	西南地區	C03	B11	B14	B16	C17
52	福州馬尾	福建省	華南地區	C04	B24	--	--	--
53	昆　　明	雲南省	西南地區	C05	C16	C10	--	C09
54	福州市區	福建省	華南地區	C06	C07	C16	B09	C06
55	無錫市區	江蘇省	華東地區	C07	B05	C01	A03	A02
56	徐　　州	江蘇省	華東地區	C08	A06	A05	--	--
57	蘇州吳江	江蘇省	華東地區	C09	C03	B22	B25	B03
58	漳　　州	福建省	華南地區	C10	--	B05	B13	B14
59	石家莊	河北省	華北地區	C11	--	--	--	B17
60	合　　肥	安徽省	華中地區	C12	B09	--	--	--
61	長　　沙	湖南省	華中地區	C13	B21	C15	--	B13
62	武漢漢陽	湖北省	華中地區	C14	B27	B23	B21	C01
63	瀋　　陽	遼寧省	東北地區	C15	C01	--	B17	B19
64	深圳龍崗	廣東省	華南地區	C16	D02	C05	B27	C13
65	桂　　林	廣　西	西南地區	C17	C12	C03	--	B16
66	深圳寶安	廣東省	華南地區	C18	D03	C06	C05	C15
67	東莞虎門	廣東省	華南地區	C19	D04	D03	C06	D04
68	哈爾濱	黑龍江	東北地區	C20	--	--	--	--
69	西　　安	陝西省	西北地區	C21	B08	--	--	--
70	深圳其他	廣東省	華南地區	C22	C18	C13	C01	C11
71	深圳市區	廣東省	華南地區	D01	C09	C20	C02	C14
72	東莞石碣	廣東省	華南地區	D02	C15	C09	D03	D04
73	南　　通	江蘇省	華東地區	D03	B19	B13	--	--
74	惠　　州	廣東省	華南地區	D04	D01	D01	B20	B12
75	東莞市區	廣東省	華南地區	D05	D05	D02	D05	D04
76	東莞長安	廣東省	華南地區	D06	C17	C18	D06	D04
77	東莞厚街	廣東省	華南地區	D07	B28	B21	D07	D04
78	東莞清溪	廣東省	華南地區	D08	C19	C19	C08	D04
79	東莞其他	廣東省	華南地區	D09	D06	C12	D07	D04
80	東莞樟木頭	廣東省	華南地區	D10	D07	D04	D07	D04

資料來源：本研究整理

附註：(1) 由於2005年「廣州市區」於2006年細分為「廣州天河」與「廣州市區」，因此2006年「廣州天河」與「廣州市區」對比的城市是2005的「廣州市區」。

(2) 由於2005年「北京其他」於2006重新命名為「北京亦庄」，因此2006年「北京亦庄」對比的城市是2005的「北京其他」。

(3) 由於2005年「天津」於2006年細分為「天津市區」與「天津濱海區」，因此2006年「天津市區」與「天津濱海區」對比的城市是2005的「天津」。

(4) 由於2005年「廈門」於2006細分為「廈門島內」與「廈門島外」，因此2006 年「廈門島內」與「廈門島外」對比的城市是2005的「廈門」。

(5) 由於2005年「蘇州市區」於2006年細分為「蘇州市區」、「蘇州新區」與「蘇州工業區」，因此2006年「蘇州市區」、「蘇州新區」與「蘇州工業區」對比的城市是2005的「蘇州市區」。

(6) 由於2005年「寧波市區」於2006年細分為「寧波市區」與「寧波北侖區」，因此2006年「寧波市區」與「寧波北侖區」對比的城市是2005的「寧波市區」。

表19-4　TEEMA 2002－2006年中國大陸七大經濟區域台商推薦投資城市百分比分析

地區	❶華南地區				❷華東地區				❸華中地區				❹華北地區				❺西南地區				❻西北地區				❼東北地區			
推薦等級 年度	A 極力推薦	B 值得推薦	C 勉予推薦	D 暫不推薦	A 極力推薦	B 值得推薦	C 勉予推薦	D 暫不推薦	A 極力推薦	B 值得推薦	C 勉予推薦	D 暫不推薦	A 極力推薦	B 值得推薦	C 勉予推薦	D 暫不推薦	A 極力推薦	B 值得推薦	C 勉予推薦	D 暫不推薦	A 極力推薦	B 值得推薦	C 勉予推薦	D 暫不推薦	A 極力推薦	B 值得推薦	C 勉予推薦	D 暫不推薦
2002	0	6	8	3	7	6	4	0	0	2	1	1	1	2	2	1	0	2	2	1	0	0	0	0	0	2	0	0
	0%	12%	15%	6%	13%	12%	8%	0%	0%	4%	2%	2%	2%	4%	4%	2%	0%	4%	4%	2%	0%	0%	0%	0%	0%	4%	0%	0%
2003	0	10	6	6	7	10	2	2	0	2	0	0	1	3	0	0	1	1	1	0	0	0	0	0	1	1	0	0
	0%	19%	11%	11%	13%	19%	3%	3%	0%	3%	0%	0%	2%	6%	0%	0%	2%	2%	2%	0%	0%	0%	0%	0%	2%	2%	0%	0%
2004	1	7	11	6	7	14	3	1	1	1	1	0	4	1	2	0	1	1	3	0	0	0	0	0	0	0	0	0
	2%	10%	16%	9%	10%	21%	5%	2%	1%	2%	2%	0%	5%	2%	3%	0%	2%	2%	5%	0%	0%	0%	0%	0%	0%	0%	0%	0%
2005	2	8	7	7	10	13	5	0	1	5	3	0	4	2	1	0	1	2	2	1	0	0	1	0	0	0	1	0
	3%	11%	9%	9%	13%	18%	7%	0%	1%	7%	4%	0%	5%	3%	1%	0%	1%	3%	3%	1%	0%	0%	1%	0%	0%	0%	1%	0%
2006	2	8	10	0	12	16	3	0	1	2	3	0	3	6	1	5	1	2	1	0	0	0	1	0	1	0	2	0
	3%	8%	10%	11%	15%	18%	5%	1%	1%	3%	4%	1%	4%	8%	1%	0%	1%	0%	4%	0%	0%	1%	1%	0%	1%	0%	3%	0%

資料來源：本研究整理

TEEMA 2005-2006 城市推薦等級變遷分析

依據TEEMA 2006與2005城市綜合實力以及台商推薦等級綜合比較結果顯示（圖19-1至圖19-4顯示）：

1. **2005年以單一城市進入評估到2006年由於台商投資群聚效應，劃分為兩個以上的投資評估城市，計有：**(1) 2005年的「天津」劃分為2006年的「天津市區」以及「天津濱海區」；(2) 2005年的「廈門」劃分為2006年的「廈門島內」以及「廈門島外」；(3) 2005年的「蘇州市區」劃分為2006年的「蘇州工業區」、「蘇州新區」以及「蘇州市區」；(4) 2005年的「寧波市區」劃分為2006年的「寧波市區」以及「寧波北侖區」；(5) 2005年的「廣州市區」劃分為2006年的「廣州市區」以及「廣州天河」；(6) 2005年的「北京其他」，由於2006年回卷台商填答的特定性都屬於來自北京郊區大興區之亦庄開發區，因此2006年將其更名為「北京亦庄」。TEEMA 2006對於調查城市的細分，考量的主要原因有：(1)考量城市區位優勢的差異；(2)考量台商投資密集度及產業群聚性；(3)考量製造業與服務業投資條件的屬性差異；(4)考量中國大陸城市崛起以及新興工業區的重點發展趨勢。

2. **2005年列入TEEMA調查報告分析城市，但2006年未列入評比者，計有：**(1)莆田；(2)廣州其他；(3)嘉興海寧；(4)衡陽；(5)岳陽；(6)張家界；(7)北海等城市。而2005年未列入TEEMA調查報告分析城市但2006年列入評比者，計有：(1)廊坊；(2)威海；(3)無錫宜興；(4)漳州；(5)石家莊；(6)哈爾濱。鑑於此次新增的城市多集中在環渤海經濟園內，顯示出台商佈局環渤海區域城市的積極性。

3. **TEEMA 2006列入A級「極力推薦」的城市共有20個，其中2005與2006均列為：**A級的有12個城市，換言之，2005與2006都列入A級的城市佔2006年A級城市的60%。列入B級「值得推薦」的城市共有28個，其中2005與2006均列為B級的有15個城市，換言之，2005與2006都列入B級的城市佔2006年B級城市的53.57%，顯示列入A級及B級的2005及2006城市等級者，其穩定度都超過半數。列入D級「暫不推薦」的城市共有10個，其中2005與2006均列為D級的有4個城市，占2006年D級城市的40%。

4. **TEEMA 2006列入A級「極力推薦」的城市分別是：**(1)蘇州昆山(A03)；(2)無錫江陰(A05)；(3)蘇州市區(A06)；(4)南京市區(A08)；(5)揚州(A09)；(6)上海閔行(A12)；(7)上海浦東(A14)；(8)濟南(A15)；(9)成都(A16)；(10)南昌(A17)；(11)杭州蕭

圖19-1　TEEMA 2005-2006台商評價「極力推薦」等級城市變遷圖

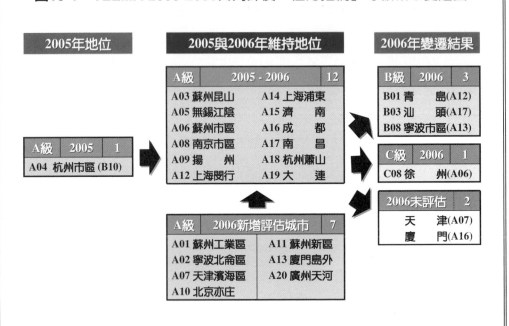

| 2005年地位 | 2005與2006年維持地位 | 2006年變遷結果 |

2005年地位

| A級 | 2005 | 1 |
| A04 杭州市區 (B10) |

2005與2006年維持地位

A級	2005 - 2006	12
A03 蘇州昆山	A14 上海浦東
A05 無錫江陰	A15 濟　　南
A06 蘇州市區	A16 成　　都
A08 南京市區	A17 南　　昌
A09 揚　　州	A18 杭州蕭山
A12 上海閔行	A19 大　　連

A級	2006新增評估城市	7
A01 蘇州工業區	A11 蘇州新區
A02 寧波北侖區	A13 廈門島外
A07 天津濱海區	A20 廣州天河
A10 北京亦庄

2006年變遷結果

| B級 | 2006 | 3 |
| B01 青　　島(A12) |
| B03 汕　　頭(A17) |
| B08 寧波市區(A13) |

| C級 | 2006 | 1 |
| C08 徐　　州(A06) |

| 2006未評估 | 2 |
| 天　　津(A07) |
| 廈　　門(A16) |

圖19-2　TEEMA 2005-2006台商評價「值得推薦」等級城市變遷圖

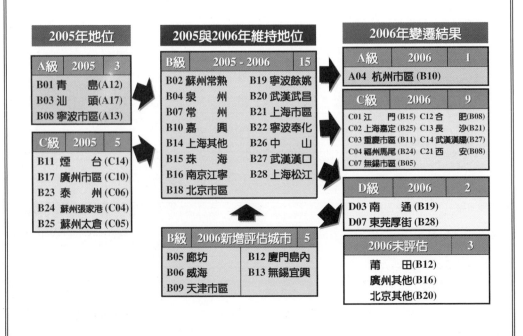

| 2005年地位 | 2005與2006年維持地位 | 2006年變遷結果 |

2005年地位

| A級 | 2005 | 3 |
| B01 青　　島(A12) |
| B03 汕　　頭(A17) |
| B08 寧波市區(A13) |

| C級 | 2005 | 5 |
| B11 煙　　台 (C14) |
| B17 廣州市區 (C10) |
| B23 泰　　州 (C06) |
| B24 蘇州張家港 (C04) |
| B25 蘇州太倉 (C05) |

2005與2006年維持地位

B級	2005 - 2006	15
B02 蘇州常熟	B19 寧波餘姚
B04 泉　　州	B20 武漢武昌
B07 常　　州	B21 上海市區
B10 嘉　　興	B22 寧波奉化
B14 上海其他	B26 中　　山
B15 珠　　海	B27 武漢漢口
B16 南京江寧	B28 上海松江
B18 北京市區

B級	2006新增評估城市	5
B05 廊坊	B12 廈門島內
B06 威海	B13 無錫宜興
B09 天津市區

2006年變遷結果

| A級 | 2006 | 1 |
| A04 杭州市區 (B10) |

C級	2006	9
C01 江　　門 (B15)	C12 合　　肥(B08)
C02 上海嘉定 (B25)	C13 長　　沙(B21)
C03 重慶市區 (B11)	C14 武漢漢陽(B27)
C04 福州馬尾 (B24)	C21 西　　安(B08)
C07 無錫市區 (B05)

| D級 | 2006 | 2 |
| D03 南　　通 (B19) |
| D07 東莞厚街 (B28) |

| 2006未評估 | 3 |
| 莆　　田(B12) |
| 廣州其他(B16) |
| 北京其他(B20) |

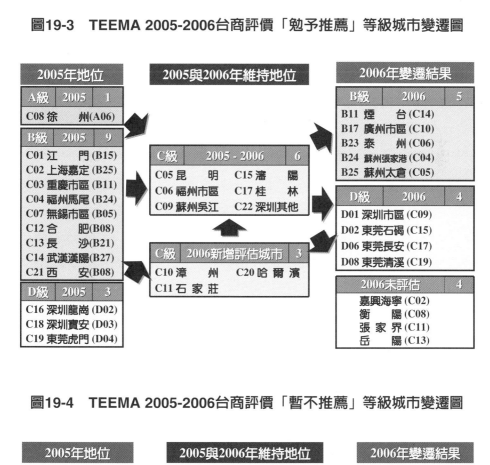

圖19-3　TEEMA 2005-2006台商評價「勉予推薦」等級城市變遷圖

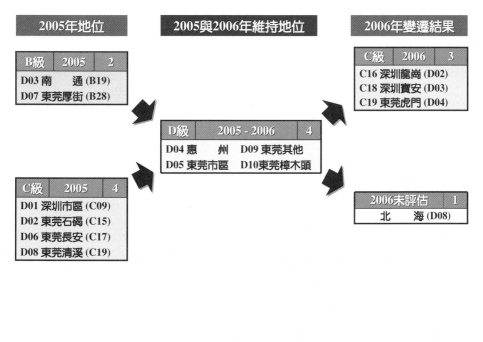

圖19-4　TEEMA 2005-2006台商評價「暫不推薦」等級城市變遷圖

山(A18)；(12)大連(A19)。此外2005年列入A級「極力推薦」城市2006年下降至B級「值得推薦」等級者有：(1)青島，(A12→B01)；(2)汕頭(A17→B03)；(3)寧波市區(A13→B08)。青島下降的主要理由，依據蒐集之資料顯示，青島是一個旅遊服務型的城市，適合服務業的發展，加上青島近年來的招商對象針對Fortune500強企業為重點，相對規模較小的台資製造業，感受到招商力度及招商條件顯然未充分得到台商們的高度肯定，這與城市的發展與轉型有絕對的關係。汕頭的下降主要是由於台商協會內部的協調問題，造成當地台商對於當地投資環境的評價產生投射效應，至於寧波市區則是因為今年將原來屬於寧波市區的「寧波北侖區」獨立成為分析單位，因此稀釋了原來寧波市區的綜合實力。

5. TEEMA 2005列入A級「極力推薦」城市2006年下降至C級「勉予推薦」等級者有：徐州(A06→C08)，而徐州評價降低兩級的主要理由有：(1)由於該城市主管台商投資的政府單位之領導對台商熱情度的趨緩，導致台商感受到政府關懷程度兩年內明顯差異；(2)當地政府對台商的承諾度降低；(3)當地政府優惠政策變動讓台商無以適從。基於上述之原因，徐州的投資環境力下降及投資風險度提昇，導致台商推薦度不如2005年，綜合上述構面，城市綜合實力驟降。

6. TEEMA 2006列入A級「極力推薦」新增的城市共有7個城市：(1)蘇州工業區(A01)；(2)寧波北侖區(A02)；(3)天津濱海區(A07)；(4)北京亦庄(A10)；(5)蘇州新區(A11)；(6)廈門島外(A13)；(7)廣州天河(A20)。而2006新進入A級的城市主要都是因為由原先台商密集的投資城市劃出而成。

7. TEEMA 2005列入B級「值得推薦」城市，但2006年上升至A級「極力推薦」等級者有：杭州市區(B10→A04)，杭州市區評價上升的主要理由：(1)杭州市區與杭州蕭山互相攀比之結果，2003、2004杭州蕭山都居TEEMA調查報告第1名，而2005亦居第2名，2002排名第7，換言之，從2002-2005杭州蕭山的整體評價均優於杭州市區，使得杭州市區提出積極的招商策略；(2)中國大陸政府已經規劃滬杭磁懸浮高速鐵路，未來杭州與上海之間的距離即將縮短，因此對於台商佈局長三角經濟圈之供應鏈整合具有絕對的優勢。

8. TEEMA 2005及2006均列入D級「暫不推薦」的城市有4個，分別為：(1)惠州(D04)；(2)東莞市區(D05)；(3)東莞其他(D09)；(4)東莞樟木頭(D10)。此外2005年列入C級「勉予推薦」城市，但2006年下降至D級「暫不推薦」等級者有：(1)深圳市區(C09→D01)；(2)東莞石碣(C15→D02)；(3)東莞長安(C17→D06)；(4)東莞清溪(C19→

D08)；而2005年列入B級「值得推薦」城市，但2006年下降至D級「暫不推薦」等級者有：(1)南通(B19→D03)；(2)東莞厚街(B28→D07)；TEEMA 2006列入D級的城市總共有10個，但東莞佔有7個，主要的理由乃是因為：(1)2006年東莞市面臨缺電的窘境，形成「開五停二」甚至「開四停三」的限電狀況，造成台商生產上的困擾；(2)東莞長期由於外來打工人口不斷增多，造成社會治安惡化，台商人身安全受到威脅；(3)東莞政府對於TEEMA調查報告長期存疑，認為TEEMA調查雖把東莞多年列入「暫不推薦」城市，但歷年來赴大陸投資的台商仍不斷的往東莞設廠，從投資理論而言，投資者可區分為「風險規避者」與「風險偏好者」，投資環境的良窳和吸引外資金額之間，並無高度的相關，因為「風險偏好者」希望到具有高度的風險地區投資，以獲取超額的利潤。

TEEMA 2005-2006 城市綜合實力排名變遷分析

TEEMA 2006與2005年中國大陸城市綜合實力排行分析結果顯示，從表19-5中得知，綜合排名上升最多的城市是煙台，由2005年的「勉予推薦」（62名），進步到「值得推薦」的B級城市（31名），這是由於煙台當地的投資環境大幅改善，投資風險也較2005年下降；其次是蘇州常熟，雖然蘇州常熟2005與2006都是列為「值得推薦」城市，但其上升幅度也高達26個名次。茲將2005與2006排名變化幅度上升較大之城市，諸如：煙台、蘇州常熟、杭州市區、廣州市區依據「投資環境力」與「投資風險度」的細項指標說明分析如後（如表19-6）。有關TEEMA 2005-2006城市綜合實力排名變化，由表19-5顯示下述幾項重要的結論：

1. **上升幅度最大的前10個最優城市，推薦等級變化的有6個城市，分別為**：(1)煙台(C14→B11)；(2)杭州市區(B10→A04)；(3)廣州市區(C10→B17)；(4)泰州(C06→B23)；(5)蘇州張家港(C04→B24)；(6)蘇州太倉(C05→B25)。而該6個城市，都是往前邁進一個推薦級數，綜合TEEMA 2006的城市變化顯示在80個列入評比城市之中，並沒有城市是邁進二級的城市，顯示TEEMA報告城市名次已漸趨穩定。

2. **「煙台」排名上升最高的理由是**：(1)2005年當地有發生台商的經貿糾紛，2006年已獲得改善；(2)當地由於日、韓企業投資越來越多，帶動當地政府政策與國際接軌，亦使得當地民眾的國際視野增加；(3)依台商的反應，當地政府的招商優惠政策越來越透明和一致，讓台資企業有所適從；(4)台灣鴻海企業深耕佈局煙台，並使其配套的產業鏈亦一併前往投資，形成完整的供應鏈投資模式。

表19-5　TEEMA 2006中國大陸城市綜合實力上升幅度最優城市排行

排名	城　　市	2006		2005		2005-2006 排名上升
		排名	推薦等級	排名	推薦等級	
❶	煙　　台	31	值得推薦	62	勉予推薦	↑31 (C14→B11)
❷	蘇州常熟	22	值得推薦	48	值得推薦	↑26 (B30→B02)
❸	杭州市區	04	極力推薦	28	值得推薦	↑24 (B10→A04)
❹	廣州市區	37	值得推薦	58	勉予推薦	↑21 (C10→B17)
❺	蘇州市區	06	極力推薦	18	極力推薦	↑12 (A18→A06)
❺	珠　　海	35	值得推薦	47	值得推薦	↑12 (B29→B15)
❼	泰　　州	43	值得推薦	54	勉予推薦	↑11 (C06→B23)
❼	昆　　明	53	勉予推薦	64	勉予推薦	↑11 (C16→C05)
❾	上海其他	34	值得推薦	44	值得推薦	↑10 (B26→B14)
❿	常　　州	27	值得推薦	35	值得推薦	↑08 (B17→B07)
❿	蘇州張家港	44	值得推薦	52	勉予推薦	↑08 (C04→B24)
❿	蘇州太倉	45	值得推薦	53	勉予推薦	↑08 (C05→B25)

資料來源：本研究整理

　　3.「蘇州常熟」上升幅度居第2名的主要理由有：(1)由於常熟隸屬於蘇州，而在長三角經濟快速發展之際，「大蘇州」的產業發展模式已經形成，所以產生以「中心」領「邊緣」的戰略效應；(2)依當地台商的反應顯示，蘇州常熟的台資企業感受到貨物通關時，受到當地海關行政阻擾的風險已趨下降！(3)當地政府對智慧財產權的保護措施增加，使台資企業的營業秘密得以受到保護。

　　4.「杭州市區」上升排名幅度位居第3的重要因素有：(1)過去「杭州市區」與「杭州蕭山」在TEEMA歷年的報告中，都是蕭山區領先，因此，「杭州市區」有積極超越，尋求跨越的策略企圖(strategic intent)；(2)「杭州市區」以「生態立市」為清晰的策略定位，以西湖商業帶為核心，發展出旅遊、服務、零售等3產業，而「西湖新天地」更是對當地人文環境產生加分之作用；(3)杭州市區由於滬杭鐵路的規劃，將來與上海的互動將更加綿密，並融入長三角經濟圈的核心地位，因此，這一充滿願景的規劃，讓台商充滿想像的空間，有助於台商在長三角的策略佈局；(4)諾基亞、三星、西門子、NEC等跨國研發機構紛紛落戶杭州高新區，產生研發群聚、人才群聚、創新群聚之效應。

表19-6　TEEMA 2005-2006推薦等級排行上升幅度最優城市說明分析

城市	投資環境力評估細項指標	兩年差異	投資風險度評估細項指標	兩年差異
煙台	❶當地民眾的國際觀程度	+1.19	❶當地員工缺乏敬業精神與忠誠度的風險	-1.06
	❷當地的資金貸款取得便利程度	+0.47	❷當地政府優惠政策變動頻繁且不透明的風險	-1.06
	❸當地政府對智慧財產權重視的態度	+0.46	❸台商藉由當地銀行體系籌措與取得資金困難	-0.78
	❹當地民眾生活條件及人均收入相較於一般水平	+0.41	❹當地企業信用不佳，欠債造索不易的風險	-0.78
	❺當地的土地取得價格的合理程度	+0.31	❺當地的外來民工造成社會問題風險	-0.75
	❻當地的污水、廢棄物處理及建設規劃的完善程度	+0.21	❻當地的外匯嚴格管制與利潤匯出不易的風險	-0.74
	❼當地的未來總體發展及建設規劃的完善程度	+0.10	❼當地人身財產安全受到威脅的風險	-0.74
	❽當地環境適合台商發展內需、內銷市場的程度	+0.02	❽當地的原物料經營成本上漲的風險	-0.15
蘇州常熟	❶當地政府對智慧財產權重視的態度	+1.42	❶台商企業貨物通關時，受當地海關行政阻擾	-1.37
	❷當地的社會治安	+1.35	❷當地人身財產安全受到威脅的風險	-1.28
	❸當地的土地取得價格的合理程度	+1.13	❸當地員工缺乏敬業精神與忠誠度的風險	-1.27
杭州市區	❶當地的資金貸款取得便利程度	+0.93	❶當地員工缺乏敬業精神與忠誠度的風險	-0.79
	❷當地的土地取得價格的合理程度	+0.84	❷當地適任的員工招募與留用不易的風險	-0.74
	❸當地的醫療衛生條件	+0.52	❸當地發生勞資或經貿糾紛不易排解的風險	-0.73
廣州市區	❶當地民眾生活條件及人均收入相較於一般水平	+1.05	❶當地經營企業維持人際網絡成本過高的風險	-1.68
	❷當地民眾的生活素質及文化水平的程度	+0.89	❷當地的市場通路開拓困難的風險	-0.56
	❸當地的資金貸款取得便利程度	+0.61	❸當地的原物料經營成本上漲的風險	-0.47

資料來源：本研究整理

　　5.TEEMA 2005年排名第1的上海閔行（A01→A12），2006年下滑到第12名，雖然上海閔行於2005和2006兩年都列入「極力推薦」等級城市，但今年卻沒有進入前10強城市，除不進則退之因素外，主要的原因有下列3項：(1) 2006年4月1日，上海閔行區政府推動「分散受理、集中核准、統一制證」的企業稅務登記制度，此項制度提高了審批標準，延長審批周期，造成外商投資行政程序的不便；(2) 上海閔行過去重視「政策招商」，給予外資優惠政策，但忽略了在「服務招商」與「環境招商」等的投入；(3) 上海閔行區內有「紫竹科學園區」、「漕河涇開發區」、「浦江高科技園區」、「漕河涇出口加工區」和「莘莊工業區」，園區間彼此相互競爭又缺乏明確定位和產業群聚，因此進入園區的台商事後發現其他園區的優惠政策後，會產生認知失調的效應。

　　6.TEEMA 2005年排名第2名的杭州蕭山（A02→A18），2006年下滑到第18名，雖然杭州蕭山於2002到2006這5年來都列入「極力推薦」等級城市，尤其2003與2004年杭州蕭山都名列TEEMA 調查報告之首位城市，但今年卻沒有進入前10強城市，除亦具不進則退之因素外，其主要的原因有下列4項：(1) 2005年中國大陸新一輪的宏觀調控政策，對杭州蕭山以往投資過熱產生明顯的抑制作用；(2) 2005年杭州蕭山出現工業總產值和工業效益兩項指標大幅回落的嚴峻局面，造成招商引資不易；(3) 杭州蕭山一直以來都定位為「民企天堂」，屬於民營企業為主的「草根經濟」，所以對吸引外資而言是一「短腿現象」，雖然過去在TEEMA報告中，杭州蕭山的投資環境都排名前列，但強調民營經濟的發展卻漸漸忽略了對外資企業的招商熱誠與積極態度；(4) 當地台商常言：若說「蘇州昆山」的投資環境是被台商「逼」出來的；那麼「杭州蕭山」的效率是被當地民營企業「逼」出來的，顯示隨著杭州蕭山民營經濟的發展，台商企業應該以技術創新、自創品牌，再度吸引當地政府給予更多的優惠獎勵措施。

　　7.「廣州市區」在上升幅度排名位居第4的重要意涵有：(1) 向上海學習方面，走得最快，也是走得最成功的是廣州市區，其成功之作首先是市政府領導階層在經濟發展的同時，研究如何進行舊城區的改造和進行大規模基礎設施建設。廣州市區突破300平方公里的中心城區格局，開始放眼7,000平方公里的大廣州，將週邊的城市發展戰略規劃，由過去的中心區「向東」，調整為「南拓」、「北優」、「東移」、「西聯」，不再尋求帶狀發展，而是抓一個中心區和八個衛星城鎮，每一個衛星城鎮都有自己的中心區，特色各異，構成不同的城市功能，從而建構多核心的網絡化都市。(2) 廣州市區將會成為「泛珠三角洲」經濟的核心，把過去強調「出口製造導向」的

招商引資策略，修正朝向鼓勵「自主創新」的方向轉型；(3) 廣州市區向來由於外地勞工極多，造成社會治安及台商人身安全的重大威脅，2006廣州市區進行治安整頓，並提出產業結構轉型，對於「高投入、高污染、高耗能」；「低產值、低產業關聯、低創新價值」的產業進行「騰籠換鳥」的產業升級策略，開創以優化產業結構吸引具有高附加值、高研發含量的企業對該區進行投資。

　　TEEMA 2006與2005比較，城市綜合實力排名下降幅度最大的城市如表19-7所示，整體而言，大部分屬於華南與西南地區的城市。但下降幅度最大的是徐州，從A級的「極力推薦」城市下降兩級至「勉予推薦」的C級城市，退步名次達到50名，其次是西安，從B級的「值得推薦」城市退步到「勉予推薦」的C級城市，退步名次達43名，再其次是南通相較於2005年的名次，也退步達36名。茲將2005與2006排名變化幅度下降較大之城市，諸如：徐州、西安、南通、合肥、無錫市區，依據「投資環境力」與「投資風險度」的細項指標說明分析，如表19-8所示。有關TEEMA 2005-2006城市綜合實力排名變化，有下列幾項重要的結論：

　　1. 下降幅度最大的前10個城市中，推薦等級變化較大的有8個城市，其中下降兩級的城市有3個，分別為：(1)徐州(A06→C08)；(2)南通(B19→D03)；(3)東莞厚街(B28→D07)；此外下降一個推薦等級的城市有5個，分別是：(1)西安(B08→C21)；(2)

表19-7　TEEMA 2006中國大陸城市綜合實力下降幅度城市排名

排名	城　　市	2006		2005		2005-2006 排名下降
		排名	推薦等級	排名	推薦等級	
❶	徐　　州	56	勉予推薦	06	極力推薦	↓50 (A06→C08)
❷	西　　安	69	勉予推薦	26	值得推薦	↓43 (B08→C21)
❸	南　　通	73	暫不推薦	37	值得推薦	↓36 (B19→D03)
❹	合　　肥	60	勉予推薦	27	值得推薦	↓33 (B09→C12)
❺	無錫市區	55	勉予推薦	23	值得推薦	↓32 (B05→C07)
❻	東莞厚街	77	暫不推薦	46	值得推薦	↓31 (B28→D07)
❼	上海松江	48	值得推薦	21	值得推薦	↓27 (B03→B28)
❽	上海市區	41	值得推薦	19	值得推薦	↓22 (B01→B21)
❽	重慶市區	51	勉予推薦	29	值得推薦	↓22 (B11→C03)
❽	長　　沙	61	勉予推薦	39	值得推薦	↓22 (B21→C13)

資料來源：本研究整理

表19-8　TEEMA 2005-2006推薦等級排行下降幅度城市說明分析

城市	投資環境力評估細項指標	兩年差異	投資風險度評估細項指標	兩年差異
徐州	❶當地的海、陸、空交通運輸便利程度	-1.74	❶當地常以刑事方式處理經濟案件的風險	+1.53
	❷該城市未來具有經濟發展潛力的程度	-1.73	❷當地人身財產安全受到威脅的風險	+1.27
	❸當地的市場未來發展潛力優異程度	-1.73	❸當地政府優惠政策變動頻繁且不透明的風險	+1.26
西安	❶當地的未來總體發展及建設規劃完善程度	-1.65	❶當地的原物料經營成本上漲的風險	+1.75
	❷當地政府改善投資環境的積極程度	-1.64	❷當地的運輸、物流、通路狀況不易掌握的風險	+1.65
	❸當地的社會治安良好程度	-1.49	❸台商企業物流通關時，受當地海關行政阻擾	+1.58
南通	❶當地的市場未來發展潛力優異程度	-1.38	❶當地的配套廠商供應商應不穩定的風險	+1.30
	❷當地同業、同行間公平且正當競爭環境條件	-1.19	❷當地的運輸、物流、通路狀況不易掌握的風險	+1.17
	❸當地的整體產業技術與研發水平	-1.15	❸當地政府干預企業經營運作的風險	+1.13
合肥	❶當地民眾對台商在當地投資設廠的態度	-1.00	❶台商企業貨物通關時，受當地海關行政阻擾	+1.40
	❷有利於形成上、下游產業供應鏈的完整程度	-0.98	❷當地的勞工抗議、抗爭事件頻繁發生的風險	+1.38
	❸當地的地理位置適合企業發展的條件	-0.97	❸當地的運輸、物流、通路狀況不易掌握的風險	+1.38
	❹民眾生活條件及人均收入相較於一般水平	-0.93	❹當地的外來民工造成社會問題的風險	+1.25
無錫市區	❶當地的土地取得價格的合理程度	-0.84	❶當地的行政命令經常變動的風險	+0.85
	❷當地通訊、資訊設施、網路建設完善程度	-0.80	❷當地政府對台商的優惠政策無法兌現的風險	+0.74
	❸當地民眾對台商在當地投資設廠的態度	-0.80	❸台商企業在當地發生經貿糾紛頻繁的風險	+0.64

資料來源：本研究整理

合肥(B09→C12)；(3)無錫市區(B05→C07)；(4)重慶市區(B11→C03)；(5)長沙(B21→C13)。綜合TEEMA 2006的城市變化顯示在80個列入評比城市之中，並沒有城市是降低三級的城市。

2.「**徐州**」排名下降最多的理由是：(1)從投資環境力細項指標顯示，台商對於徐州該城市「未來具有經濟發展潛力的程度」之評價下降的比例極高；(2)從投資風險度細項指標顯示，當地台商人身財產安全受到威脅的程度增加；(3)徐州2005年台商推薦度總排名爲第6名，但是2006年下滑到第49名，依據當地台商表示由於政府過去爲了大力招商，曾努力解決台商問題並對台資企業提出許多優惠的承諾，但是台資企業投資之後發現先前承諾的優惠政策都未能實現，造成投資「認知失調」的現象，因此對徐州城市之評價大幅下滑；(4)由於2004及2005徐州分列TEEMA 調查報告的第5名及第6名，以致對台商的需求，政府相關機構積極快速回應的熱忱降低。

3.「**南通**」下降兩個推薦等級的主要理由有：(1)從投資環境力細項指標顯示，台商對於南通該城市「未來具有經濟發展潛力的程度」之評價下降的比例最高；(2)從投資風險度細項指標顯示，「當地配套廠商供應不穩定的風險」增加；(3)南通2005年台商推薦度總排名爲第37名，但是2006年下滑到第73名列入「暫不推薦」城市名單；(4)依據TEEMA 2000-2006 7年來的調查報告，南通有3次列入評比分析的城市，但是其排名卻節節下滑，2004位居27名，2005下降至37名，到2006巨幅下降至73名，此與該城市缺乏明確的城市定位以及支柱型產業的明確化有絕對的關係。

4.「**西安**」下降幅度排名居次的重要因素有：(1)西安雖積極定位爲「中國大陸西部矽谷」，雖然許多跨國公司已在西安設立研發機構，但由於當地官員的招商服務意願尙待加強，以至於缺乏「親商、安商、富商」的服務台商思維；(2)由於西安地處於「西部大開發」的重要戰略地位，理應有整體城市發展規劃，但依台商的評估，認爲當地政府對城市未來發展規劃欠缺明確的藍圖；(3)由於西安地處西北，與目前中國大陸經濟快速發達的東部沿海地區，有距離上的劣勢，致使運輸、物流等成本相對增加；(4)由於當地政府與人民的思想較爲保守，開放心態較爲陳舊，以至於當地政府改善投資環境的積極度遠不及「珠三角」、「長三角」和「環渤海」地區。

5.「**合肥**」排名下降幅度居第四的主要理由是：(1)2005年新的市領導上任，重新改造城市風貌，合肥經濟開發區並戮力招商，吸引如聯合利華、太古集團、嘉通輪胎等跨國大企業進駐，但畢竟安徽是中國大陸的「農業大省」，在吸引台資企業的供應鏈佈局上，缺乏明確的核心價值主張；(2)依「投資環境力」細項指標顯示，「當地

民眾對台商在當地投資設廠的態度」該項指標的評價下降幅度最大，畢竟，身處內
地，一般民眾「排外、仇富、遠商」的心態較強；(3)合肥由於地理位置的關係，其
與中國經濟最熱門的「長三角」的對接與融合尚未完成，因此，造成交通運輸上的極
大障礙；(4)希冀乘搭「中部崛起」這一部列車的台商發現，中國大陸政府對「中部
崛起」的經濟戰略似乎僅止於政策宣示，並未落實到政府預算的投入和優惠獎勵投資
措施的出台上，因此，產生投資期望落差的現象。

　　6.「無錫市區」排名下降幅度位居第5位的原因，乃是在於：(1)無錫市區將招商
的重心放在日、韓企業上，對台資企業的招商服務意識較為疏遠。畢竟，為與昆山、
蘇州重台資企業的招商策略進行差異化，故將招商重心擺在日資、韓資企業上；(2)依
台商的反應，由於無錫市區的經濟開發區，採取「土地投資強度」的措施，使得台商
企業取得土地的成本節節升高，造成生產成本的激增；(3)無錫市區的相關領導，由於
近年來進駐無錫投資者，許多為跨國500強企業，對於以中小企業為投資規模的台商
企業，無錫市政府似乎有「抓大放小」、「重外輕台」、「招高科技，棄傳產」的心
態。

TEEMA 2000-2006中國大陸城市綜合實力排名分析

　　TEEMA 報告從2000到2006共計進行7次的「中國大陸投資環境與風險評估」調
查，茲從縱貫面（longitudinal）角度剖析，將歷年列入A級「極力推薦」，與D級「暫
不推薦」城市次數及名次進行整理，以提供經略中國大陸的台商或外資企業，在進入
中國大陸投資時之參鑑。

　　依TEEMA 2000-2006中國大陸城市綜合實力「極力推薦」最優排名顯示，7年的
總評估前5強的城市分別是：1. 蘇州市區；2. 杭州蕭山；3. 蘇州昆山；4. 寧波市區；
5. 揚州，這5個城市都是「長三角」經濟發展迅猛的重要城市，而江蘇的城市更是台
商「極力推薦」的大熱門，共有5個城市入榜，包括：1. 蘇州市區；2. 蘇州昆山；3.
揚州；4. 無錫市區；5. 無錫江陰，顯示完整的產業供應鏈、優質的人文環境、官員的
開放心態、制度化的招商策略與效率化的政府行政體系，建構成江蘇吸引台商或甚至
於跨國大企業集團的落戶，從「平安江蘇」、「和諧江蘇」到「江蘇創造」、「江蘇創
智」的策略思路，都再三體現所謂「思路決定出路，出路決定財路」的不變定律。

　　此外，由表19-9亦可知，「環渤海經濟圈」中的青島與濟南，產生山東半島「雙
子城」發展模式的雛型，再加上遼東半島的大連，此形成環渤海的騰飛動力。「天府

表19-9　2000-2006中國大陸城市綜合實力「極力推薦」最優排名

排名	城　　市	省　市	區　　域	次數	等級總分
❶	蘇州市區	江蘇省	華東地區	6	34
❷	杭州蕭山	浙江省	華東地區	6	36
❸	蘇州昆山	江蘇省	華東地區	5	20
❹	寧波市區	浙江省	華東地區	5	29
❺	揚　　州	江蘇省	華東地區	5	38
❻	成　　都	四川省	西南地區	4	31
❼	青　　島	山東省	華北地區	4	36
❽	大　　連	遼寧省	東北地區	4	49
❾	無錫市區	江蘇省	華東地區	3	11
❿	上海閔行	上海市	華東地區	3	16
⓫	無錫江陰	江蘇省	華東地區	3	15
⓬	天津市區	天津市	華北地區	3	21
⓭	南　　昌	江西省	華中地區	3	38
⓮	濟　　南	山東省	華北地區	3	39

資料來源：本研究整理

　　天國」的成都亦儼然成為「西部大開發」最能夠吸引台商企業的亮點，而居「承東起西、接南控北」，處「中樞優勢」的江西南昌亦已漸成為「中部崛起」大經濟板塊吸引台商的核心地位矣！

　　然而從長期的分析結果發現，北京市、上海市、重慶市等中國大陸重要的直轄市和副省級城市並未得到台商高度的評價，這可能的原因有三：1. 這些城市都存在「大政府、小企業」的心態，所以政策的調控、政策的指導、政策的干預力度較大，使企業失去較大的策略彈性與經營的自主權；2. 這些城市大多會以吸引全球500強為重要對象，甚至於以這些跨國企業的區域總部落戶該城市為號召，而台商企業的投資規模和全球化能力，畢竟離多國籍企業尚有一段距離，因此，在有限的招商人力和招商資源考量之下，這些中國大陸的骨幹城市自然將心力、心思、心態投入或轉移至跨國企業的招商之上；3. 這些城市由於與世界各地政府或跨國企業的交流頻繁，因此，思維亦漸漸與國際併軌，使政府運作模式朝制度化、規範化、系統化，而習於人際網絡的台商企業，在這些城市的佈局，就失去其核心的競爭力。

　　綜合而言，能夠7年均列入A級「極力推薦」的城市似乎沒有，但「蘇州市區」

和「杭州蕭山」能有6次列入「極力推薦」城市之林，實屬難得。所謂「上有天堂，下有蘇杭」的古諺，絕非子虛，加上「蘇州昆山」、「寧波市區」與「揚州」都是5次進榜，而這些城市亦是在「魚米之鄉」的江浙大地，顯示中華文化孕育的各地次文化，有其一定的規律存在，也吸引台商製造業的前往。再其次，4次進榜的城市共有3個，分別為：1.「藍天碧海、綠樹紅瓦」的青島；2.「古蘊天成、和諧樸質」的成都；3.「綠化滿園、生態優勢」的大連。這3個城市，都是台商認為最具有發展商業、服務業、零售業、連鎖業潛力的最佳城市，尤其這3個城市的共同特點都是屬於旅遊服務型的城市。

依TEEMA 2000-2006中國大陸城市綜合實力「暫不推薦」等級排名最後城市顯示，7年的總評估最不受推薦的城市分別是：1. 東莞市區；2. 東莞其他；3. 東莞樟木頭；4. 泉州；5. 惠州，其中的前3者都是屬於東莞市，然而，東莞市是台商企業早期進入中國大陸首選的城市，目前台資企業的家數僅次於蘇州，然而由於東莞開放較早，優惠政策使用殆盡，加之外來人口的壓力造成社會治安沉重負擔。

依據香港商報2006年6月20日的報導，以廣東8個主要城市為核心的珠三角，以0.43%的中國大陸土地、1.8%的人口，創造國民生產總值的8.0%，過去以「三來一補」、「粗放加工」、「低值製造」的產業結構，隨著高漲的勞動成本、嚴峻的環保壓力，產業轉型的發展定位，從2005年起，深圳及東莞已率先建立「環保淘汰機制」，

表19-10　2000-2006中國大陸城市綜合實力「暫不推薦」最後排名

排名	城　　市	省　市	區　　域	次數	等級總分
❶	東莞市區	廣東省	華南地區	4	19
❷	東莞其他	廣東省	華南地區	3	22
❸	東莞樟木頭	廣東省	華南地區	3	21
❹	泉　　州	福建省	華南地區	3	10
❺	惠　　州	廣東省	華南地區	3	6
❻	泰　　州	江蘇省	華東地區	2	15
❼	東莞長安	廣東省	華南地區	2	12
❽	東莞虎門	廣東省	華南地區	2	7
❾	東莞石碣	廣東省	華南地區	2	5
❿	深圳龍崗	廣東省	華南地區	2	2

資料來源：本研究整理

這些城市將關閉汙染嚴重產業，淘汰落後生產工藝、減少污染排放總量，直接影響到化工、電鍍、皮革、印染等產業的生存空間。因此，早期赴中國大陸東莞投資的台資企業，大多屬勞力密集型的初級加工產業，面對廣東省大力清除高污染產業，台資企業的生存空間立即受到挑戰。

又從TEEMA 2000-2006報告總體顯示，列入「暫不推薦」的城市名單中，較多是東莞與深圳兩市，此與其產業結構特性有高度的相關，此外就是台商口中所言的「三州」：福建的泉州、廣東的惠州、江蘇的泰州，而這3個城市落入「暫不推薦」等級主要的理由是在於當地政府政策的不一致性、不一貫性以及落實對台商優惠政策的承諾度較低所導致。

第20章

TEEMA 2006單項指標10優城市排行

　　TEEMA 2006延續過去TEEMA 2000-2005「兩力」、「兩度」以及最後「城市綜合實力」等五項排行之外，TEEMA 2006另外針對台商關切主題進行單項評估：

當地政府行政透明度城市排行

　　從當地政府行政透明度城市排行而言，TEEMA 2006以法制環境構面之「當地的各級官員操守清廉程度」以及經濟風險構面之「當地政府對台商優惠政策無法兌現的風險」為重點評估項目。TEEMA 2006評估當地政府行政透明程度10大城市排行如表20-1。TEEMA 2006 列入評比的80個中國大陸主要城市，當地政府行政透明度與清廉度最高的城市依次為：1. 蘇州工業區；2. 南昌；3. 寧波市區；4. 蘇州市區；5. 蘇州昆山；6. 天津濱海區；7. 南京市區；8. 揚州；9. 廈門島外；10. 廊坊，在這10大城市中，華東地區佔有6個，這已經說明為何全球跨國企業及台商企業紛紛落戶「長三角」的主要理由，畢竟政策的透明度越高，企業投資的意願增加，相對投資風險降低。此外，依據台灣投審會統計資料顯示，2006年1至5月份，台灣對中國大陸投資主要仍以華東的「長三角」為主，江蘇、浙江、上海佔赴中國大陸投資金額的63.78%，而且

表20-1　TEEMA 2006當地政府行政透明程度10大城市排行

排名	城　　市	省　份	區　　域	評價
❶	蘇州工業區	江蘇省	華東地區	**4.42**
❷	南　　昌	江西省	華中地區	**4.39**
❸	寧波市區	浙江省	華東地區	**4.30**
❹	蘇州市區	江蘇省	華東地區	**4.26**
❺	蘇州昆山	江蘇省	華東地區	**4.21**
❻	天津濱海區	天津市	華北地區	**4.19**
❼	南京市區	南京市	華東地區	**4.03**
❽	揚　　州	江蘇省	華東地區	**3.96**
❾	廈門島外	福建省	華南地區	**3.88**
❿	廊　　坊	河北省	華北地區	**3.82**

資料來源：本研究整理

主要投資的項目都集中在半導體、面板相關及高階電子產品,顯示高科技產業的投資重視的就是政策的透明度與當地官員的清廉度。

當地對台商投資承諾實現度城市排行

從當地對台商投資承諾實現度城市排行而言,TEEMA 2006以法制環境構面之「當地政府對台商投資承諾實現的程度」與「當地政府政策穩定性及透明度」以及經濟風險構面之「當地政府對台商優惠政策無法兌現的風險」與「台商企業在當地發生經貿糾紛頻繁的風險」為重點評估項目。TEEMA 2006當地對台商投資承諾實現度10大城市排行如表20-2所示。TEEMA 2006 列入評比的80個中國大陸主要城市,當地對台商投資承諾實現度城市排行依次為:1. 蘇州工業區;2. 寧波北崙區;3. 南京市區;4. 威海;5. 蘇州昆山;6. 北京亦庄;7. 天津市區;8. 廈門島外;9. 南昌;10. 揚州,由此排行榜顯示除了華東當地的政府承諾度極高以外,值得注意的是華北有3個城市列入前10大,北京亦庄、天津市區、威海,此與北方人性格的豪邁與豪爽有高度的相關,企業投資最重視誠信與承諾,過去強調以誠信立業,「貨通天下、匯通天下」的晉商就是以「誠信守諾」創造晉商的令名美譽,因此未來台商佈局中國大陸在考量投資地點之際,當地政府對台商投資承諾實現度,將是重要考量因素。

表20-2　TEEMA 2006當地對台商投資承諾實現度10大城市排行

排名	城　　市	省　份	區　　域	評價
❶	蘇州工業區	江蘇省	華東地區	4.38
❷	寧波北崙區	浙江省	華東地區	4.21
❸	南京市區	南京市	華東地區	4.19
❹	威　　海	山東省	華北地區	4.08
❺	蘇州昆山	江蘇省	華東地區	4.02
❻	北京亦庄	北京市	華北地區	3.98
❼	天津市區	天津市	華北地區	3.87
❽	廈門島外	福建省	華南地區	3.79
❾	南　　昌	江西省	華中地區	3.75
❿	揚　　州	江蘇省	華東地區	3.72

資料來源:本研究整理

當地台商經貿糾紛程度最優城市排行

　　TEEMA 2006 以「當地的政府與執法機構秉持公正的執法態度」、「當地解決糾紛的管道完善程度」、「台商企業在當地之勞資關係和諧程度」、「當地發生勞資或經貿糾紛不易排解的風險」、「當地政府的行政命令經常變動的風險」、「當地企業及人民對法令、合同、規範不遵守的風險」、「當地官員對法令、合同、規範執行不一致的風險」、「當地政府的協商過程難以掌控的風險」、「當地政府調解、仲裁糾紛對台商不公平程度的風險」、「當地機構無法有效執行司法及仲裁結果的風險」、「當地政府要求不當回饋頻繁的風險」、「台商企業在當地發生經貿糾紛頻繁的風險」、「當地政府保護主義濃厚，企業獲利不佳的風險」、「當地政府收費、攤派、罰款項目繁多的風險」、「當地企業信用不佳，欠債追索不易的風險」、「當地台商因經貿、稅務糾紛被羈押的風險」等為重點評估項目。2006當地政府解決台商經貿糾紛10大城市排行如表20-3所示。

　　TEEMA 2006 列入評比的80個中國大陸主要城市，當地政府解決台商經貿糾紛排行依次為：1. 蘇州市區；2. 寧波北崙區；3. 杭州市區；4. 嘉興；5. 上海市區；6. 無錫新區；7. 蘇州工業區；8. 上海松江；9. 杭州蕭山；10. 泉州。

　　此外，跨國投資最擔心經貿糾紛，隨著兩岸投資日增，經貿糾紛的次數與類型均不斷增加，如何確保在中國大陸投資權益的保障，似乎這10大台商認為最具有解決台

表20-3　TEEMA 2006當地政府解決台商經貿糾紛10大城市排行

排名	城　　市	省　份	區　　域	評價
❶	蘇州市區	江蘇省	華東地區	4.38
❷	寧波北崙區	浙江省	華東地區	4.21
❸	杭州市區	浙江省	華東地區	4.11
❹	嘉　興	江蘇市	華東地區	4.08
❺	上海市區	上海市	華東地區	4.02
❻	無錫新區	江蘇省	華東地區	3.94
❼	蘇州工業區	江蘇省	華東地區	3.92
❽	上海松江	上海市	華東地區	3.88
❾	杭州蕭山	浙江省	華東地區	3.86
❿	泉　州	福建省	華南地區	3.72

資料來源：本研究整理

商經貿糾紛誠意的城市，是值得列入重要投資的城市。

當地台商人身安全程度最優城市排行

接連發生台商在中國大陸遇害的消息後，人身安全成為台商非常重視的議題，因此本研究特別評估台商人身安全程度最優城市。以「當地的社會治安」、「當地的勞工抗議、抗爭事件頻繁發生的風險」、「當地的外來民工造成社會問題的風險」、「當地發生勞資或經貿糾紛不易排解的風險」、「當地人身財產安全受到威脅的風險」、「當地台商因經貿、稅務糾紛被羈押的風險」等為重點評估項目。TEEMA 2006當地台商人身安全程度10大城市排行如表20-4所示。TEEMA 2006 列入評比的80個中國大陸主要城市，當地台商人身安全程度排行依次為：1. 杭州市區；2. 揚州；3. 蘇州工業區；4. 北京亦庄；5. 無錫宜興；6. 天津濱海區；7. 蘇州昆山；8. 濟南；9. 南昌；10. 寧波北侖區。

雖然「風險」(risk)與「報償」(return)是成正比的，但是企業佈局中國大陸，應該選擇具有人身安全保障的城市投資，由於中國大陸正進入經濟發展的「躁動期」(指人均每得介於1,000-3,000美元)，在「經濟躁動期」會出現「紅眼症」、「白眼症」高發的現象，且由於貧富差距愈為懸殊，埋下社會動盪的根因，而中國大陸隨著經濟的高速成長，所得差距拉大，仇富心態濃厚，「一夕致富、不勞致富、違法致富」之風高漲，台商企業之投資，應採低調心態，先慎選人身安全有保障的城市，再採「取

表20-4　TEEMA 2006當地台商人身安全程度10大城市排行

排名	城　　市	省　份	區　　域	評價
❶	杭州市區	浙江省	華東地區	**4.48**
❷	揚　州	江蘇省	華東地區	**4.41**
❸	蘇州工業區	江蘇省	華東地區	**4.37**
❹	北京亦庄	北京市	華北地區	**4.11**
❺	無錫宜興	江蘇省	華東地區	**4.08**
❻	天津濱海區	天津市	華北地區	**4.02**
❼	蘇州昆山	江蘇省	華東地區	**3.98**
❽	濟　南	山東省	華北地區	**3.89**
❾	南　昌	江西省	華中地區	**3.86**
❿	寧波北侖區	浙江省	華東地區	**3.82**

資料來源：本研究整理

之於社會、用之於社會」的回饋態度，善盡企業公民的責任，如此，企業才能「深耕佈局、深根社會」。

最適合從事內銷市場城市排行

　　自從中國大陸開放內銷與內貿市場之後，許多廠商皆將關注的焦點轉向於拓展中國大陸內銷市場，因此，TEEMA 2006以「當地的倉儲、物流、流通相關商業設施完備程度」、「當地經濟環境促使台商經營獲利程度」、「當地環境適合台商發展內需、內銷市場的程度」、「當地同業、同行間公平且正當競爭條件」、「當地的運輸、物流、通路狀況不易掌握的風險」、「當地跨省運輸不當收費頻繁的風險」、「當地的市場通路開拓困難的風險」、「當地企業信用不佳，欠債追索不易的風險」與「當地政府干預企業經營運作的風險」等為重點評估項目。TEEMA 2006最適合從事內銷市場10大城市排行如表20-5所示。

　　TEEMA 2006 列入評比的80個中國大陸主要城市，最適合從事內銷市場的城市排行依次為：1. 上海閔行；2. 威海；3. 青島；4. 大連；5. 天津市區；6. 嘉興；7. 南昌；8. 揚州；9. 天津濱海區；10. 泉州，中國大陸加入WTO之後，內銷內貿市場已成為全球跨國企業佈局之重心，尤其中國大陸走過：1. 以市場換「就業」；2. 以市場換「稅收」；3. 以市場換「技術」的經濟發展歷程，但由於中國大陸13億廣大人口的吸引力，所以中國大陸政府正提出以「13億人口廣大的市場支撐自主創新及自創品牌」，

表20-5　TEEMA 2006最適合從事內銷市場10大城市排行

排名	城　　市	省　份	區　　域	評價
❶	上海閔行	上海市	華東地區	4.26
❷	威　　海	山東省	華北地區	4.19
❸	青　　島	山東省	華北地區	4.08
❹	大　　連	遼寧省	東北地區	4.06
❺	天津市區	天津市	華北地區	4.01
❻	嘉　　興	江蘇省	華東地區	3.98
❼	南　　昌	江西省	華中地區	3.92
❽	揚　　州	江蘇省	華東地區	3.89
❾	天津濱海區	天津市	華北地區	3.72
❿	泉　　州	福建省	華南地區	3.58

資料來源：本研究整理

台商企業應掌握此一契機，將中國大陸視為台灣品牌走向國際市場的練兵場。

　　所有跨國企業進中國大陸投資的策略都非常明確，那就是「贏家通吃」(winner take all)的策略思考，近年來中國大陸內銷內貿市場到處充滿跨國企業佈局的影子，從快餐業的麥當勞、肯德基；量販店的Wal-Mart、家樂福、萬客隆；家電連鎖業的Best Buy、CompUSA；便利超商的羅森、7-11，都已經深耕佈局，對台商企業而言，如何搶佔內銷市場的制高點，應該採取慎選地點、策略聯盟、產業鏈整合的策略思考，雖然台商有文化語言融合的優勢，但跨國公司有其經營效率優勢，因此如何整合中國大陸內資企業，共同發展內需型產業，將是未來台商佈局中國大陸刻不容緩的主要課題。

最適宜服務業投資城市排行

　　隨著中國大陸加入WTO承諾開放服務業市場給予外資經營，哪些城市適合經營服務產業成為大家關注的焦點，TEEMA 2006以「當地的倉儲、物流、流通相關商業設施完備程度」、「當地政府改善外商投資環境的積極態度」、「台商企業在當地之勞資關係和諧程度」、「當地市場未來發展潛力優異程度」、「當地同業、同行間公平且正當競爭條件」、「當地的市場通路開拓困難的風險」、「當地企業信用不佳，欠債追索不易的風險」等為重點評估項目。TEEMA 2006最適宜服務業投資10大城市排行如

表20-6　TEEMA 2006最適宜服務業投資10大城市排行

排名	城　市	省　份	區　域	評價
❶	杭州市區	浙江省	華東地區	4.46
❷	寧波市區	浙江省	華東地區	4.35
❸	南京市區	南京市	華東地區	4.27
❹	成　都	四川省	西南地區	4.21
❺	天津市區	天津市	華北地區	4.09
❻	濟　南	山東省	華北地區	4.01
❼	青　島	山東省	華北地區	3.88
❽	大　連	遼寧省	東北地區	3.85
❾	南　昌	江西省	華中地區	3.68
❿	廣州市區	廣東省	華南地區	3.65

資料來源：本研究整理

表20-6所示。TEEMA 2006 列入評比的80個中國大陸主要城市，最適宜服務業投資10
大城市排行依次為：1. 杭州市區；2. 寧波市區；3. 南京市區；4. 成都；5. 天津市區；
6. 濟南；7. 青島；8. 大連；9. 南昌；10. 廣州市區。

最適宜IT製造業投資城市排行

　　從最適宜IT製造業投資城市排行來看。TEEMA 2006以「當地的相關投資政策優
惠條件」、「當地的基層勞動力供應充裕程度」、「當地的專業及技術人才供應充裕程
度」、「當地有利於形成上、下游產業供應鏈的完整程度」、「當地的整體產業技術、
研發水平」等為重點評估項目。TEEMA 2006最適宜IT製造業投資10大城市排行如表
20-7所示。TEEMA 2006 列入評比的80個中國大陸主要城市，最適宜IT製造業投資城
市排行依次為：1. 蘇州工業區；2. 蘇州市區；3. 蘇州昆山；4. 北京亦庄；5. 杭州蕭
山；6. 蘇州新區；7. 上海松江；8. 無錫市區；9. 寧波北侖區；10. 天津濱海區。

　　依據經濟部投審會統計資料顯示，2006年1到5月份赴中國大陸投資的台商企業主
要之產業都集中電腦、通訊、視聽電子、電子零組件、手機以及電力機械設備，上述
產業的台商佔總投資金額的46.44%，顯示現階段台商企業投資中國大陸主要都集中
在IT相關的製造產業，而IT產業最重視的是產業的供應鏈、熟練的技術勞動力、當地
政府政策獎勵措施的優惠以及當地科研機構的多寡，列入台商認為最適合IT製造業投

表20-7　TEEMA 2006最適宜IT製造業投資10大城市排行

排名	城　　市	省　份	區　　域	評價
❶	蘇州工業區	江蘇省	華東地區	**4.48**
❷	蘇州市區	江蘇省	華東地區	**4.42**
❸	蘇州昆山	江蘇省	華東地區	**4.23**
❹	北京亦庄	北京市	華北地區	**4.19**
❺	杭州蕭山	浙江省	華東地區	**4.15**
❻	蘇州新區	江蘇省	華東地區	**3.98**
❼	上海松江	上海市	華東地區	**3.88**
❽	無錫市區	江蘇省	華東地區	**3.86**
❾	寧波北侖區	浙江省	華東地區	**3.68**
❿	天津濱海區	天津市	華北地區	**3.62**

資料來源：本研究整理

資的城市前3強都屬於蘇州地區，顯示蘇州高科技群聚現象已經極爲成熟。

當地台商企業獲利程度最優城市排行

從當地台商企業獲利程度最優城市排行來看，TEEMA 2006以「當地經濟環境促使台商經營獲利程度」、「當地的原物料經營成本上漲的風險」、「當地政府收費、攤派、罰款項目繁多的風險」等爲重點評估項目。TEEMA 2006當地台商企業獲利程度10大城市排行如表20-8所示。TEEMA 2006 列入評比的80個中國大陸主要城市，當地台商企業獲利程度城市排行依次爲：(1)杭州蕭山；(2)蘇州市區；(3)寧波北侖區；(4)南京市區；(5)蘇州昆山；(6)蘇州新區；(7)北京亦庄；(8)廈門島內；(9)寧波餘姚；(10)揚州。

表20-8　TEEMA 2006當地台商企業獲利程度10大城市排行

排名	城　　市	省　份	區　　域	評價
❶	杭州蕭山	浙江省	華東地區	**4.32**
❷	蘇州市區	江蘇省	華東地區	**4.21**
❸	寧波北侖區	浙江省	華東地區	**4.10**
❹	南京市區	南京市	華東地區	**4.02**
❺	蘇州昆山	江蘇省	華東地區	**3.88**
❻	蘇州新區	江蘇省	華東地區	**3.82**
❼	北京亦庄	北京市	華北地區	**3.75**
❽	廈門島內	福建省	華南地區	**3.65**
❾	寧波餘姚	浙江省	華東地區	**3.52**
❿	揚　　州	江蘇省	華東地區	**3.44**

資料來源：本研究整理

當地金融環境自由化最優城市排行

從當地金融環境自由化最優城市排行看，TEEMA 2006以「當地的金融體系完善的程度」、「當地的資金匯兌及利潤匯出便利程度」、「當地的資金貸款、取得便利程度」、「當地外匯嚴格管制及利潤匯出不易的風險」、「台商藉由當地銀行體系籌措與取得資金困難的風險」等爲重點評估項目。TEEMA 2006當地金融環境自由化10大城市排行如表20-9所示。TEEMA 2006 列入評比的80個中國大陸主要城市，當地金融環

表20-9　TEEMA 2006當地金融環境自由化10大城市排行

排名	城　市	省　份	區　域	評價
❶	南　昌	江西省	華中地區	**4.38**
❷	蘇州工業區	江蘇省	華東地區	**4.32**
❸	揚　州	江蘇省	華東地區	**4.19**
❹	蘇州昆山	江蘇省	華東地區	**4.10**
❺	杭州蕭山	浙江省	華東地區	**4.05**
❻	南京市區	江蘇省	華東地區	**3.98**
❼	重慶市區	重慶市	西南地區	**3.82**
❽	上海市區	上海市	華東地區	**3.68**
❾	無錫市區	江蘇省	華東地區	**3.42**
❿	蘇州市區	江蘇省	華東地區	**3.38**

資料來源：本研究整理

境自由化城市排行依次爲：1. 南昌；2. 蘇州工業區；3. 揚州；4. 蘇州昆山；5. 杭州蕭山；6. 南京市區；7. 重慶市區；8. 上海市區；9. 無錫市區；10. 蘇州市區。

　　金融制度化與自由化是所有外資企業對中國大陸政府極力爭取的政策，隨著中國大陸加入WTO，未來外資金融機構進入中國大陸佈局似乎已成爲無法避免的既定政策，尤其企業投資最重視資金的取得以及利潤的匯出，江西南昌連續兩年都名列當地金融環境自由化10大城市的榜首，值得台商關切與注意。

當地政府歡迎台商投資的熱情度排行

　　從當地政府歡迎台商投資的熱情度排行來看，TEEMA 2006以「當地民眾及政府歡迎台商在當地投資設廠的態度」、「當地政府改善外商投資環境的積極態度」、「當地政府干預企業經營運作的風險」等爲重點評估項目。TEEMA 2006當地政府歡迎台商投資熱情度10大城市排行如表20-10所示。TEEMA 2006 列入評比的80個中國大陸主要城市，當地政府歡迎台商投資熱情度城市排行依次爲：1. 蘇州工業區；2. 泉州；3. 蘇州市區；4. 南昌；5. 揚州；6. 寧波北侖區；7. 杭州市區；8. 蘇州昆山；9. 威海；10. 杭州蕭山。

表20-10　TEEMA 2006當地政府歡迎台商投資熱情度10大城市排行

排名	城　　市	省　份	區　　域	評價
❶	蘇州工業區	江蘇省	華東地區	4.52
❷	泉　　州	福建省	華南地區	4.49
❸	蘇州市區	江蘇省	華東地區	4.42
❹	南　　昌	江西省	華中地區	4.41
❺	揚　　州	江蘇省	華東地區	4.20
❻	寧波北侖區	浙江省	華東地區	4.17
❼	杭州市區	浙江省	華東地區	3.98
❽	蘇州昆山	江蘇省	華東地區	3.89
❾	威　　海	山東省	華北地區	3.86
❿	杭州蕭山	浙江省	華東地區	3.30

資料來源：本研究整理

表20-11　TEEMA 2006最重視自主創新10大城市排行

排名	城　　市	省　份	區　　域	評價
❶	蘇州工業區	江蘇省	華東地區	4.29
❷	南　　昌	江西省	華中地區	4.26
❸	蘇州市區	江蘇省	華東地區	4.24
❹	揚　　州	江蘇省	華東地區	4.13
❺	威　　海	山東省	華北地區	4.01
❻	天津濱海區	天津市	華北地區	3.88
❼	蘇州昆山	江蘇省	華東地區	3.77
❽	寧波北侖區	浙江省	華東地區	3.75
❾	蘇州新區	江蘇省	華東地區	3.66
❿	杭州蕭山	浙江省	華東地區	3.19

資料來源：本研究整理

最重視自主創新的城市排行

　　從最重視自主創新的城市排行而言，TEEMA 2006以「當地政府對台商智慧財產權重視的態度」、「當地的專業及技術人才供應充裕程度」、「當地的整體產業技術、研發水平」、「當地台商享受政府自主創新獎勵的程度」等為重點評估項目。TEEMA 2006最重視自主創新10大城市排行如表20-11所示。TEEMA2006列入評比的80個中國

大陸主要城市，最重視自主創新10大城市依次為1.蘇州工業區；2.南昌；3.蘇州市區；4.揚州；5.威海；6.天津濱海區；7.蘇州昆山；8.寧波北侖區；9.蘇州新區；10.杭州蕭山。依據自主創新的排行榜顯示，最具自主創新的城市集中都在江浙地區以及環渤海地區，此與中國大陸商業部《2005-2007年跨國公司對華產業投資趨勢報告》若干結論相符，該報告顯示：在受訪的跨國外資企業表示：1. 61%會在未來3年內擴大對中國大陸研發的投資；2. 46%的企業在研發投資活動中傾向於建立獨立的研發中心；3. 33%的跨國公司傾向將更多先進技術引進中國大陸進行研發；4. 25%的跨國企業計畫擴大在中國大陸原有的研發人員數量；5. 24%的跨國企業會選擇與中國大陸內地企業合作共同從事研發；6. 未來3年直接投資地點選擇：長三角(24%)、環渤海經濟圈(22%)、珠三角(21%)、東北地區(9%)和中西部地區(8%)，同時，92%的跨國企業認為會選擇在「開發區」內投資；7. 跨國公司建立研發機構的城市：北京（電腦、軟體、通訊）、上海（化工、製藥、汽車）。

當地台商享受政府自主創新的獎勵程度的城市排行

從當地台商享受政府自主創新的獎勵程度的城市排行來看。TEEMA 2006以「當地台商享受政府自主創新獎勵的程度」作為重點評估項目，當地台商享受政府自主創新的獎勵程度的10大城市排行如表20-12所示。TEEMA 2006 列入評比的80個中國大陸主要城市，當地台商享受政府自主創新的獎勵程度的城市排行依次為：1. 蘇州市

表20-12　當地台商享受政府自主創新的獎勵程度的10大城市排行

排名	城　　市	省　份	區　　域	評價
❶	蘇州市區	江蘇省	華東地區	**4.40**
❷	蘇州工業區	江蘇省	華東地區	**4.39**
❸	南　　昌	江西省	華中地區	**4.29**
❹	揚　　州	江蘇省	華東地區	**4.20**
❺	威　　海	山東省	華北地區	**4.06**
❻	寧波北侖區	浙江省	華東地區	**3.89**
❼	天津濱海區	天津市	華北地區	**3.88**
❽	蘇州昆山	江蘇省	華東地區	**3.85**
❾	天津市區	天津市	華北地區	**3.83**
❿	蘇州新區	江蘇省	華東地區	**3.70**

資料來源：本研究整理

區；2. 蘇州工業區；3. 南昌；4. 揚州；5. 威海；6. 寧波北侖區；7. 天津濱海區；8. 蘇州昆山；9. 天津市區；10. 蘇州新區。

最具誠信道德價值觀的城市排行

　　從最具誠信道德價值觀的城市排行來看，TEEMA 2006以「當地社會風氣及民眾的價值觀程度」、「當地民眾的誠信與道德觀的程度」等為重點評估項目。TEEMA 2006最具誠信道德價值觀的10大城市排行如表20-13所示。從表中得知，列名在最具道德價值觀的10大城市，其中山東省有3個城市進榜，分別是：1. 青島（第3名）；2. 濟南（第8名）；3. 威海（第10名），這與山東省屬於「孔孟之鄉」，深受儒家思想的影響有很大的關係，因為孔孟思想影響中國人的思想極鉅。諸如：「溫、良、恭、儉、讓」；「仁、義、禮、智、信」等中華文化傳統的美德，都受孔孟思想的影響，最近中國大陸政府捐贈全球主要大學設立「孔子學院」，就是希望把中華文化強調誠信、道德、倫理等優質的價值觀擴散至寰宇。尤其中華文化之中存在許多的次文化（subculture），一般而言，江浙的「吳越文化」乃是一種「精細文化」；四川的「巴蜀文化」乃是屬於「和諧文化」；福建與廣東的「閩粵文化」乃是一種積極冒險的「開拓文化」，而山東的「齊魯文化」則是一種「忠君文化」，因此，許多外商企業及台資企業進入中國大陸所雇用的專業經理人或基層員工，則喜歡雇用來自山東省的員工，其中位於天津的頂益康師傅集團所用的員工多數是來自山東省，就是最典型的案例。

表20-13　TEEMA 2006最具誠信道德價值觀的10大城市排行

排名	城　　市	省　份	區　　域	評價
❶	蘇州工業區	江蘇省	華東地區	**4.18**
❷	杭州市區	浙江省	華東地區	**4.09**
❸	青　　島	山東省	華北地區	**3.82**
❹	廈門島外	福建省	華南地區	**3.78**
❺	蘇州昆山	江蘇省	華東地區	**3.64**
❻	寧波北侖區	浙江省	華東地區	**3.54**
❼	南京市區	南京市	華東地區	**3.52**
❽	濟　　南	山東省	華北地區	**3.48**
❾	揚　　州	江蘇省	華東地區	**3.46**
❿	威　　海	山東省	華北地區	**3.41**

資料來源：本研究整理

當地政府對台商智慧財產權保護的城市排行

　　從當地政府對台商智慧財產權保護的城市排行來看，TEEMA 2006以「當地政府對台商智慧財產權重視的態度」作為重點評估項目。TEEMA 2006當地政府對台商智慧財產權保護10大城市排行如表20-14所示。依據外資機構雷曼兄弟（Lehman Brothers）（2005）研究報告顯示，由於全球電子業生產大量外包至中國大陸，使得：1. 高科技產品出口佔中國大陸總出口比例由2000年的15%，激升至2005年的的33%；2. 外資企業出口佔中國大陸總出口商的比例由1995年的32%，到2000年的48%，快速提昇至2005年的60%。由於外資機構非常重視智慧財產權的保護，而且高科技進入中國大陸投資的比例日趨增加，各地方政府為落實自主創新紛紛提出保護智慧財產權相關的政策與措施，藉此希望吸引更多的台商及外資企業投資，由TEEMA 2006對台商企業調查顯示，中國大陸當地政府對台商智慧財產權保護最具力度的城市前3名都屬於蘇州：1. 蘇州工業區；2. 蘇州昆山；3. 蘇州市區，而且前10大城市有8個城市屬於華東地區，顯示長三角為能夠建立起「電子巢」的產業群聚效應紛紛提出智慧財產權的保護措施。

　　根據美國國會參眾兩院「聯合經濟委員會」於2006年7月27日發表名為《中國大陸為求永續經濟成長必須克服的五大挑戰研究報告》，該報告指出中國大陸經濟當前的五大問題，包括：「人口發展趨勢不佳」、「貪腐和法治不彰」、「國營企業財務困

表20-14　TEEMA 2006當地政府對台商智慧財產權保護10大城市排行

排名	城　　市	省　份	區　　域	評價
❶	蘇州工業區	江蘇省	華東地區	**4.26**
❷	蘇州昆山	江蘇省	華東地區	**4.19**
❸	蘇州市區	江蘇省	華東地區	**4.08**
❹	杭州市區	浙江省	華東地區	**4.02**
❺	北京亦庄	北京市	華北地區	**3.88**
❻	上海閔行	上海市	華東地區	**3.81**
❼	杭州蕭山	浙江省	華東地區	**3.76**
❽	南京江寧	南京市	華東地區	**3.65**
❾	寧波北侖區	浙江省	華東地區	**3.54**
❿	廣州市區	廣州市	華南地區	**3.48**

資料來源：本研究整理

難」、「銀行制度不健全」和「金融失衡」。報告指出：1.中國大陸當前經濟問題，首要挑戰是人口問題，中國大陸正面臨人口老化與生育率控制等問題，意味著未來將出現勞力短缺、無法維持低工資經濟結構，對於吸引外商投資將產生負面之影響；2.中國大陸的貪腐問題普遍且代價高昂，不僅將扼殺需要智慧財產權保護的企業發展意願，亦是造成經濟發展的重要阻力，尤其近年來中國大陸發生多起大規模勞工抗議，更是未來經濟發展的隱憂；3.國有企業績效不彰造成財務困境，最後尋求不良資產剝離，將優良資產赴海外上市，此將造成國有資產的流失隱憂，若中國大陸政府不能對國企改革，提出有效對策與方案，隨著WTO開放中國大陸市場，必將使習於慣性營運的國有企業無法面對秉持現代效率、全球視野的跨國公司的競爭；4.中國大陸銀行體系呆帳嚴重，未來一旦所有具有問題的貸款都變成銀行的呆帳，則此金額將高達6,730億美元，相當中國大陸國內生產總值的27.3%，此將重創中國經濟發展的動因，畢竟金融是經濟的血脈，缺乏優良、健全、效率以及國際觀的金融體系是目前中國大陸政府應積極戮力改革的方向；5.中國大陸金融失衡問題，尤其是因為中國大陸對美國貿易順差持續增加，而造成美國政府對中國大陸匯率政策的強大壓力，而且中國大陸的經濟過度依賴出口與投資，這種高度的依賴將使經濟發展的自主性降低，畢竟一個過度依賴外資、出口的經濟體，必然不能夠持久與可持續發展。

綜合TEEMA 2006對14項單項主題城市競爭力的排行顯示，慎選投資的城市將可稍微避免上述美國參眾兩院研究報告所指陳的內容，例如：「當地金融環境自由化10大城市排行」、「最具誠信道德價值觀的10大城市排行」、「最重視自主創新10大城市排行」、「當地台商享受政府自主創新的獎勵程度的10大城市排行」、「當地政府對台商智慧財產權保護10大城市排行」。

高科技、傳統及服務產業最佳10大投資城市排行分析

依據過去台商企業投資中國大陸選擇投資地點，往往依據先前台商的經驗以及早期赴中國大陸投資的台商經營績效及口碑宣傳效應，作為決策的依據，或甚至於依據中國大陸各省市招商官員給予的投資優惠或獎勵措施為考量之依歸。但依TEEMA 2006報告顯示，台商企業投資中國大陸目前傾向於依據自身企業所屬之「產業屬性」或「產業特質」作為選擇投資地點的最終考量，TEEMA 2006根據「高科技產業」、「傳統產業」與「服務業」3種產業類型，分析出台商投資最佳的城市，發現有極大的差異。因此，佈局中國大陸不能只是「一般屬性」投資常識，而必須依自身的產業條

件與特色選擇最適的投資地點，依TEEMA 2006的報告顯示：

1. 台商「高科技產業」投資最佳地點分別為：(1)蘇州工業區、(2)蘇州市區、(3)寧波北侖區；(4)杭州蕭山；(5)天津濱海區；(6)廈門島外；(7)上海浦東；(8)北京亦庄；(9)南京江寧；(10)蘇州昆山。

2. 台商「傳統產業」投資最佳地點分別為：(1)蘇州昆山；(2)揚州；(3)寧波奉化；(4)濟南；(5)威海；(6)珠海；(7)廊坊；(8)天津市區；(9)嘉興；(10)無錫宜興；

3. 台商「服務產業」投資最佳地點分別為：(1)蘇州市區；(2)廈門島內；(3)昆明；(4)無錫市區；(5)上海閔行；(6)寧波餘姚；(7)上海市區；(8)大連；(9)成都；(10)青島。

表20-15 TEEMA 2006台商高科技、傳統業、服務投資最佳10大城市排行

排名	❶高科技產業	❷傳統產業	❸服務產業
❶	蘇州工業區	蘇州昆山	蘇州市區
❷	蘇州市區	揚　州	廈門島內
❸	寧波北侖區	寧波奉化	昆　明
❹	杭州蕭山	濟　南	無錫市區
❺	天津濱海區	威　海	上海閔行
❻	廈門島外	珠　海	寧波餘姚
❼	上海浦東	廊　坊	上海市區
❽	北京亦庄	天津市區	大　連
❾	南京江寧	嘉　興	成　都
❿	蘇州昆山	無錫宜興	青　島

資料來源：本研究整理

第五篇

結論與建言——
TEEMA 2006報告總結與心聲

第21章

TEEMA 2006 報告「發現」與「趨勢」

TEEMA 2006調查報告從投資中國大陸台商2,137份有效調查問卷的統計分析，加上對中國大陸重要台商協會會長及其協會重要幹部深度訪談，並參考相關全球研究中國大陸經貿發展重要論著及相關權威研究機構年度中國專題研究報告，TEEMA 2006調查報告歸納出台商企業在中國大陸投資10項重要投資趨勢，茲分述如下：

1. 台商西進由佈局「珠三角」、扎根「長三角」到北擴「環渤海」

2006年列入TEEMA報告的極力推薦的20個A級城市，有12個城市屬於長三角的華東地區，而以華北跟東北為核心的環渤海灣地區今年總計有4個城市列入極力推薦。即天津濱海開發區(A07)、北京亦庄開發區(A10)、濟南(A15)和大連(A19)。換言之，列入極力推薦的城市還是以長三角為重心，尤其具有「全球電子巢」美譽的「蘇、錫、常、鎮、寧」的高科技產業帶，更是台商極力推薦的重點城市。其中大蘇州地區就包含了：蘇州工業區(A01)、蘇州昆山(A03)、蘇州市區(A06)和蘇州新區(A11)四個縣級市區進入極力推薦城市之名單。尤其TEEMA 2006調查報告發現，在環渤海地區的城市之中，以山東4個城市都進入「極力推薦」或「值得推薦」的等級之中，分別是：濟南(A15)、青島(B01)、威海(B06)、煙台(B11)，顯示山東半島城市群發展計畫已得到台商投資的認同。今年首次入榜的河北廊坊(B05)位於全球所謂的「黃金科技帶」，即從北京中關村、北京亦庄開發區經廊坊、石家莊到京津塘高速公路的天津濱海區，此一走廊已成為全球未來投資環渤海地區重要的黃金科技走廊，顯示未來「環渤海經濟圈」以及「黃金科技走廊」的投資潛力。

2. 台商投資選擇由「大城市概念」調整為重視「高新開發區」的趨勢

2006年列入TEEMA報告的極力推薦的20個A級城市，有7個城市屬於工業區或高新技術開發區的城市概念，顯示台商投資中國大陸重視的是產業群聚效應、完整的產業價值鏈配套以及快速的供應鏈，因此在極力投資城市中屬於工業區或高新技術開發區的城市有蘇州工業區(A01)、寧波北侖區(A02)、蘇州昆山(A03)、天津濱海開發區(A07)、北京亦庄開發區(A10)、蘇州新區(A11)、上海閔行(A12)，顯示未來台商投資中國大陸的趨勢不再是一個大城市的概念，而是重視在完整的工業區或高新技術開發區的明確產業屬性定位。

3.台商投資評價出現「投資環境力」、「投資風險度」雙漲現象

　　TEEMA 2006調查報告其中有一重要發現，那就是2006台商對80個列入評比的城市投資環境力評價(3.41)比2005年(3.32)高出0.09，顯示中國大陸投資環境2006年比2005年優，換言之，就投資的角度而言，是具有高度的吸引力以及未來機會占有率。但是從投資風險度剖析發現，2006年台商對80個列入評比的城市投資風險度評價(2.50)比2005年(2.40)高出0.10，顯示中國大陸投資風險度變差，換言之，就是從投資的角度來看，2006比2005投資風險增加了。這個現象是TEEMA從2000到2005前6年的調查報告中從未見過之現象。一般而言，應該是投資環境力與投資風險度成反比，環境力越好，風險度越低才對，但此次的「雙漲現象」顯示中國大陸投資雖然充滿機會，但相對的風險也提高了。未來台商佈局中國必須謹慎爲之，不能再用「常識」、「膽識」進中國，而必須秉持「知識」、「共識」逐鹿中原。

4.中國大陸「法制環境」逐漸改善，不再成為台商評價最低的構面

　　TEEMA 2000-2005歷經前6年的調查報告顯示，不管從投資環境力的7大構面或是從投資風險度的4大構面分析，向來「法制環境」、「法制風險」的評價都是上述構面中最低的，但是TEEMA 2006調查顯示在投資環境力的7大構面中法制風險已從2005年的第7位(3.23)提昇到2006年的第3位(3.39)，而提高的比例達0.16，是2005到2006投資環境力的7大構面進步最大的構面，而「社會環境」的評價則在下降之中。就投資風險度4大構面而言，2006「法制風險」首先優於了「經營風險」、「經濟風險」而不再是歷年位居風險指標最高的構面，顯示中國大陸政府逐步完善法制環境，此對台商未來穩健佈局中國大陸將具有可持續發展競爭優勢。但實務上，公檢法系統另成體系，台商糾紛若遭受不公平待遇，台辦系統較難予以協助。

5.台商企業正戮力於掌握中國大陸「自主創新」與「自創品牌」契機

　　依TEEMA 2006調查顯示，台商企業已漸漸從利用大陸低廉勞動力的製造佈局，往服務業領域發展，包括醫院、飯店、連鎖店等業態，而且杭州市區、寧波市區、南京市區、成都、天津市區已成爲台商投資中國大陸服務業最佳的前5大城市。中國大陸「十一五」規劃，特別強調「自主創新」與「自創品牌」，因此台商佈局中國大陸應朝兩「自」戰略積極佈局，以創造持久競爭優勢。由於中國大陸具有13億人口的廣大市場，所以台商正以中國大陸作爲建構品牌的腹地，藉由品牌的形象累積，形成將來佈局全球品牌的重要試煉場。

6.台商佈局中國大陸從「一般屬性」原則朝「產業屬性」選擇投資地點

　　依據過去台商企業投資中國大陸選擇投資地點，往往依據先前台商的經驗以及早期赴中國大陸投資的台商經營績效及口碑宣傳效應，作爲決策的依據，或甚至於依據中國大陸各省市招商官員給予的投資優惠或獎勵措施爲考量之依歸。但依TEEMA 2006報告顯示，台商企業投資中國大陸目前傾向於依據自身企業所屬之「產業屬性」或「產業特質」作爲選擇投資地點的最終考量，TEEMA 2006根據「高科技產業」、「傳統產業」與「服務業」3種產業類型，分析出台商投資最佳的城市，發現有極大的差異。因此，佈局中國大陸不能只是「一般屬性」投資常識，而必須依自身的產業條件與特色選擇最適的投資地點，依TEEMA 2006的分析顯示：「高科技產業」以蘇州工業區、蘇州市區、寧波北侖區爲最優的前3個城市；「傳統產業」則選擇蘇州昆山、揚州、寧波奉化爲前3首選；而「服務產業」則是應以蘇州市區、廈門島內、昆明做爲佈局的3大首選。

7. 中國大陸城市朝「城市特色」，吸引「特定產業」之台商目標邁進

　　中國大陸對全球的招商策略已由「招商引資」向「招商選資」的思維轉變，對於過去高耗能、高污染、高勞動力以及低附加價值、低技術含量、低產業關聯度的產業已經不再青睞。中國大陸各城市紛紛建立城市的獨特競爭優勢，以吸引台商的投資，形成城市差異化策略。依TEEMA 2006報告顯示，昆明雖然名列2006中國大陸城市綜合實力排名的第53位，列入「勉予推薦」之列，但是昆明具有旅遊城市之特質，適合發展旅遊服務業，因此在2006年的調查中，昆明卻居台商企業認爲中國大陸服務業最佳10大城市綜合實力排行的第3名；換言之，中國大陸各主要的城市已開始根據自身的條件及區位的優勢，進行城市的定位。因此，台商企業在佈局中國大陸之際，必須秉持「衡外情、量己力」的原則，考量該城市的投資環境機會與威脅，衡量自身企業內部的優勢與劣勢，找出最佳的投資組合策略，爲未來在中國大陸佈局，做出最具有前瞻視野與競爭優勢的規劃。

8. 台商投資產業類別由「傳統製造產業」朝「服務連鎖產業」佈局

　　依據國際投資理論顯示，企業國際化主要的目的，初期都是爲了尋找低廉的生產基地，尋求生產成本的降低，而後則是放眼產業的分工佈局以及全球品牌的建立，進而創造附加價值的提升。台商佈局中國大陸早期以「珠三角」的「三來一補」的投資形式爲主，到目前佈局「長三角」的「產業鏈群聚」模式，但這些都是屬於傳統製造產業或是高科技製造產業。但隨著中國大陸加入WTO之後，加之中國大陸政府正積極尋求擴大內需，因此給台商企業在零售業、連鎖加盟產業、金融保險業、軟體資訊

業、顧問諮詢等服務產業極大的佈局機會與優勢，依TEEMA 2006調查報告顯示，台商製造業漸漸朝產業鏈的末端進入通路或服務銷售領域佈局，此趨勢值得台灣政府當局以及台商企業妥擬完整服務產業鏈的佈局策略。

9.「西部大開發」、「振興老東北」與「中部崛起」對台商未具吸引力

中國大陸經濟發展的板塊推移，從「東部沿海開發」到「西部大開發」、「振興老東北」與「中部崛起」，實施全面發展戰略，但從TEEMA長期城市綜合實力調查顯示，中國大陸政府提出經濟帶發展計畫當年度，都會吸引台商企業或外資企業的投資熱潮，但可能是因為當地相關部門人員的開放思維尚未形成、當地經濟條件與地理區位尚未成熟、相關配套措施尚未完備，以至於在往後推動的過程，台商的肯定評價似乎逐年下降，這可能就是期望與實際之間的落差，所造成的情緒上的評價下降主要的理由：以「西部大開發」主要的城市而言，依TEEMA 2006年調查都比2005年推薦的等級與排名下滑，諸如：重慶市區(B11→C03)、西安(B08→C21)、桂林(C12→C17)、成都(A04→A16)；若以「中部崛起」主要的城市而言，依TEEMA 2006年調查都比2005年推薦的等級與排名下滑，諸如：武漢武昌(B13→B20)、武漢漢口(B22→B27)、武漢漢陽(B27→C14)、合肥(B09→C12)、長沙(B21→C13)。此外就「振興老東北」主要的城市而言，2006年首次進入TEEMA調查報告的哈爾濱只列入「勉予推薦」之列，而遼寧的瀋陽(C01→C15)與大連(A14→A19)都呈現推薦名次下滑的現象。綜合上述分析之顯示，雖然中國大陸政府積極推動區域平衡發展策略，但是這些屬於「西部大開發」、「振興老東北」與「中部崛起」，並未獲得台商持續的青睞。

10. 台商佈局中國大陸朝向「產業群聚」效應與「平台經濟」效應發展

隨著台灣上市上櫃，集團企業進入中國大陸投資，引動上、下游產業鏈的集體西進，產生了Porter（1980）所言之產業群聚（cluster）效應，最明顯的是：(1) 蘇州地區：IT、冶金、建材、紡織產業群聚；(2) 無錫地區：光電產業群聚；(3) 南京地區：通訊電子產業群聚；(4) 鎮江地區：石化產業群聚；(5) 上海浦東：生物醫藥、微電子產業群聚；(6) 蘇州、昆山地區：筆記型電腦、手機、PCB產業群聚。台商佈局中國大陸，深知單槍匹馬的「孤膽英雄」已無法適應中國大陸快速變遷的政策環境，而產業群聚的「聯合艦隊」，方能藉由整合台商平台，創造產業整合的優勢，諸如：台商在「長三角」從關鍵零組件、模組、準系統到成品，形成完整的供應鏈體系，因此充分利用產業群聚及平台經濟效應，必能夠為台商企業佈局中國大陸創造集體價值與整合綜效（synergy）。

第22章

TEEMA 2006 報告「結論」與「總評」

TEEMA 2006延續過去6年的的成果，以「兩力」、「兩度」模式爲核心，兩力指「城市競爭力」與「投資環境力」，兩度則是指「投資風險度」與「台商推薦度」。在研究方法、問卷與抽樣設計等方面，本研究盡量維持與前6年之研究相同，以使7年之研究成果有共同的比較基礎。TEEMA 2006研究之主要研究結果分述如下：

1. 就「樣本基本資料」分析而言

TEEMA 2006年針對已經赴中國大陸投資的台灣企業母公司進行問卷調查，在回卷中城市回卷達15份以上者始列入TEEMA 2006年城市評估之列。2006年列入評估的城市有80個，總計有效回卷數爲2,137份，有關的基本資料如後：

(1) 就地區別而言：以①華東地區最多(49.70%)，其次爲：②華南地區(26.86%)；③華北地區(10.67%)。

(2) 就產業類型而言：在2006年的回卷中，以①電子電器(27.09%)最多，其次爲：②機械製造(11.37%)；③金屬製造(8.42%)；④塑膠製品(7.58%)；⑤紡織纖維(5.80%)。

(3) 就投資區位而言：於2,137份樣本中，投資區位分別爲：①經濟開發區(40.15%)；②一般市區(24.47%)；③經濟特區(7.39%)；④高新技術區(5.99%)；⑤保稅區(4.12%)。

(4) 就企業未來投資規劃而言：①「擴大對中國大陸投資生產」問卷的比例高達57.46%，比2005年的36.02%，提高21.44%；②「台灣母公司繼續生產營造」的選項，2006年達35.33%，比2005的40.84%和2004年52.50%都降低很多；③「希望回台投資」的比率，由2004(4.10%)、2005(2.70%)到2006(1.97%)，此趨勢逐年下降，實值台灣政府深思。

(5) 就兩岸三地產銷分工模式而言：台商充分利用兩岸三地的經營優勢，進行最適的分工專業化，兩岸三地的產銷分工爲：①台灣地區以接單(41.69%)、研發(37.67%)和行銷(36.78%)爲主；②大陸地區則以生產(66.59%)和出口(47.68%)爲重；③香港或第三地則以押匯(13.57%)及財務調度(9.31%)爲產銷價值鏈的重心。

2. 就「台商未來佈局」評估結果

為瞭解台商未來在中國大陸投資所面臨的升級、轉型、擴張、成長有關的策略佈局，依TEMMA 2006報告的評估結果如下：

(1) 就整體台商未來佈局城市而言：前10大城市依序是：①上海；②昆山；③蘇州；④寧波；⑤北京；⑥青島；⑦深圳；⑧天津；⑨杭州；⑩廈門。

(2) 就高科技產業的台商未來佈局而言：前10大城市依序是：①上海；②蘇州；③昆山；④寧波；⑤廈門；⑥深圳；⑦北京；⑧武漢；⑨中山；⑩無錫。

(3) 就傳統產業的台商未來佈局而言：前10大城市依序是：①上海；②昆山；③寧波；④蘇州；⑤青島；⑥深圳；⑦杭州；⑧北京；⑨天津；⑩成都。

(4) 就服務產業台商未來佈局而言：前10大城市依序是：①上海；②北京；③青島；④大連；⑤成都；⑥廈門；⑦天津；⑧杭州；⑨廣州；⑩蘇州。

3. 就「城市競爭力」評估結果

TEEMA 2006報告以中國大陸政府公布的城市統計次級資料，依據「基礎條件」、「財政條件」、「投資條件」、「經濟條件」以及「就業條件」5構面，共計16項指標評估當地的「城市競爭力」，經過研究分析顯示，TEEMA 2006中國大陸「城市競爭力」結果為：

(1) 前10個最優城市分別是：①上海市；②廣州；③北京市；④深圳；⑤天津市；⑥杭州；⑦南京；⑧武漢；⑨蘇州；⑩瀋陽。

(2) 排名最後10個城市分別為：①桂林；②漳州；③廊坊；④泰州；⑤汕頭；⑥江門；⑦揚州；⑧徐州；⑨南通；⑩惠州。

(3) 就7大經濟區域的競爭力排行則分別是：①華北地區；②華東地區；③華中地區；④華南地區；⑤東北地區；⑥西南地區；⑦西北地區。

(4) 就2006年投資環境力前10個最優的指標分別為：①「當地海、陸、空交通運輸便利程度」；②「當地生態與地理環境符合企業發展的條件」；③「當地通訊設備、網路建設完善程度」；④「未來總體發展及建設規劃完善程度」；⑤「民眾及政府歡迎台商投資設廠態度」；⑥「當地的食衣住行便利」；⑦「城市規劃、配套設施符合企業發展」；⑧「該城市未來具有經濟發展潛力的程度」；⑨「當地的市場未來發展潛力優異程度」；⑩「當地政府改善投資環境積極程度」。

(5) 就2006年投資環境力最後10個指標分別為：①「當地的專業及技術人才供應充裕程度」；②「當地的資金貸款取得便利程度」；③「當地民眾的誠信與道德觀程

度」；④「當地民眾生活素質及文化水平程度」；⑤「當地社會風氣及民眾的價值觀程度」；⑥「當地的醫療衛生條件」；⑦「污水、廢棄物處理設備完善程度」；⑧「當地的整體產業技術與研發水平」；⑨「當地的基層勞力供應充裕程度」；⑩「當地的資金匯兌及利潤匯出便利程度」。

(6) 2006比2005投資環境力進步前10個最優指標分別為：①「當地政府對智慧財產權重視的態度」；②「當地的資金貸款取得便利程度」；③「當地城市規劃、配套設施符合企業發展」；④「當地的官員操守清廉程度」；⑤「當地經濟環境促使台商經營獲利程度」；⑥「當地的專業及技術人才供應充裕程度」；⑦「當地的海關行政效率」；⑧「勞工、工安、消防、衛生行政效率」；⑨「當地解決糾紛的管道完善程度」；⑩「當地環保法規規定適宜且合理程度」。

(7) 2006比2005投資環境力退步指標，依排名分別為：①「當地水電、燃料等能源充沛的程度」；②「生態與地理環境符合企業發展的條件」；③「民眾及政府歡迎台商投資設廠態度」；④「當地海、陸、空交通運輸便利程度」；⑤「當地的食衣住行便利」；⑥「當地社會風氣及民眾的價值觀程度」；⑦「當地通訊設備、網路建設完善程度」。

4. 就「投資環境力」評估結果

TEEMA 2006報告以「自然環境」、「基礎建設」、「公共設施」、「社會環境」、「法制環境」、「經濟環境」以及「經營環境」7構面，共計49項指標，評估台商對當地城市的「投資環境力」；經過研究分析顯示，TEEMA 2006中國大陸城市「投資環境力」結果為：

(1) 前10個最優城市分別是：①蘇州工業區；②寧波北侖區；③蘇州昆山；④揚州；⑤無錫江陰；⑥杭州市區；⑦廈門島外；⑧南京市區；⑨蘇州市區；⑩北京亦庄。

(2) 排名最後10個城市分別為：①東莞樟木頭；②東莞其他；③東莞厚街；④東莞清溪；⑤東莞市區；⑥東莞長安；⑦深圳市區；⑧南通；⑨惠州；⑩東莞石碣。

(3) 7大經濟區域的「投資環境力」排行分別是：①華東地區；②華北地區；③華中地區；④華南地區；⑤東北地區；⑥西南地區；⑦西北地區。

5. 就「投資風險度」評估結果

TEEMA 2006報告以「社會風險」、「法制風險」、「經濟風險」以及「經營風險」4構面，共計32項指標，評估台商對當地城市的「投資風險度」，經過研究分析顯示，

TEEMA 2006中國城市「投資風險度」結果為：

(1) 前10個最優城市分別是：①蘇州工業區；②寧波北侖區；③蘇州昆山；④揚州；⑤杭州市區；⑥無錫江陰；⑦蘇州市區；⑧濟南；⑨天津濱海區；⑩南昌。

(2) 排名最後10個城市分別為：①東莞樟木頭；②東莞清溪；③東莞其他；④東莞厚街；⑤東莞市區；⑥東莞長安；⑦深圳市區；⑧惠州；⑨東莞石碣；⑩南通。

(3) 大陸七大經濟區域的「投資風險度」排行則分別是：①華東地區；②華北地區；③華中地區；④華南地區；⑤西南地區；⑥東北地區；⑦西北地區。

(4) 就2006年投資風險度前10個最優的指標分別為：①「經營企業維持人際網絡成本過高的風險」；②「政府違反對台商合法取得土地使用權承諾」；③「機構無法有效執行司法及仲裁結果的風險」；④「當地人身財產安全受到威脅的風險」；⑤「當地的水電、燃氣、能源供應不穩定的風險」；⑥「當地政府要求不當回饋頻繁發生的風險」；⑦「勞工抗議、抗爭事件頻繁發生的風險」；⑧「當地常以刑事方式處理經濟案件的風險」；⑨「社會治安不良造成社會秩序不穩風險」；⑩「當地跨省運輸不當收費頻繁的風險」。

(5) 就2006年投資風險度最後10個指標分別為：①「當地適任的員工招募與留用不易的風險」；②「當地的市場通路開拓困難的風險」；③「企業信用不佳，欠債追索不易的風險」；④「當地的地方稅賦政策變動頻繁的風險」；⑤「當地的原物料經營成本上漲的風險」；⑥「員工缺乏忠誠度造成人員流動率頻繁」；⑦「當地的配套廠商供應不穩定的風險」；⑧「行政命令經常變動的風險」；⑨「當地政府對台商的優惠政策無法兌現」；⑩「貨物通關受當地海關行政阻擾的風險」。

(6) 2006比2005投資風險度風險下降的前5名指標依序為：①「與當地政府協商過程難以掌控的風險」；②「當地的水電、燃氣、能源供應不穩定的風險」；③「當地員工缺乏忠誠度造成人員流動率頻繁的風險」；④「當地經營企業維持人際網絡成本過高的風險」；⑤「原地的原物料經營成本上漲的風險」。

(7) 2006比2005投資風險度風險提昇的前10名指標依次為：①「當地的市場通路開拓困難的風險」；②「政府干預台商企業經營運作的風險」；③「當地的地方稅賦政策變動頻繁的風險」；④「勞工抗議、抗爭事件頻繁發生的風險」；⑤「運輸、物流、通路狀況不易掌握的風險」；⑥「當地政府對台商的優惠政策無法兌現」；⑦「當地的配套廠商供應不穩定的風險」；⑧「行政命令經常變動的風險」；⑨「發生勞資或經貿糾紛不易排解的風險」；⑩「當地常以刑事方式處理經

濟案件的風險」；⑪「當地適任的員工招募與留用不易的風險」。

6. 就「台商推薦度」評估結果

TEEMA 2006報告以「城市競爭力」、「投資環境力」、「投資風險度」、「城市發展潛力」、「投資效益」、「國際接軌程度」、「台商權益保護」、「政府行政效率」、「內銷市場前景」以及「整體生活品質」10項指標，評估台商對當地城市的評價，以建構「台商推薦度」這一項構念(construct)，經過研究分析顯示：

(1) 台商推薦度前10個最優城市分別是：①蘇州工業區；②寧波北侖區；③揚州；④天津濱海區；⑤蘇州市區；⑥杭州市區；⑦蘇州昆山；⑧無錫江陰；⑨蘇州新區；⑩南京市區。

(2) 台商推薦度排名最後10個城市則為：①東莞樟木頭；②東莞其他；③東莞長安；④東莞清溪；⑤東莞厚街；⑥深圳市區；⑦東莞市區；⑧東莞石碣；⑨南通；⑩惠州。

7. 就「城市綜合實力」評估結果

TEEMA 2006報告秉持TEEMA「兩力」、「兩度」的評估模式，依次級資料評估而得的「城市競爭力」以及依初級調查資料統計分析而得到的「投資環境力」、「投資風險度」以及「台商推薦度」，針對這「兩力兩度」構面，分別依15%、40%、30%、15%的權重進行計算，獲致「城市綜合實力」的評價，並依此評價顯示：

(1) 2006年中國大陸列入評比的80個城市劃分為：「極力推薦」、「值得推薦」、「勉予推薦」以及「暫不推薦」四等級。2006年列入「極力推薦」的有20個城市；「值得推薦」的有28個城市；「勉予推薦」等級的有22個城市；「暫不推薦」的有10個城市，詳見表22-1所示。

(2) 中國大陸2006年「城市綜合實力」前10個最優的城市為：①蘇州工業區；②寧波北侖區；③蘇州昆山；④杭州市區；⑤無錫江陰；⑥蘇州市區；⑦天津濱海區；⑧南京市區；⑨揚州；⑩北京亦庄。

(3) 2006年「城市綜合實力」排名最後的10個城市分別為：①東莞樟木頭；②東莞其他；③東莞清溪；④東莞厚街；⑤東莞長安；⑥東莞市區；⑦惠州；⑧南通；⑨東莞石碣；⑩深圳市區。

8. 就「台商自主創新」分析而言

TEEMA 2006報告為配合中國大陸提出「十一五」規劃，特別將十一五規劃的核心：自主創新、智慧財產權保護以及誠信道德觀，以單項綜合實力的方式進行評估與

表22-1　TEEMA 2006中國大陸城市綜合實力推薦等級彙整表

推薦等級	TEEMA 2006 調查 80 個城市
A 極力推薦	蘇州工業區、寧波北崙區、蘇州昆山、　杭州市區、　無錫江陰、 蘇州市區、　天津濱海區、南京市區、　揚　州、　北京亦庄、 蘇州新區、　上海閔行、　廈門島外、　上海浦東、　濟　南、 成　都、　南　昌、　杭州蕭山、　大　連、　廣州天河
B 值得推薦	青　島、　蘇州常熟、　汕　頭、　泉　州、　廊　坊、 威　海、　常　州、　寧波市區、　天津市區、　嘉　興、 煙　台、　廈門島內、　無錫宜興、　上海其他、　珠　海、 南京江寧、　廣州市區、　北京市區、　寧波餘姚、　武漢武昌、 上海市區、　寧波奉化、　泰　州、　蘇州張家港、蘇州太倉、 中　山、　武漢漢口、　上海松江
C 勉予推薦	江　門、　上海嘉定、　重慶市區、　福州馬尾、　昆　明、 福州市區、　無錫市區、　徐　州、　蘇州吳江、　漳　州、 石家莊、　合　肥、　長　沙、　武漢漢陽、　瀋　陽、 深圳龍崗、　桂　林、　深圳寶安、　東莞虎門、　哈爾濱、 西　安、　深圳其他
D 暫不推薦	深圳市區、　東莞石碣、　南　通、　惠　州、　東莞市區、 東莞長安、　東莞厚街、　東莞清溪、　東莞其他、　東莞樟木頭

資料來源：本研究整理

排行，茲將城市排行分析如後：

(1) 就當地政府行政透明度前10個最優城市排行依序是：①蘇州工業區；②南昌；③寧波市區；④蘇州市區；⑤蘇州昆山；⑥天津濱海區；⑦南京市區；⑧揚州；⑨廈門島外；⑩廊坊。

(2) 就當地政府對台商投資承諾實現度前10個最優城市排行依序是：①蘇州工業區；②寧波北崙區；③南京市區；④威海；⑤蘇州昆山；⑥北京亦庄；⑦天津市區；⑧廈門島外；⑨南昌；⑩揚州。

(3) 就最具有誠信道德、價值觀的前10個最優城市排名，依序為：①蘇州工業區；②杭州市區；③青島；④廈門島外；⑤蘇州昆山；⑥寧波北崙區；⑦南京市區；⑧濟南；⑨揚州；⑩威海。

(4) 就當地政府最重視自主創新前10個最優城市是：①蘇州工業區、②南昌；③蘇州市區；④揚州；⑤威海；⑥天津濱海區；⑦蘇州昆山；⑧寧波北崙區；⑨蘇州新區；⑩杭州蕭山。

(5) 就當地台商享受政府自主創新獎勵程度最豐前10個最優城市排行依次爲：①蘇州市區；②蘇州工業區；③南昌；④揚州；⑤威海；⑥寧波北侖區；⑦天津濱海區；⑧蘇州昆山；⑨天津市區；⑩蘇州新區。

(6) 就當地政府對台商智慧財產權保護前10個最優城市排行爲：①蘇州工業區；②蘇州昆山；③蘇州市區；④杭州市區；⑤北京亦庄；⑥上海閔行；⑦杭州蕭山；⑧南京江寧；⑨寧波北侖區；⑩廣州市區。

依據TEEMA 2000-2006每年最終對於評估的城市提供4大類的：「極力推薦」、「值得推薦」、「勉予推薦」、「暫不推薦」4等級，茲將2000-2006 4等級的城市評價彙總表列示如表22-2所示。

表22-2　TEEMA 2000-2006中國大陸城市綜合推薦等級變遷分析

推薦度		2000	2001	2002	2003	2004	2005	2006
A 極力推薦	A01	蘇　州	蘇　州	蘇州市區	杭州蕭山	杭州蕭山	上海閔行	蘇州工業區
	A02	嘉　定	昆　山	無　錫	青　島	上海閔行	杭州蕭山	寧波北侖區
	A03	寧　波	吳　江	寧波市區	無　錫	成　都	蘇州昆山	蘇州昆山
	A04	餘　姚	餘　姚	蘇州昆山	上海市區	揚　州	成　都	杭州市區
	A05	吳　江	寧　波	杭州市區	寧波市區	徐　州	無錫江陰	無錫江陰
	A06	奉　化	無　錫	揚　州	大　連	無錫江陰	徐　州	蘇州市區
	A07	蕭　山		杭州蕭山	蘇州市區	天　津	天　津	天津濱海區
	A08			青　島	成　都	蘇州昆山	上海浦東	南京市區
	A09				杭州市區	嘉　興	揚　州	揚　州
	A10				揚　州	大　連	南　昌	北京亦庄
	A11					南　昌	濟　南	蘇州新區
	A12					汕　頭	青　島	上海閔行
	A13					濟　南	寧波市區	廈門島外
	A14					青　島	大　連	上海浦東
	A15						南京市區	濟　南
	A16						廈　門	成　都
	A17						汕　頭	南　昌
	A18						蘇州市區	杭州蕭山
	A19							大　連
	A20							廣州天河
	B01	昆　山	福　州	寧波奉化	中　山	蘇州市區	上海市區	青　島
	B02	佛　山	保　定	中　山	汕　頭	南京市區	北京市區	蘇州常熟
	B03	揚　州	惠　州	蘇州吳江	廈　門	蘇州太倉	上海松江	汕　頭

表22-2　TEEMA 2000-2006中國大陸城市綜合推薦等級變遷分析（續1）

	B04	大　連	鄭　州	上海市郊	上海寶山	寧波市區	南京江寧	泉　州
	B05	成　都	天　津	上海浦東	上海松江	漳　州	無錫市區	廊　坊
	B06	北　京	常　州	上海市區	珠　海	紹　興	泉　州	威　海
	B07	廈　門	揚　州	成　都	上海浦東	珠　海	嘉　興	常　州
	B08	清　遠	中　山	天　津	上海閔行	寧波餘姚	西　安	寧波市區
	B09	青　島	武　漢	大　連	福　州	上海松江	合　肥	天津市區
	B10	杭　州	廈　門	廈　門	上海其他	常　州	杭州市區	嘉　興
	B11	廣　州	泰　安	鄭　州	常　州	莆　田	重　慶	煙　台
	B12	武　漢	青　島	惠　州	鄭　州	上海浦東	莆　田	廈門島內
	B13	上　海	成　都	長　沙	漳　州	南　通	武漢武昌	無錫宜興
	B14	南　京	上　海	漳　州	蘇州昆山	重　慶	寧波奉化	上海其他
B	**B15**	珠　海	溫　州	南　京	濟　南	江　門	江　門	珠　海
值	**B16**	瀋　陽	行　州	桂　林	重　慶	上海市區	廣州其他	南京江寧
得	**B17**	無　錫	南　京	石家莊	瀋　陽	北京市區	常　州	廣州市區
推	**B18**	東　莞	鎮　江	汕　頭	上海嘉定	中　山	中　山	北京市區
薦	**B19**	惠　州	重　慶	瀋　陽	北　京	廈　門	南　通	寧波餘姚
	B20	深　圳	北　京	珠　海	惠　州	寧波奉化	北京其他	武漢武昌
	B21	天　津	蕭　山		武　昌	東莞厚街	長　沙	上海市區
	B22	常　州	大　連		深圳福田	蘇州吳江	武漢漢口	寧波奉化
	B23	中　山	深　圳		南　京	武　漢	寧波餘姚	泰　州
	B24		珠　海		天　津	上海其他	福州馬尾	蘇州張家港
	B25		濟　南		蘇州吳江		上海嘉定	蘇州太倉
	B26		奉　化		廣州市區		上海其他	中　山
	B27		昆　明		深圳龍崗		武漢漢陽	武漢漢口
	B28		廣　州				東莞厚街	上海松江
	B29		桂　林				珠　海	
	B30		南　寧				蘇州常熱	
	B31		南　昌					
	B32		西　安					
	B33		長　沙					
	B34		鄭　州					
	B35		石家莊					
	C01	汕　頭	汕　頭	武　漢	深圳其他	無錫市區	瀋　陽	江　門
	C02	福　州	海　口	北　京	深圳市區	杭州市區	嘉興海寧	上海嘉定
	C03	西　安	東　莞	佛　山	南　寧	桂　林	蘇州吳江	重慶市區

表22-2　TEEMA 2000-2006中國大陸城市綜合推薦等級變遷分析（續2）

等級	代碼	2000	2001	2002	2003	2004	2005	2006
C 勉予推薦	C04			濟南	鎮江	北京其他	蘇州張家港	福州馬尾
	C05			鎮江	深圳寶安	深圳龍崗	蘇州太倉	昆明
	C06			福州市區	東莞虎門	深圳寶安	泰州	福州市區
	C07			餘姚	莆田	上海嘉定	福州市區	無錫市區
	C08			常州	東莞清溪	南寧	衡陽	徐州
	C09			昆明	寧波餘姚	東莞石碣	深圳市區	蘇州吳江
	C10			溫州		昆明	廣州市區	漳州
	C11			深圳布吉		廣州市區	張家界	石家莊
	C12			廣州		東莞其他	桂林	合肥
	C13			深圳龍崗		深圳其他	岳陽	長沙
	C14			深圳		佛山	煙台	武漢漢陽
	C15			深圳寶安		長沙	東莞石碣	瀋陽
	C16			福州福清		福州市區	昆明	深圳龍崗
	C17			重慶		河源	東莞長安	桂林
	C18					東莞長安	深圳其他	深圳寶安
	C19					東莞清溪	東莞清溪	東莞虎門
	C20					深圳市區		哈爾濱
	C21							西安
	C22							深圳其他
D 暫不推薦	D01	黃岡	黃岡	南寧	佛山	惠州	惠州	深圳市區
	D02	哈爾濱	湛江	保定	泉州	東莞市區	深圳龍崗	東莞石碣
	D03			泉州	東莞石碣	東莞虎門	深圳寶安	南通
	D04			東莞	溫州	東莞樟木頭	東莞虎門	惠州
	D05			南昌	東莞市區	泉州	東莞市區	東莞市區
	D06			莆田	東莞長安	保定	東莞其他	東莞長安
	D07				東莞其他	泰州	東莞樟木頭	東莞厚街
	D08				泰州		北海	東莞清溪
	D09							東莞其他
	D10							東莞樟木頭

資料來源：本研究整理

第23章
TEEMA 2006 報告「建言」與「心聲」

依據TEEMA 2006報告的「兩力兩度」分析結果，以下分別對在中國大陸投資的台商企業、主導台商企業對中國大陸投資政策的台灣當局、吸引台商企業赴中國大陸投資的中國大陸當局以及兩岸政府可以立即解決的相關政策，提出TEEMA 2006的建言：

TEEMA 2006報告對台商之建言

1. 掌握中國大陸「十一五」契機，台商企業經營朝「微笑曲線」兩端

對於有志於經營大陸市場的台商而言，針對中國大陸提出的「十一五」規劃，值得關注的面向：首先是區域發展之規劃，中國大陸在區域協調發展上，未來五年將特別重視「成渝地區」、「京津冀地區」和「東北老工業基地」以及「城市化建設」，預料這些地區將獲得中國大陸當局更多的資源挹注及特殊的優惠政策。其次，「十一五」規劃的核心乃是「兩自戰略」，換言之就是朝「自主創新」與「自創品牌」發展，此正是微笑曲線兩端附加價值最高的地方，因此中國大陸未來產業發展特別強調企業的自主創新能力，對台商可能產生兩方面影響：一是對於投資者的技術能力和技術轉移期程，可能採取鼓勵或直接指導的方式管理；二是該項政策若能奏效，則大陸的產業升級，在國際市場的競爭力提昇，對台灣產業的國際競爭地位勢必造成更大威脅，所以台商為了保持在中國投資的持久競爭優勢，必須積極從事研發創新以及把中國大陸當成腹地發展自有品牌。

2. 創造兩岸整合綜效，發揮台商研發主導角色

依據麥肯錫(2006)發表有關於中國大陸市場的關鍵報告，這份報告是由大中華區總裁Andrew Grant歷時兩年，與超過100位到中國大陸投資的跨國企業執行長訪談，寫成名為「執行長對中國的疑問」報告，該報告預測：10年後，中國大陸將成為世界上最創新的國家之一。台商企業面對中國大陸內地企業快速崛起與戮力創新，要保持既有的優勢，應勇於與中國大陸企業進行策略聯盟，並把整合中國大陸內地企業的關係制度化與正常化，尤其台商企業擅長的是製程創新與產品創新，因此台商企業在與

中國大陸進行策略聯盟的時候，應該可以發揮研發的主導角色，創造資源共享、優勢互補的兩岸產業分工與整合綜效。

3. 由台商協會或企業集團所主導「雁群式」的投資模式，建立投資平台，規避風險

台商投資中國大陸不應再採取單打獨鬥的方式，而是應改採取聯合艦隊的思維模式，換言之，應該由台商協會或重要企業集團所主導「雁群式」的投資策略，該策略是一種可複製的多贏思維模式。首先，以台商協會進行的「雁群式」投資模式必然有較高的談判力量，而且投資風險相對的會進行有效的分散，例如建立台商工業園區，成立台商醫院，都是台商進行協會主導「雁群式」投資的最佳範例。

4. 預應中國大陸經濟轉型，台商應妥擬佈局轉型策略

面對中國大陸經濟結構的調整，台商在中國大陸的經營策略必須重新尋求突破與發展。台商在中國大陸發展長期以來主要是從事以加工或代工為主的製造業，在中國大陸經濟發生新一輪的變革後，因積極尋求跨行業發展，特別是向第3產業發展，如此才能使得大陸台商企業的投資領域能夠迅速擴大。較典型的企業包括以電子業為主的富士康、明基與滬士電子等轉向開發房地產，裕元製鞋與台達電等轉向飯店與餐飲業，頂新康師傅投資倉儲與超市，鴻海與藍天電腦等發展3C賣場。經過多年在中國大陸的投資與發展的經驗，台商企業更重視內銷市場，更重視企業的多角化發展，更重視向服務業領域滲透與擴張。台商投資領域越來越廣，服務業領域投資熱點增多。在經歷了製造業領域的投資浪潮後，台商開始向商業、物流、醫藥醫療、房地產、基礎設施、教育、文化等領域發展。

5. 敏銳掌握中國大陸服務產業崛起之「機會占有率」

台商企業逐鹿中原因重視機會占有率，而非市場占有率，繼台商企業進中國大陸投資製造與生產業之後，台商服務業更瞄準中國大陸廣大消費市場，蜂湧卡位西進，其中包括王品台塑牛排、永慶房屋、亞力山大健身中心、林莉婚紗，走國際精品路線的夏姿進駐上海外灘，掌控消費電子通路的聯強國際，也在中國大陸建立5大運籌中心。鞋類代工起家的永恩集團，在大陸自創的「達芙妮」品牌，該品牌已成為中國大陸女鞋的第一品牌，擁有2,200百家店。在台灣經營26年的亞都麗緻飯店，在蘇州興建的「Hotel One」。因此台商企業必須掌握中國大陸內銷內貿市場以及服務業的崛起，為台商在中國大陸創造新的成長動力。

6. 配合中國大陸經濟板塊的推移，台商應迅速卡位與佈局

根據非正式的統計，台商企業在中國大陸環渤海灣地區的投資僅佔大陸台商投資

總額的一成，但隨著中國大陸經濟發展板塊的移動，從昔日的長三角和珠三角，目前中國大陸「十一五」規劃的核心已明確指出環渤海經濟圈的未來投資潛力，因此，台商企業必須快速調整在中國佈局與擴張的路徑，配合中國大陸經濟板塊的推移，應迅速卡位與佈局。

7. 台商應掌握對中國大陸市場的熟悉優勢，積極自創品牌

隨著台商對中國大陸市場的熟悉程度越來越深，台商應該掌握機會自創品牌，主動拓銷大陸市場，而非將中國大陸單單只是視為一個代工生產基地，以取代過去的內銷轉出口的投資模式，擺脫代工的宿命，並積極拓展產業升級及企業產品的市場區隔。

8. 台商應積極投入科技研發及企業升級的兩岸分工模式

首先，大陸近年來因私有部分地區強調自有經濟的發展，這使得某些地方政府不再積極進行招商。因此台商未來仍應加強企業本身的科技研發發展，若不圖進步，依然僅從事固有的原料加工生產模式，將容易被大陸當地廠商所取代。此外，世界各國的企業對於中國大陸的認識程度越來越深，而這些國際大企業的科技水平高於台灣的情形下，同樣的，台商企業在中國大陸的發展容易遭到這些大廠的取代。因此本研究建議唯有加強台灣本地的研發能力，將技術提昇到國際水準，才是避免遭到取代的最佳利器。再者，利用提昇台灣的研發技術與台灣在兩岸佈局的學習曲線作為本身優勢，更可以讓國際企業願意將台灣視為進軍中國大陸的跳板，藉由技術往低處流的原理，進一步提昇台灣的國際競爭力。

TEEMA 2006報告對台灣當局之建議

1. 以自信和信任感召台商回流，避免台商出走他鄉

台商競爭力與台灣投資環境競爭力兩者間越拉越遠，例如在台灣資金操作受到層層限制或必須通過核准，因此，台商向海外金融機構融資或採取境外上市方式取得資金或乾脆就把利潤放在海外，以利未來靈活的操作運用，逐漸地台商選擇出走，甚或很多活動也不帶到台灣來，台灣的競爭力自然也會逐漸削弱。以台灣當前的投資環境來看，當企業在評估營運中心應該設在哪個地方較為有利時，分析結果大部分都傾向設在海外。當台灣企業為因應快速變動的世界經濟情勢，不斷創新靈活，卻因層層限制，延誤諸多時機與商機。

2. 擘劃台商全球佈局藍圖，引導台商企業並正確投資組合

　　近年來台商對外投資有向中國大陸集中的趨勢，2000年至2005年台商大陸投資占對外總投資金額比重從33.9%升高至71.1%；對大陸投資確實可能排擠對國內投資，2001年大陸投資金額占GDP比重為1%，2005年升高至1.8%，占國內投資比重則從5.5%升高至8.5%；且台商在大陸生產產品出口至國際市場，亦可能替代台灣產品，使得兩岸產品在國際競爭力出現「彼長我消」現象。因此，台灣政府若為避免台商對大陸投資過於集中，則應擘劃台商全球佈局圖，協助台商全球化。

3. 兩岸經貿糾紛有待政府協助台商進行法律訴訟與仲裁

　　大陸台商經常遇到許多經貿糾紛，但在尋找有關部門協助時，往往無法獲得滿意的解決，特別是當糾紛進入司法或仲裁程序後，更需要專業人士或單位的協助。建議政府應該可以成立民間的法律顧問團，其中可同時聘僱台灣的律師與大陸的律師，共同協助台商於大陸進行法律訴訟。目前，除有「台商張老師」協助解決兩岸台商經貿糾紛外，海基會設有法律顧問諮詢服務，由TEEMA 2006的調查顯示，2006年台商經貿糾紛達53.58%，比2005年的25.71%提高了27.87%，因此，由政府協助台商進行法律訴訟和糾紛仲裁已是刻不容緩矣！

4. 政府應建立兩岸穩定經貿交流之措施

　　隨著台灣加速產業科技升級的推動，以及加強擴大兩岸在產業技術上之差距，台灣政府有必要更加強兩岸經濟性協商議題之規劃，健全相關法令及加強民間經貿交流，如此，未來才能在兩岸產業分工與貿易上扮演主導角色，且能在兩岸經貿交流上，更能符合整體發展需要。

5. 加速兩岸三通以成就「立足台灣」之佈局

　　海峽兩岸由於生產結構與經濟發展階段不同，再加上文化、地緣、語言與台商赴大陸投資帶動轉出口需求的因素，兩岸轉口貿易發展熱絡。1995年以後，兩岸轉口貿易大增，對中國大陸轉口順差平均每年約達202億美元，為我國出超之主要來源；2005年兩岸進出口貿易額達717.02億美元，台灣對中國大陸的貿易依存度為19.3%，其中台灣出口估計值為517.73億美元，自大陸轉進口199.28億美元，順差318.44億美元。目前兩岸維持間接通航，多數赴大陸探親、參訪、旅遊及經商的台灣同胞，經由香港及澳門轉機，約達350萬人次。包含轉機及轉機地消費，每年累計達新台幣700億元以上。根據TEEMA研究，每人每天工作8小時，且扣除例假日，大約有5萬人浪費一年工作時間往來兩岸，前述費用與時間成本，除提昇台灣經營成本，也讓大陸、日

韓及東南亞諸國有取而代之之機會。因此,如何構建兩岸和平、穩定發展應為政府首要任務之一,且在兩岸和平對等的前提下,我方應積極進行通航談判,發揮台灣地緣與產業優勢,全力提昇台灣經濟,國家安全部分應透過協商及政治處理,延宕拖延將影響台灣企業之國際化發展,值得政府當局深思。

6. 建立現代化的金融環境,將台灣變成籌資中心

建構台灣成為亞太籌資中心,既為台灣企業經營與發展奧援,且與香港、新加坡及東京連成一線,為世界資金想進入亞太市場之鎖鑰(gateway),也避免在中國大陸金融證券市場改革後,台北證券地位居於弱勢。政府應對此議題所造成的影響及早做好因應準備。建議事項如下:(1)籌建第4股票市場,包括條件、規模與時程,但基於現實考量,有別於上市、上櫃及興櫃。(2)目前政府已有世界知名企業來台上市管理辦法,宜加強鼓勵措施促進;同時加速制訂海外包括中國大陸投資之台資企業返台上市之辦法,並制訂鼓勵政策,以擴大現有證券市場規模。(3)將人民幣列入OBU掛牌外幣,除順利台商之資金回流外,並可藉大陸經濟快速成長所需的金融服務需求,發展台灣成為亞太金融中心。(4)准許人民幣與新台幣在台進行匯兌交易。

7. 加強科技人才的培訓,放寬中國大陸科技與管理人才的輸入

科技人力資源的規劃與運用是科技發展核心,近數10年來台灣產業結構已經逐漸轉型為高科技產業,帶動產業蓬勃發展,產業規模擴充速度遠大於大學相關系所之擴充,衍生出相關工程師及技術人員嚴重不足的問題,尤其是光電人才更是欠缺。半導體、影像顯示、通訊、資訊服務、數位內容及生技等6大產業在此期間,景氣持平時科技人才缺口約為1萬人,景氣熱絡時將缺少5萬人。為解決產業科技人才不足之問題,可透過教育部門培訓、訓練機構培訓、國外延攬、國防工業儲訓等方式解決燃眉之急。因此,政府應整合相關單位資源,加強規劃培訓高科技產業所需人才。以長期而言,科技人才培育應配合經建人力規劃,視產業所需人才結構及變化,調整各科技領域之大學及研究所招生人數。短期則應結合技職教育體系及職業訓練體系,加強培訓產業所需人才,施予「在職」及「職前」訓練,使其趕上不斷創新的技術,並積極延攬中國大陸科技人才,使台灣產業得以加速發展。

8. 闢建「經濟特區」鼓勵投資

目前台灣的工業產值占GDP比重約為32.8%,較之其他先進國家40%有偏低的現象,建議在台灣闢建「經濟特區」,幫助企業在特區內,建立快速彈性的經營環境,確實執行速度創新經營理念,減緩企業外移,甚至可帶動部分外移中國大陸的台商企

業回流。而經濟特區應具有的特色包括：(1)大量引進可降低資本的外勞；(2)規劃類似加工出口區，以單一服務窗口與配套措施，管理外勞，減緩社會衝擊；(3)廣納大陸在內的各地科技人才；(4)應建構人、事、物可自由流動經濟特區，另訂定一套「管理辦法」，以利建構台灣成為全球運籌中心邁進。

TEEMA 2006報告對大陸當局之建言

1. 大陸當局應盡速建構「法制」重於「人治」的體制

對大陸台商而言，產生投資風險最普遍之原因，就是大陸地區「人治重於法治」的情況，中央與地方政府命令不一，同一條法律，又會因人而異而有不同解釋；加上中央當局或地方政府朝令夕改的情況屢見不鮮，這些不確定性因素均造成台商無所適從，甚至徒增損失。再者，當經貿糾紛發生後，大陸政府若不能提供完善或至少公平的救濟制度，無法讓台商或外商對於大陸的司法制度有所信心，則台資或外資之流入將會障礙重重，這是許多中國大陸地方政府亟待改善首要之處。

2. 大陸當局應加強金融「自由化」、「現代化」並盡速與國際金融接軌

大陸自改革開放後，金融市場之開放亦隨之進行，雖然相較於過去，市場規模之擴大成效較明顯，但在體制及結構上，不論在銀行、證券、債券、保險都還有很大的空間。國外投資人把中國當成高效率生產平台，再把產品出口到世界各國所形成的加工貿易（process trade），是中國大陸對外貿易成長最快的部分，也是對美貿易順差的一大主因，而鉅額的貿易順差，雖然累積鉅額外匯存底，而國際貿易摩擦也日益嚴重。對中國大陸而言，最重要的挑戰是加入WTO後，透過學習外國經營、管理的方式，培養金融人才，提高其競爭力。此外，金融開放對大陸經濟也將帶來波動，使大陸在金融調控之自主能力下降，為減少弊病之產生或將衝擊降至最低，勢必要由加強金融監督及管理之能力著手，這就需要健全的法規、制度之訂定、明確的政策方向、強有力的執行力。

3. 大陸當局應重視台商智慧財產權的保護

中國大陸在2004年4月承諾採取保護台商智慧財產權的措施包括：降低對侵犯智慧財產權行動實施行政處分的門檻，持續在全國各地加強打擊盜版和仿冒的稽查行動，落實新的海關措施以打擊仿冒品的進出口活動，持續對企業和政府使用正版軟體進行檢查，並加強對公眾尊重智慧財產權的宣導工作。冀望中國大陸政府能徹底落

實，以解決台商企業在仿冒上所遭遇的困難。

4. 大陸當局應重視「商業倫理」，建設與「商業承諾」價值觀

依TEEMA報告，在台商對中國大陸投資環境力的評價中，當地民眾的誠信與道德觀程度，位居49項評估指標的倒數第3，而當地社會風氣及民眾文化事業亦是台商評價較差者。因此，爲能使台商企業永續經營並能持續發展，大陸當局應建立商業倫理的誠信體制，並重視對商業行爲的正直守諾，以減少台商在中國大陸投資過程之交易成本。

5. 大陸當局應積極鼓勵台商企業「自主創新」投入的租稅獎勵

改革開放後的中國大陸經濟發展與台商西進有高度的關聯性，隨著初期台商赴中國大陸尋求低廉的勞動力和生產成本，到如今台商企業冀求升級與轉型藉由科技創新與研發投入提昇企業的附加價值。「十一五」規劃的核心乃在於「自主創新」，因此，中國大陸政府若能將此政策針對台商予以租稅獎勵，必能使台商企業加大研發投入以及轉型升級。

6. 大陸當局盼能預應經濟成長過程基礎建設的整體配套優化

隨著中國大陸經濟快速成長，許多基礎建設無法同步跟進，造成落差，影響台商佈局內地的持續發展。近年來由於缺電、缺工造成台商企業營運上的困難，因此，建議大陸當局能預應未來產業發展的藍圖，妥擬完整的基礎建設，使台商佈局中國大陸有較穩健且長遠的規劃。

7. 大陸當局應依TEEMA報告，回應台商面臨主要問題

綜觀2000到2006年的TEEMA調查報告顯示：「當地專業及技術人才供應充裕」、「當地的資金貸款取得便利程度」、「當地的醫療衛生條件」等投資環境評估項目，都居歷年TEEMA報告的主要改善項目，但多次建言，並未見顯著性之改善，建議大陸當局應有專責單位解決台商急切希冀改善之項目，如此，才能夠大幅提高台商的投資滿意度。

8. 大陸當局應重視政策的延續性和行政透明度

政策一致，方能使企業投資持續且穩健；行政透明，則能讓企業依法行事，免除不必要的行政干預之苦。「政府干預台商企業經營運作的風險」、「當地的地方稅賦政策變動頻繁的風險」以及「當地的政府對台商的優惠政策無法兌現的風險」，已成爲2006年比2005年台商評價中國大陸投資風險上升幅度最大的前幾項指標，因此，如何解決政策的延續性和行政透明度，將是吸引台商投資的主要關鍵成功因素！

第
六
篇

殷鑑與借鏡──
台商經貿糾紛與專家智慧診斷

（感謝李永然、藍弘仁、賴文平律師提供以下案例）

中國大陸台商智慧財產權糾紛與侵權剖析

前言

中國大陸固然是世界工廠，但同時也是仿冒市場的製造中心（註1），由於中國大陸對於仿冒的執行力度不夠且處罰較輕，再加上地方保護主義的心態，導致某些地方政府為追求地區的經濟發展，而犧牲了智慧財產權人的權利（註2）。面對中國大陸的現況，台商在中國大陸的投資權益，一定不得輕忽智慧財產權的保護，謹將台商相關商標權、專利權及著作權如遭仿冒或盜版應如何預防及救濟，加以提出探討。

中國大陸當前智慧財產權保護的法律架構及主管機關

表24-1　中國大陸當前智慧財產權保護法規

保護客體	主要法規及最新修訂時間	主管機關
商標權	·商標法（1993 年第一次修訂，2001 年 10 月 27 日第二次修訂，並自 2001 年 12 月 1 日起施行） ·商標法實施細則（2002 年 9 月 15 日第三次修訂） ·最高人民法院關於審理商標民事糾紛案件適用法律若干問題的解釋（2002 年 10 月 12 日由最高人民法院審判委員會會議通過，自 2002 年 10 月 16 日起施行）	國家工商行政管理部門
專利權	·專利法（1984 年制訂，1992 年第一次修訂，2000 年 8 月 25 日第二次修訂，2001 年 7 月 1 日起施行） ·專利法實施細則（2001 年 6 月 15 日修訂） ·最高人民法院關於審理專利糾紛案件適用法律問題的若干規定（2001 年 6 月 19 日最高人民法院會議通過，自 2001 年 7 月 1 日起施行）	國家知識產權局
著作權	·著作權法（1990 年 9 月 7 日立法，1991 年 6 月 1 日起實施，2001 年 10 月 27 日第一次修正公布，自 2001 年 12 月 1 日起施行） ·著作權法實施條例（2002 年 9 月 15 日重新制訂） ·計算機軟件保護條例（2001 年 12 月 20 日修正公布，自 2002 年 1 月 1 日起施行） ·最高人民法院關於審理著作權民事糾紛案件適用法律若干問題的解釋（2002 年 10 月 12 日最高人民法院審判委員會第 1246 次會議通過）	國家版權局
智慧財產權	·知識產權海關保護條例（1995 年 7 月 5 日制訂，2003 年 11 月 26 日重訂通過，2004 年 3 月 1 日起施行）	海關總署

商標權遭侵犯的救濟

一、保護商標的基本認識

1.商品商標及服務商標的註冊

(1) 台商首須注意大陸「商標法」，將註冊商標分為「商品商標」、「服務商標」、「集體商標」及「證明商標」。茲特就「商品商標」及「服務商標」說明如下：①商品商標：自然人、法人或者其他組織對其生產、製造、加工、揀選或者經銷的商品，須取得「商標專用權」的，應當向「商標局」申請商品商標註冊。②服務商標：自然人、法人或者其他經濟組織對其提供的服務項目，須取得「商標專用權」的，應當向「商標局」申請「服務商標」註冊。

(2) 進行商標註冊還應注意以下3點：①申請註冊的商標，應當有顯著特徵，便於識別；如果標誌缺欠顯著特徵的，即不具有「顯著性」者，就不得作為商標註冊（參見大陸「商標法」第九條、第十一條第一款第（三）項）。②申請商標註冊的，應當按規定的商品或服務分類表填報使用商標的商品或服務類別和商品名稱。③註冊商標的有效期為「十年」，自核准註冊之日起計算，期滿需繼續使用的，應當在期滿前六個月內申請續展註冊（參見大陸「商標法」第三十七條、第三十八條）。

2.註冊商標的轉讓不同於許可他人使用

其次目前台商在中國大陸取得註冊商標，即享有商標專用權，可以自行使用，也可以將之轉讓他人或許可他人使用。台商務必注意註冊商標的轉讓不同於許可他人使用，現分述之如下

(1) 註冊商標的轉讓：轉讓註冊商標的，轉讓人和受讓人應當簽訂「轉讓協議」，並共同向「商標局」提出申請；受讓人應當保證使用該註冊商標的商品質量。又轉讓註冊商標提出申請經主管機關核准後，即予以「公告」；受讓人自公告之日起，才享有「商標專用權」（參見大陸「商標法」第三十九條）。

(2) 許可他人使用：依大陸「商標法」的規定，許可他人使用其註冊商標，須通過「商標使用許可合同」的簽訂；該合同並須報「商標局」備案。一旦成立上述授權，則「許可人」應當監督「被許可人」使用其註冊商標的商品質量；「被許可人」應當保證使用該註冊商標的商品質量。大陸「商標法實施細則」第三十五條更明訂：商標註冊人許可他人使用其註冊商標，必須簽訂「商標使用許可合同」，許可人和被許可人應當在許可合同簽訂之日起三個月內，將「許可合同副本」送其所在地縣級工商行政管理機關存查，由許可人報送「商標局」備案，並由商標局公告。

3. 注意馳名商標

台商在申請註冊，固然須注意商標要有「顯著性」，如缺乏顯著特徵，則不得作為商標註冊；同時就「相同或者類似商品」申請註冊的商標是複製、摹仿或者翻譯他人未在中國註冊的「馳名商標」，容易導致混淆的，不予註冊並禁止使用；又就「不相同或者不相類似商品」申請註冊的商標，是複製、摹仿或者翻譯已經在中國註冊的「馳名商標」，致使該馳名商標註冊人的利益可能受到損害的，不予註冊並禁止使用（參見中國大陸「商標法」第十二條、第十三條）。大陸所稱的「馳名商標」究竟如何認定？依中國大陸「商標法」第十四條規定：認定馳名商標應當考慮下列因素：①相關公眾對該商標的知曉程度；②該商標使用的持續時間；③該商標的任何宣傳工作的持續時間、程度和地理範圍；④該商標作為「馳名商標」受保護的記錄；⑤該商標馳名的其他因素。

4. 注意救濟的程序

再者，台商企業的商標尚未至中國大陸註冊者，竟發現有些中國企業將之申請註冊，且已經中國大陸商標局初步審定，並予以「公告」，台商如發現自己的權益受侵害，要如何救濟呢？按大陸「商標法」第三十條規定：對初步審定的商標，自公告之日起「三個月」內，任何人均可以提出「異議」；公告期滿無異議的，予以核准註冊，發給「商標註冊證」，並予公告。所以台商在進行救濟應注意以下3點：

(1) 在公告期間內提出「異議」；

(2) 提出異議必須檢具理由，如：①申請人違反誠實信用原則，以複製、模仿、翻譯等方式，將他人已為公眾熟知的商標進行註冊；②未經授權，代理人以其名義將被代理人的商標進行註冊；③侵犯他人合法的在先權利而進行註冊等等。

(3) 提出異議，如受不利的裁定，可以於收到通知之日起「十五日」內向「商標評審委員會」申請「複審」（參見大陸「商標法」第三十三條）。

二、侵犯註冊商標專用權

2001年10月修正的大陸「商標法」第五十二條規定，下列行為之一的，均屬侵犯註冊商標專用權：

1. 未經商標註冊人的許可，在同一種商品或者類似商品上使用與其註冊商標相同或者近似的商標這包括四種情形：(1)在同一種商品上使用與他人註冊商標相同的商標的；(2)在同一種商品上使用與他人註冊商標近似的商標的；(3)在類似商品上使用

與他人註冊商標相同的商標的；(4)在類似商品上使用與他人註冊商標近似的商標的。通常，同種商品使用相同商標是確定無疑也相對容易的，而對於相似商品以及近似商標的判斷就比較難了。靠什麼來確定侵權的商品與註冊使用的商品是類似的？憑什麼認為此商標與彼商標近似呢？一般來說，類似商品是指在商品的原料、製作工藝、銷售場所、消費物件等方面有相同之處．如果不同的生產者使用相同的商標或者近似的商標，易使消費者誤認為該商品是同一家企業生產的不同類別產品，或者誤認為該商品生產者與商標註冊人有一定聯繫，從而產生商品生產來源誤認。好比賀年卡與明信片商品類似，制服與襯衫商品類似，果醬與葡萄乾商品類似。還有個比較簡便的方法就是去量販店看看，擺在同一個貨架或鄰近貨架的往往會被認為是類似商品。而商標標示是不是相似帶有較強的主觀性，通常是從文字的字形、讀音、涵義或者圖形的構圖及顏色或者文字與圖形的整體結構上，與註冊商標相比較，易使消費者對商品的來源產生誤認的商標。只要說會使普通消費者對商品的來源產生誤認，就有可能被認為是近似。在個案處理過程中，還會有些差別。以上情況對於投資大陸的製造商人的借鑑比較大，但是從事服務行業的台商面臨的問題就要難一些，因為要去判定自己使用的服務商標是不是與他人的服務商標近似、服務領域是不是與別人的服務為同一或相似領域相當複雜。

2. 銷售侵犯註冊商標專用權的商品：大陸舊「商標法」在追究銷售商侵犯商標權時候，要求商品經銷商必須「明知」或者「應知」其銷售行為侵犯他人註冊商標專用權。如果知道或不應該知道的話，就不能追究銷售商的責任。但是，2001年大陸「商標法」修訂中修改了這種主觀要求的判斷標準，加強了對銷售渠道的管制。只要銷售的商品是侵權商品，就要追究責任。除非銷售商證明這些商品是自己合法取得的並說明提供者，方可不承擔賠償責任。也就是說，在證明合法取得貨品並將上一家賣家供出的情形下，可以免除銷售商對被侵權人的賠償責任，不過銷售商仍要停止侵害、銷毀侵權商品。這樣的商業損失顯然也將影響銷售商。因此，銷售環節的台商企業在進貨時必須要注意做好進貨登記存檔手續，同時要不間斷跟蹤上一賣家的情況。一旦被查處有侵權嫌疑，可以將商品賣家提供出來，至於銷毀侵權商品後還能再追究賣家的責任。當然，銷售企業與其上一家賣家之間的合同簽訂就顯得特別重要。

3. 偽造、擅自製造他人註冊商標標示或者銷售偽造、擅自製造的註冊商標標示：隨著台商在大陸投資領域的擴展，其中有不少以各種變通方式涉足印刷業務。在承接商標印製過程中，務必要注意審查委託人的授權，確定該委託人是經商標權利人的委

派，要求印製註冊商標標示。此外，印製註冊商標要嚴格按照印製合同中約定的數量印製。例如：註冊人委託印製注冊商標標示10萬套，而如果印製20萬套，這多出來的10萬會因擅自製造他人註冊商標標示被認爲侵權。同時並不是任何印製公司都能承接商標印刷業務的，只有取得了工商局核發的「印製商標單位證書」後，才能開展這項業務。而且只要印製的包裝物、標籤、封籤、說明書、合格證中帶有註冊商標標示的，都需要謹愼接單；萬不可因爲有利可圖，而作出違法事情。

4. **未經商標註冊人同意，更換其註冊商標並將該更換商標的商品又投入市場**：北京1994年曾發生過「鱷魚吃楓葉」的案子，當時是北京一家鱷魚專賣店以100多人民幣的價格購進20多條「楓葉」牌西褲後，直接將「楓葉」的商標撕下換上自己的「鱷魚」商標出售。該案由於沒有「商標法」的直接規範，經過4年多的審理，第一審法院從「公平競爭的角度」作出鱷魚敗訴的判決，雙方均未上訴。如果說以前因爲法律規範欠缺導致有企業不知道自己撕下別人註冊商標是否違法，那麼現在再要採取像「鱷魚」的行爲，將毫無疑問被追究侵權責任。

5. **給他人的註冊商標專用權造成其他損害**：除了這4種侵權行爲外，大陸「商標法實施條例」以及大陸最高人民法院作出的司法解釋對因下列行爲若對他人註冊商標權造成損害，也列爲侵權行爲，將予以處罰：(1)在同一種或者類似商品上，將與他人註冊商標相同或者近似的標誌作爲商品名稱或者商品裝潢使用，誤導公眾：雖然企業在生產出商品後，有權利給這個產品命名，但是要注意的是不可以用別人的註冊商標標示作爲名稱。好比說，UMC是聯華的商標標示，如果一家電子工廠給自己生產的傘狀型芯（英文爲umbrella core）上也直接標示爲UMC，會引發法律責任。(2)故意爲侵犯他人註冊商標專用權行爲提供倉儲、運輸、郵寄、隱匿等便利條件：這種情形有可能發生在投資運營倉儲運輸類的台商企業。比如將自己的倉庫提供給別人放置侵權商品、幫別人運送僞造的商標標籤。不過這類侵權行爲是要求這些企業在幫忙的時候，主觀上是知道這些商品涉及侵犯他人註冊商標專用權的。假如他們不知或不應當知道有侵權時，是不會受法律制裁的。不過這裏所講「不知道」並非單單是說我不知道就可以了，屆時執法機構還要考量是不是在已盡應有的注意後仍無法發現商品侵權。(3)惡意註冊、使用功能變數名稱而侵犯他人註冊商標專用權：盛行的網路造成的廣告宣傳效應給企業帶來巨大商機，越來越多的企業希望建立自己的企業網站，以加強對自己企業產品的宣傳。在註冊功能變數名稱時往往使用的是自己企業註冊商標的英文或拼音。這樣，企業在進行功能變數名稱註冊時有義務要約束自己，選擇功能

變數名稱地址時應有正當理由，比如說用自己的公司名稱、商標名稱、商品名稱或其結合的音譯，不要使用與自己沒有任何關聯的字樣。而且，一旦註冊了功能變數名稱後要及時使用，以免被認為是沒有理由註冊也不打算使用的惡意註冊行為，被其他註冊商標權人要求賠償。

三、發現侵權仿冒的處理

1. 刊登警告啟事或寄律師函

2. 行政查處

　　大陸「商標法」第五十四條：對侵犯註冊商標權的行為，工商行政管理部門有權依法查處；涉嫌犯罪的，應當及時移送司法機關依法處理。大陸「商標法」第五十五條：「(一)、縣級以上工商行政管理部門根據已經取得的違法嫌疑證據或者舉報，對涉嫌侵犯他人註冊商標專用權的行為進行查處時，可以行使下列職權：①詢問有關當事人，調查與侵犯他人註冊商標專用權有關的情況；②查閱、複製當事人與侵權活動有關的合同、發票、帳簿以及其他有關資料；③對當事人涉嫌從事侵犯他人註冊商標專用權活動的場所實施現場檢查；④檢查與侵權活動有關的物品，對有證據證明是侵犯他人註冊與商標專用權的物品，可以查封或者扣押。(二)工商行政管理部門依法行使前款規定的職權時，當事人應當予以協助、配合，不得拒絕、阻擾」。

3. 司法程序

　　(1) 民事救濟：①保全措施：臨時禁令、財產保全（大陸「商標法」第五十七條第一款：商標註冊人或者利害關係人有證據證明他人正在實施，或者即將實施侵犯其註冊商標專用權的行為，如不及時制止，將會使其合法權益受到難以彌補的損害的，可以在起訴前向人民法院申請採取責令停止有關行為和財產保全的措施。）②證據保全：（大陸「商標法」第五十八條第一款：為制止侵權行為，在證據可能滅失或者以後難以取得的情況下，商標註冊人或者利害關係人可以在起訴前向人民法院申請保全證據。）。例如：台灣的宜蘭食品工業股份有限公司曾在中國大陸商標局申請"仙貝"商標註冊，核定使用商品包括：餅乾、米果、糖果、蛋捲…等，卻有大陸公司在未經台灣的宜蘭工業公司的許可，生產香米果並以「阿里仙貝」為商標名稱的米果類食品，此一行為已侵犯了台灣的宜蘭食品工業公司之商標專用權，宜蘭食品工業公司乃向湖南長沙市中級人民法院依「侵權行為」，請求救濟，並獲勝訴判決。（註3）由上述一例，可知台商是可透過司法途徑進行民事救濟。

(2) 刑事救濟：①大陸「刑法」第二百一十三條：未經註冊商標所有人許可，在同一種商品上使用與其註冊商標相同的商標，情節嚴重的，處三年以下有期徒刑或者拘役，併處或者單處罰金；情節特別嚴重的，處三年以上七年以下有期徒刑，併處罰金。②大陸「刑法」第二百一十四條：銷售明知是假冒註冊商標的商品，銷售金額數額較大的，處三年以下有期徒刑或者拘役，併處或者單處罰金；銷售金額數額巨大的，處三年以上七年以下有期徒刑，併處罰金。③大陸「刑法」第二百一十五條：偽造、擅自製造他人註冊商標標示或者銷售偽造、擅自製造的註冊商標標示，情節嚴重的，處三年以下有期徒刑、拘役或者管制，併處或者單處罰金；情節特別嚴重的，處三年以上七年以下有期徒刑，併處罰金。大陸「刑法」第二百二十條：單位犯本節第二百一十三條至第二百一十九條規定之罪的，對單位判處罰金，並對其直接負責的主管人員和其他直接責任人員，依照本節各該條的規定處罰。

專利權遭侵犯的救濟

一、保護專利的基本認識

1. 申請專利不服駁回申請之決定的救濟

(1) 向「專利覆審委員會」請求覆審：按中國「專利法」第四十一條第一款規定：國務院專利行政部門設立「專利覆審委員會」。專利申請人對國務院專利行政部門駁回申請的決定不服的，可以自收到通知之日起「三個月」內，向「專利覆審委員會」請求覆審。「專利覆審委員會」覆審後，作出決定，並通知「專利申請人」。依該規定，台商凡向國務院專利行政部門申請「發明專利」、「實用新型專利」、「外觀設計專利」的申請人，如果對國務院專利行政部門作出的駁回其專利申請的決定不服，可以要求覆審（註4）。進行覆審應注意以下二點：①專利覆審委員會的組成：依中國「專利法實施細則」第五十八條規定：專利覆審委員會由國務院專利行政部門指定的技術專家和法律專家組成，主任委員由國務院專利行政部門負責人兼任。②覆審申請的程序：提出覆審，必須於法定期限內，向「專利覆審委員會」提交「覆審請求書」，並說明理由，必要時還應附具有關證據。如「覆審請求書」不符合規定格式的，覆審請求人應當在「專利覆審委員會」指定的期限內補正，期滿未補正的，該覆審請求視為未提出（參見大陸「專利法實施細則」第五十九條）。

(2) 向「人民法院」起訴：如果專利申請人已依前述規定提出覆審的申請，卻又對「專利覆審委員會」的「覆審決定」不服的，可以自收到通知之日起「三個月」內

向「人民法院」起訴（參見大陸「專利法」第四十一條第二款）。此一規定在原修正前「專利法」第四十三條規定：「……專利覆審委員會對申請人、專利權人或者撤銷專利權的請求人關於實用新型和外觀設計的覆審請求所作出的決定，爲終局決定。」；修正後依現行大陸「專利法」第四十一條第二款規定，則實用新型和外觀設計專利申請的覆審決定，申請人也可以像「發明專利申請人」一樣可以向人民法院起訴。因爲實用新型和外觀設計專利權與發明專利權一樣，都屬於當事人的民事權利，當事人對有關民事權利的行政決定不服的，應當允許其向法院起訴（註5）。

2. 已公告授予專利權與專利權無效的宣告

按大陸「專利法」第四十五條規定：自國務院專利行政部門公告授予專利權之日起，任何單位或者個人認爲該專利權的授予不符合本法有關規定時，可以請求「專利覆審委員會」宣告該「專利權」無效。所以已獲專利權公告，但如有他人認爲授予的專利權不符合「專利法」的有關規定，如：發明和實用新型不具有新穎性、創造性和實用性；外觀設計不具備不相同和不相近似性的；發明和實用新型公開不充分或者其權利要求書在說明書中沒有支持的；專利申請文件修改不符合規定超過規定範圍的；發明創造不符合專利定義的；有重複授權的；專利權是屬於違法、違反公德和妨害社會公共利益的；發明創造屬於科學發現等不授予專利權的範疇的；以及專利權的授予違反先申請原則的等等（註6）；即可以向「專利覆審委員會」宣告該「專利權」無效。請求宣告無效者，必須向「專利覆審委員會」提交「專利權無效宣告請求書」和必要的證據一式兩份；「無效宣告請求書」應當結合提交的所有證據，具體說明無效宣告請求的理由，並指明每項理由所依據的證據（參見大陸「專利法實施細則」第六十四條第一款）

台商遇此情況，須注意「專利覆審委員會」會將「專利權無效宣告請求書」和有關文件的副本送交專利權人；所以專利權人一旦接到之後，應於「指定的期限」內陳述意見（參見大陸「專利法實施細則」第六十七條第一款）。同時還可以請求「專利覆審委員會」進行「口頭審理」；如「專利覆審委員會」已決定對「無效宣告」請求進行「口頭審理」的，應當向當事人發出「口頭審理通知書」，告知舉行口頭審理的日期和地點；當事人應當在「通知書」指定的期限內作出「答覆」（參見大陸「專利法實施細則」第六十七條第一款、第六十九條）。

又如「專利覆審委員會」宣告專利權無效，此時顯對已獲專利權的台商不利，台商可以於收到通知之日起「三個月」內向大陸人民法院起訴（參見大陸「專利法」第

四十六條）。當事人對「專利覆審委員會」於2001年7月1日以後作出關於「實用新型、外觀設計專利」無效宣告的決定不服，向人民法院起訴的，人民法院應當受理（參見中國最高人民法院「關於審理專利糾紛案件適用法律問題的若干規定」第四條）（註7）；作出關於「發明專利」無效宣告的決定，原本就可向人民法院起訴。

3. 實施專利的許可

按中國大陸「專利法」第十二條規定：任何單位或者個人實施他人專利的，應當與專利權人訂立「書面」、「實施許可合同」，向專利權人支付「專利使用費」；被許可人無權允許合同規定以外的任何單位或者個人實施專利。基於前述規定，台商於許可他人實施自己所取得的專利，應注意以下兩點：

(1) 訂立書面的實施許可合同：此一合同應訂明被許可人、許可性質、範圍、時間、許可使用費的數額、保密條款、違約金、爭議的解決等。

(2) 將所訂立的實施許可合同申請備案：按中國大陸「國家知識產權局」於2001年12月17日公布「專利實施許可合同備案管理辦法」，並自2002年1月1日起施行。依該辦法第五條規定：當事人應當自「專利實施許可合同」生效之日起「三個月」內辦理備案手續；而辦理此一手續還應注意以下四點：①備案的主管機關係「國家知識產權局」，由該局負責全中國的專利實施許可合同的備案工作。②在大陸沒有經常居所或者營業所的外國人、外國企業或者外國其他組織在「中國大陸」辦理「專利實施許可合同」備案的，應委託「國家知識產權局」指定的「專利代理機構」辦理。③辦理專利實施許可合同備案，應提交下列文件各一式兩份：A.備案申請表：當事人應根據「專利實施許可合同」的條款，填寫專利合同備案申請表並簽字蓋章；B.合同副本；C.專利證書或者專利申請受理通知書複印本；D.「讓與人」的身份證明（註8）；E.其他文件。前述文件應當使用「中文」，用A4紙單面打印，提交的文件如係外文，當事人應在指定期限內附送「中文譯文」。④當事人如提前解除專利實施許可合同或延長合同履行期限的，也應辦理相關手續。如係解除，應在訂立專利實施許可合同的解除協議後「十日」內，持解除協議、備案證明和其他有關文件向「原備案部門」辦理「備案註銷手續」；如係延長期限，當事人應當在原專利許可實施合同履行期限屆滿「二個月」之前，持變更協議、備案證明和其他有關文件向「原備案部門」辦理「備案變更手續」。

4. 實施專利的許可與專利被宣告無效

「專利實施許可合同」是大陸「合同法」中所規定的一種「技術合同」，此一合同

是專利權人許可他人在約定範圍內實施專利技術所訂立的合同。「專利實施許可合同」不同於「專利權轉讓合同」，且專利實施許可合同按許可範圍的不同，可分為「普通實施許可合同」、「獨占實施許可合同」及「排他實施許可合同」，現分述之如下：

(1) 普通實施許可合同：是讓與人允許受讓人在合同規定之範圍內使用其專利技術，還保留讓與人自己實施和允許第三人在該範圍內實施專利技術的權利。

(2) 獨占實施許可合同：是讓與人在合同範圍內對專利技術的實施享有獨占的使用權。

(3) 排他實施許可合同：是指合同的受讓人在合同規定的地域範圍、方式或期限內享有使用讓與人的專利技術，藉以製造、銷售產品的權利。讓與人不得在已經許可受讓人實施專利之範圍內，就同一專利再與第三人訂立專利實施許可合同（註9）。

讓與人訂立了「專利實施許可合同」必須保證其專利技術的實用性與可靠性，且須維持專利的有效性。如果專利權人在訂立「專利實施許可合同」之後，發生其專利權遭中國專利局復審委員會宣告「無效」，此時應適用大陸「專利法」第四十七條第二款：「宣告專利權無效的決定，對……已經履行的專利實施許可合同和專利轉讓合同，不具有追溯力。但是因專利權人的惡意給他人造成的損失，應當給予賠償。」的規定；同時依大陸「專利法」第四十七條第三款還規定：「如果依照前款規定，專利權人或者專利權讓與人不向被許可實施專利人或者專利權受讓人返還專利使用費或者專利權轉讓費，明顯違反公平原則，專利權人或者專利權轉讓人應當向被許可實施專利權人或者專利權受讓人返還全部或者部分專利使用費或者專利權轉讓費。」（註10）

二、「假冒他人專利」與「冒充專利」的區別

大陸「專利法」第五十八條規定：假冒他人專利的，除依法承擔「民事責任」外，由管理專利工作的部門責令改正並予公告，沒收違法所得，可以併處違法所得三倍以下的罰款，沒有違法所得的，可以處五萬元以下的罰款；構成犯罪的，依法追究「刑事責任」。

冒充專利則規定於大陸「專利法」第五十九條。二者最大的區別，在於「假冒他人專利」可以有民事侵權起訴，行政機關的查處及刑事責任的追究；而「冒充專利」則僅有行政機關查處的處罰規定。（註11）

三、冒充專利的處罰

按大陸「專利法」第五十九條規定：以非專利產品冒充專利產品、以非專利方法

冒充專利方法的，由管理專利工作的部門責令改正並予公告，可以處五萬元以下的罰款。大陸國家知識產權局於1999年1月6日為查處冒充專利行為，頒有「專利管理機關查處冒充專利行為規定」。該規定中所稱的「冒充專利行為」是指任何單位或者個人為生產經營目的將非專利產品冒充專利產品或者將非專利方法冒充專利方法的行為，包括下列各項：1. 製造或者銷售標有「專利記號」的非專利產品的；2. 專利權被撤銷或者被宣告無效後，製造或者銷售標有專利標記的產品的；3. 專利權屆滿或者終止後，繼續製造或者銷貨標有專利標記的產品的（註12）；4. 為前述1.～3.之行為人印製或者提供專利標記的；5. 偽造或者變造專利證書或者其他專利文件、專利申請文件的；6. 將非專利技術稱為專利技術與他人訂立專利許可合同；7. 在廣告中將非專利技術稱為專利技術的；8. 其他將非專利產品冒充專利產品或者將非專利方法冒充專利方法的行為。

　　行為人一旦有前述「冒充專利的行為」，經調查事實清楚，証據確鑿的，則由「查處承辦人員」寫出「案件處罰決定書」，而「冒充專利行為處罰決定書」的內容會包括下列事項：1. 當事人的名稱或者姓名、地址，法定代表人或者代理人的姓名、職務；2. 認定冒充專利行為事實、證據和適用的法律、法規依據；3. 處罰決定；4. 不服處罰決定而提起「行政訴訟」的期限。

四、發現侵權仿冒的處理

1. 刊登警告啓事或寄律師

2. 函行政查處

　　大陸「專利法」第五十七條第一款規定：「未經專利權人許可，實施其專利，即侵犯其專利權，引起糾紛的，……專利權人或利害關係人，也可以請求管理專利工作的部門處理。管理專利工作的部門處理時，認定侵權行為成立的，可以責令侵權人立即停止侵權行為，當事人不服的，可以自收到處理通知之日起十五日內依照中華人民共和國行政訴訟法向人民法院起訴；侵權人期滿不起訴又不停止侵權行為的，管理專利工作的部門可以申請人民法院強制執行。……」

3. 司法程序之民事救濟

　　依大陸的「專利法」規定台商的發明創造可以在中國大陸註冊取得專利權。依大陸「專利法」的規定：「發明專利權」的期限為「二十年」；「實用新型專利權」的期限為「十年」；而「外觀設計專利權」的期限也是「十年」。專利權人的專利受保

護，任何人原則上在未經專利權人的許可，不得實施該專利；如有違反規定，即構成專利權的侵害。大陸台商的專利權在中國大陸受侵害時，大陸「專利法」第五十七條規定：未經專利權人許可，實施其專利，即「侵犯其專利權」，引起糾紛的，由當事人協商解決；不願協商或者協商不成的，專利權人或者利害關係人可以向「人民法院」起訴……。如欲藉向人民法院提起民事訴訟，進行民事救濟，應注意以下四點：

(1) 在起訴前申請責令停止有關行為和財產保全措施：首先台商應注意如何藉司法公權力停止加害人之侵犯專利的行為及進行財產保全措施。按大陸「專利法」第六十一條第一款規定：專利權人或者利害關係人有證據證明他人正在實施或者即將實施侵犯其專利權的行為，如不及時制止將會使其合法權益受到難以彌補的損害的，可以在起訴前向人民法院申請採取責令停止有關行為和財產保全的措施。台商於進行此一舉措還須注意自2001年7月1日起施行之最高人民法院「關於對訴前停止侵犯專利權行為適用法律問題的若干規定」，筆者在此要特別提醒以下三點：①前述責令停止侵犯專利權行為的申請，應當向有專利侵權案件管轄權的人民法院提出。②申請時，應向管轄人民法院以「書面申請狀」提出申請，申請狀內應載明當事人及其基本情況、申請的具體內容、範圍和理由等項；又申請的理由包括有關行為如不及時制止會使申請人合法權益受到難以彌補的損害的具體說明。③申請人提出申請時應當提供「擔保」，且該擔保如係保證、抵押等形式的擔保祇要合理、有效，人民法院也會准許。

(2) 確定管轄的人民法院：台商於處理專利權受侵犯之糾紛的案件時，進行民事訴訟，務必注意管轄的人民法院。大陸的訴訟採行「四級二審制」，四級即為：最高人民法院、高級人民法院、中級人民法院及基層人民法院。而「侵犯專利權糾紛案件」究竟由何一級法院為第一審管轄法院呢？依大陸自2001年7月1日起施行之最高人民法院「關於審理專利糾紛案件適用法律問題的若干規定」第二條規定：專利糾紛第一審案件，由各省、自治區、直轄市人民政府所在地的中級人民法院和最高人民法院指定的中級人民法院管轄。由上述規定，要提醒台商切勿誤向「基層人民法院」提起。又管轄人民法院，由「侵權行為地」或者「被告住所地」人民法院管轄，亦即被害人可以向上述法院提起訴訟。惟上述「侵權行為地」究何所指？依規定其包括：被控侵犯發明、實用新型專利權的產品的製造、使用、許諾銷售、銷售、進口等行為的實施地；專利方法使用行為的實施地，依照該專利方法直接獲得的產品的使用、許諾銷售、銷售、進口等行為的實施地；外觀設計專利產品的製造、銷售、進口等行為的實施地；假冒他人專利的行為實施地及上述侵權結果發生地。

(3) 原告須注意「檢索報告」的提出：又大陸「專利法」第五十七條第二款規定：專利侵權糾紛案件涉及「實用新型專利的」，人民法院可以要求專利權人出具由「國務院專利行政部門」作出的「檢索報告」；所以提起侵犯實用新型專利訴訟的原告，應當在起訴時出具由「國務院專利行政部門」作出的「檢索報告」（參見最高人民法院「關於審理專利糾紛案件適用法律問題的若干規定」第八條第一款）。

(4) 受害人須注意「訴訟時效」的規定：最後，在侵害專利權的訴訟案件，受害人即原告還須注意「訴訟時效」的規定。按大陸「專利法」第六十二條第一款規定：侵犯專利權的訴訟時效為「二年」，自專利權人或利害關係人得知或者應得知侵權行為之日計算。如果加害人的侵害行為已超過二年，且侵權行為已終止者固不利於原告；惟如起訴時而侵權行為仍在繼續時，又如何呢？依大陸最高人民法院「關於審理專利糾紛案件適用法律問題的若干規定」第二十三條第一款後段規定：「…權利人超過二年起訴的，如果侵犯權行為在起訴時仍在繼續，在該項專利有效期內，人民法院應當判決被告停止侵權行為，侵權損害賠償數額應當自權利人向人民法院起訴之日起向前推算二年計算。」

4. 司法程序之刑事救濟

大陸「刑法」第二百十六條：假冒他人專利，情節嚴重的，處三年以下有期徒刑或者拘役，併處或者單處罰金。大陸「刑法」第二百二十條：「單位」犯本節第二百十三條至第二百十九條規定之罪的，對「單位」判處罰金；併對其直接負責的主管人員或其他直接責任人員，依照本節各該條的規定處罰。

著作權遭侵犯的救濟

所謂「版權」，在台灣地區因為非屬法律上之用語，所以其內涵應視具體案件中當事人之真意而定，常見的情形係指「著作權」或「出版權」；大陸「著作權法」第五十六條明白規定「本法所稱的著作權即版權。」且設有「國家版權局」處理著作權相關業務，故無爭議。從1988年開始，兩岸的出版交流逐漸由間接到直接，從單向到雙向，從一般交往到實質性合作。隨著兩岸均加入WTO，大陸出版界依循大陸地區「出版管理條例」、「出版物市場管理規定」、「外商投資圖書、報紙、期刊分銷企業管理辦法」、「外商投資印刷企業管理辦法」、「著作權法」等法規，更積極開展兩岸出版界的交流與合作。

一、在大陸進行版權貿易的法律須知

1. 版權貿易：版權貿易，或著作權貿易，是指著作財產權的轉讓和許可使用。前者係指作者將自己的作品的專有使用權的一部分或全部，在法定的保護期限內移轉給他人所有的法律行為；後者則是指著作權人許可他人以一定的方式，在一定時期內和一定範圍內使用其作品的行為（註13）。

2. 著作權轉讓合同和許可合同：著作財產權的轉讓依大陸「著作權法」第二十五條規定，應訂立「書面合同」，而且合同應包含下列主要內容：(1)作品的名稱；(2)轉讓的權利種類、地域範圍；(3)轉讓價金；(4)交付轉讓價金的日期和方式；(5)違約責任；(6)雙方認為需要約定的其他內容。使用他人的作品也應當與著作權人訂立著作權許可使用合同，依大陸「著作權法」第二十四條第二款的規定，其主要內容包含：(1)許可使用的權利種類；(2)許可使用的權利是專有使用權或者非專有使用權；(3)許可使用的地域範圍、期間；(4)付酬標準和辦法；(5)違約責任；(6)雙方認為需要約定的其他內容。

二、版權貿易糾紛的處理

如前所述，不論著作權轉讓或著作權許可使用，雙方當事人均應訂立「合同」，如有因不履行合同而發生糾紛，依大陸「著作權法」第五十三條規定：當事人不履行合同義務或者履行合同義務不符合約定條件的，應當依照大陸「民法通則」、「合同法」等有關法律規定承擔「民事責任」。對於上述爭議的解決，可透過下述方式：(1)自行協商。(2)調解：依大陸「著作權法」第五十四條第一款前段規定：著作權糾紛可以調解。(3)仲裁：依大陸「著作權法」第五十四條第一款後段規定：可以根據當事人達成的「書面」仲裁協議或者「著作權合同」中的仲裁條款，向「仲裁機構」申請仲裁（註14）。(4)訴訟：依大陸「著作權法」第五十四條第二款規定：當事人沒有書面仲裁協議，也沒有在「著作權合同」中訂立仲裁條款的，可以直接向大陸地區「人民法院」起訴。

三、盜版的處理

在大陸地區，盜版須負之法律責任如下：

1. 刑事責任：涉及大陸「刑法」第二百十七條的「侵犯著作權罪」及第二百十八條的「銷售侵權複製品罪」。前者係指以營利為目的，違反「著作權法」的規定，以擅自複製發行他人作品、出版他人享有專有出版權的圖書，複製發行他人製作的音

像製品；或者製售假冒他人署名的美術作品的方式，侵犯他人著作權或與著作權有關權益，違法所得數額較大或者有其他嚴重情節的行為（註15）；後者係依大陸「刑法」第二百十八條規定：以營利為目的，銷售明知是本法第二百十七條規定的「侵權複製品」，違法所得數額巨大的，處三年以下有期徒刑或者拘役，併處或者單處罰金。

2. **民事責任**：盜版依大陸「著作權法」第四十七條規定：應當根據情況，承擔停止侵害、消除影響、賠禮道歉、賠償損失等民事責任。又計算賠償責任，依大陸「著作權法」第四十八條規定：侵權人應當按照權利人的實際損失給予賠償；實際損失難以計算的，可以按照侵權人的「違法所得」給予賠償；賠償數額還應當包括權利人為制止侵權行為所支付的合理開支。權利人的實際損失或者侵權人的違法所得不能確定的，由人民法院根據侵權行為的情形，判決給予人民幣五十萬元以上的賠償（註16）。

3. **行政責任**：如果盜版同時損害「公共利益」的，依大陸「著作權法」第四十七條規定：可以由「著作權行政管理部門」責令停止侵權行為、沒收違法所得，沒收、銷毀複製品，並可處以罰款；情節嚴重的，「著作權行政管理部門」還可以沒收主要用於製作侵權複製品的材料、工具、設備等。

四、中國大陸著作權遭侵犯救濟單位

台灣的出版商如有遭到大陸方面的盜版，除了依照上述相關法律的規定，向人民法院提出民、刑法律責任的追究外，還可透過下述方式處理：

1. **版權局的處理**：大陸地區處理知識產權侵害問題採取「雙軌制」，可同時進行「行政程序」及「司法程序」，或先採取行政程序再進行司法程序（註17）。行政程序貴在迅速。大陸「著作權法」第七條所謂之「國務院著作權行政管理部門」即「國家版權局」，主管全國的著作權管理工作；各省、自治區、直轄市人民政府亦設有版權局，為地方著作權行政管理部門，主管地方的著作權管理工作。按「有著作權法第四十七條所列侵權行為，同時損害社會公共利益的，由地方人民政府著作權行政管理部門負責查處。國務院著作權行政管理部門可以查處在全國有重大影響的侵權行為。」大陸「著作權法實施條例」第三十七條定有明文。是故著作權人遇到侵權問題，得請求版權局進行查處。如發現在大陸浙江溫州有人侵犯自己的著作權時，可以向當地的「版權局」或者「新聞出版局」提出申請，將侵權者的基本情況和侵權初步事實提請當地版權當局，請求其出面維護自己合法權益，或者浙江溫州的侵權人的侵權行為已經擴張到了福建，也可以到福建尋求侵權地的版權當局的幫助。有如訴訟管轄遵循侵

權行為地或者被告所在地的原則。另外，一般應在糾紛產生後「二年」內向有關的版權局申請處理（註18）。又解決版權當事人爭議時所產生的費用，須由當事人負擔。版權局有權為下列處置：(1)依據大陸「著作權法」第四十七條，加害人之侵權行為同時損害公共利益的，可以責令停止侵權行為，沒收違法所得，沒收、銷毀侵權複製品，並可處以罰款；情節嚴重的，還可以沒收主要用於製作侵權複製品的材料、工具、設備等。(2)依據大陸「著作權法實施條例」第三十六條，加害人之侵權行為同時損害社會公共利益的，可以處非法經營額3倍以下的罰款；非法經營額難以計算的，可以處10萬元以下的罰款。當事人對行政處罰不服的，可以按「著作權法」第五十五條規定，自收到行政處罰決定書之日起三個月內向人民法院起訴。(3)當事人收到行政處罰決定書之日起三個月內未向人民法院起訴又未履行的，版權局可以向人民法院申請執行。

　　2. **海關查扣**：依據大陸「知識產權海關保護條例」，「海關總署」獨立於行政體系之外，知識產權人得申請知識產權備案，經准予備案後，海關如發現進出口貨物有侵犯該知識產權嫌疑的，即會主動通知該知識產權人，使得該知識產權人得以申請扣留該批貨物；未經備案者，亦得於自行發現有侵權嫌疑貨物時提出扣留之申請。附帶說明，如非進出口貨物之情形，得按大陸「著作權法」第四十九條、第五十條規定「著作權人或者與著作權有關的權利人有證據證明他人正在實施或者即將實施侵犯其權利的行為，如不及時制止將會使其合法權益受到難以彌補的損害的，可以在起訴前向人民法院申請採取責令停止有關行為和財產保全的措施。大陸人民法院處理前款申請，適用大陸「民事訴訟法」第九十三條至第九十六條和第九十九條的規定。」「為制止侵權行為，在證據可能滅失或者以後難以取得的情況下，著作權人或者與著作權有關的權利人可以在起訴前向人民法院申請保全證據。人民法院接受申請後，必須在四十八小時內作出裁定；裁定採取保全措施的，應當立即開始執行。人民法院可以責令申請人提供擔保，申請人不提供擔保的，駁回申請。申請人在人民法院採取保全措施後十五日內不起訴的，人民法院應當解除保全措施。」。

其他建議

　　台灣地區出版商如在中國大陸遇上版權或盜版的問題，切勿等閒視之，建議處理方式如下：

　　1. **提高警惕**：盜版行為顯然影響正版商的利益，正版商可以成立「打擊盜版小

組」，專門關注甚至調查盜版本公司版權的行為。例如：時報公司授權上海人民出版社出版中文簡體版後，卻發現市面上還有其他大陸出版社出版《蛋白質女孩》，而上海人民出版社立即前往了解，發現這些都是沒有書號的盜版書，於是趕緊公告書友注意區別並通報政府機關予以取締。

2. **尋求救濟**：發現遭受侵害，除發出「警告函」外，還可以同時運用「行政手段」及「司法手段」進行救濟。並注意證據保全與財產保全。

3. **委託律師**：台灣地區、大陸地區的法律規定不同，如處理大陸的法律事務須要大陸律師，可以透過台灣地區熟識的律師事務所轉介或者共同處理。

（本專題內容由永然聯合法律事務所所長、中國人權協會理事長、法律119求助網創辦人李永然律師撰寫，並獲其慨然同意提供，為本書增色）

備註：

1. 參見泰德、費雪曼著、胡瑋珊譯：中國企業無限公司，頁270～289，2006年1月9日第1版二刷，時報出版公司出版。
2. 參見劉祥和撰：「台商常遭遇的知識產權及科技糾紛」乙文，載台灣區電機電子工業同業公會「2003年中國大陸經貿法令及糾紛研討會」論文集，頁21。
3. 參見王勇撰「台灣宜蘭工業股份有限公司申訴中山市中益食品有限公司和中山市東協食品廠有限公司商標侵權案」乙文，朱珍鈕主編：涉台審判實務與案例評析，頁443～449，2001年11月第1版第1刷，人民法院出版社。
4. 參見扈紀華等編著：新專利法釋義及實用問答，頁112，2000年10月第1版，人民法院出版社出版。
5. 參見賴文平、蘇孟溶合著：專利法與你，頁217～219，民國91年3月，永然文化出版股份有限公司出版。
6. 參見扈紀華等編著：新專利法釋義及實用問答，頁123，2000年10月第1版，人民法院出版社出版。
7. 參見賴文平、蘇孟溶合著：專利法與你，頁205~206，民國91年3月，永然文化出版公司出版。
8. 在此所稱的「讓與人」是指訂立專利實施許可合同的專利權人或專利申請人或其他權利人。
9. 參見劉娜娜、耿淑芬主編：合同法實務與案例評析（下）頁739~740，2002年10月第1版，中國工商出版社出版發行。
10. 參見李艷芳主編：以案說法─合同法篇，頁322~323，2001年3月第1版，中國人民大學出版社出版發行。
11. 參見賴文平撰「入世後大陸智慧財產權法令解析」乙文載中國台商投資保障促進會主辦「2002年大陸投資財經法令實務講座」論文集，頁97。
12. 依大陸「專利管理機關查處冒充專利行為規定」第三條規定：專利權屆滿或者終止後，繼續銷售專利權期限屆滿或者終止前合法製造的標有專利記號的產品的，不屬於冒充專利行為。
13. 參見王建寧、武永貴編著：著作權保護案例分析，頁162，1999年8月第1版第1次印刷，山西經濟出版社出版發行。
14. 版權貿易合約一般包括「使用方式是否專有」、「發行權範圍」、「對作品內容的要求」、「經濟條款」、「時間條款」、「查核條款」、「適用法律與仲裁條款」、「合約終止條款」等。如欲採用仲裁，則於合約內明訂「仲裁條款」。參見辛廣偉著：版權貿易與華文出版，頁114~125，2002年6月1日第1版1刷，遠流出版公司出版。
15. 參見趙秉志總主編：侵犯知識產權罪，頁92，1999年9月第1版第1刷，中國人民公安大學出版社出版發行。
16. 大陸上海市第二中級人民法院曾依該條規定，作出全大陸首例判決，判處盜版書商上海海上圖書發行部賠償權利人上海人民出版社五萬元人民幣。
17. 參見李世章、葉靜屏著：中國大陸反仿冒實務手冊，頁10，2004年10月第1版第1刷，元照出版有限公司出版。
18. 此為訴訟時效的規定。參見李世章、葉鏡屏著：前揭書，頁140。

第25章
中國大陸商業秘密法律保護問題及因應策略

前言

　　商業秘密法制的建立對於無法以專利權及著作權保護，或無法以該等法律得到充分保護的人類精神活動產物，能夠提供重要的補充規範，在大陸漸受重視，1987年11月1日實施的「技術合同法」是大陸第一部有關商業秘密的直接法律規範，不過該法使用的是非專利技術的法律概念，大陸「商業秘密」的法律用語首見於1991年「民事訴訟法」第六十六條，1992年大陸與美國間簽訂「關於保護知識產權諒解備忘錄」，約定保護商業秘密之義務後，1993年制定的「反不正當競爭法」首次明確規定「商業秘密」的意義、保護範圍及侵權法律責任，1995年國家工商行政管理總局根據反不正當競爭法頒定「關於禁止侵犯商業秘密行為的若干規定」，1997年大陸刑法增訂侵害商業秘密罪，至此大陸對於商業秘密保護的法制漸趨完備，由於大陸商業秘密保護的相關重要規定除前述法令外，並散見於司法解釋及地方法規，法制更有其特殊性，就其相關商業秘密法律保護的問題及因應策略，殊值進行瞭解及探討。

商業秘密之定義及要件

　　對於商業秘密，大陸「反不正當競爭法」第十條第三款定義為「本條所稱的商業秘密，是指不為公眾所知悉，能為權利人帶來經濟利益，具有實用性並經權利人採取保密措施的技術訊息和經營信息」，與世界大部分國家及國際公約對於商業秘密的定義已漸趨一致。分析該條規定可知大陸之商業秘密應該具備：1.秘密性；2.價值性及實用性；3.管理性三個要件：

　　1. 秘密性：秘密性可說是商業秘密最重要的要件，因為商業秘密一旦喪失秘密性，就永遠喪失權益。所謂秘密性依「關於禁止侵犯商業秘密行為的若干規定」第二條規定，是指該信息是不能從公開渠道直接獲取的，所以如果一家公司將其所有的商業秘密申請專利、發表於刊物，或為了商業目的在宣傳、研討會或展覽會場公開，或因其他管理的疏失而洩露商業秘密，都將因喪失秘密性而喪失商業秘密。

　　2. 價值性及實用性：價值性是請求損害賠償的前提，反不正當競爭法所謂能為

權利人帶來經濟利益，依「關於禁止侵犯商業秘密行爲的若干規定」第2條第3款規定：「是指該資訊……能爲權利人帶來現實的或者潛在經濟利益或者競爭優勢」，相較於TRIPS第三十九條第二款僅要求「因其秘密性而具有商業價值」，大陸對於商業秘密增加了實用性的要件，要求的標準較高，是大陸商業秘密要件的特徵，依「關於禁止侵犯商業秘密行爲的若干規定」同條規定「……具有實用性，是指該資訊具有確定的可應用性」，學者則以爲實用性是指商業秘密應該是客觀上有用的具體方案或信息，不應該是大概的原理和抽象的概念，且應能說明詳細內容和劃定明確周界，亦即可再區分爲客觀有用性、具體性及確定性，由於「實用性」增加了TRIPS及美國等國家所無之要件，迭遭批評，爲更符合國際標準和慣例，2005年1月1日施行之「最高人民法院關於審理技術合同糾紛案件適用法律若干問題的解釋」（以下簡稱「審理技術合同糾紛案件適用法律問題的解釋」）第一條第二款對技術秘密重新定義爲「指不爲公眾所知悉、具有商業價值並經權利人採取保密措施的技術資訊。」已無實用性的要求，統一了反不正當競爭法第十條和刑法第二百一十九條所確認的構成要件，不過前開解釋似可能造成商業秘密中技術信息及經營信息定義的割裂，亦即技術秘密無須具備實用性的要件，經營信息則仍需具備實用性的要件，此項變更在司法實踐上將造成如何的影響，值得後續觀察。

　　3. 管理性：依「關於禁止侵犯商業秘密行爲的若干規定」第二條第四款：「本規定所稱權利人採取保密措施，包括訂立保密協議，建立保密制度及採取其他合理的保密措施。」的規定，可知企業所採取之保密措施只要能在其特有之情況下合理的保持其秘密性即可，而非要求商業秘密之所有人應「絕對的」防止商業秘密之喪失。雖然在大陸商業密保護有一種觀點，即認爲一般的規章制度，不構成保密措施，但依1998年6月12日「國家工商行政管理局關於商業秘密構成要件問題的答復」：「權利人採取保密措施，包括口頭或書面的保密協議，對商業秘密權利人的職工或與商業秘密權利人有業務關係的他人提出保密要求等合理措施。只要權利人提出了保密要求，商業秘密權利人的職工或與商業秘密權利人有業務關係的他人知道或應該知道存在商業秘密，即爲權利人採取了合理的保密措施，職工或他人就對權利人承擔保密義務。」對於管理性的要求似乎並未如此嚴格。雖然國家工商行政管理局關於保密措施的態度寬鬆，但司法實踐上要特別注意的是有些地方法規，例如「深圳經濟特區企業技術秘密保護條例」、「珠海市企業技術秘密保護條例」及「寧波市企業技術秘密保護條例」等，對於技術秘密的管理性有更爲嚴格的規定，例如必須與員工或業務相關

人已簽有保密協議，或者提出書面的保密要求並已明確告知，甚至需經其簽名確認，亦或企業對技術秘密需明確劃定密級和範圍並已經對該秘密的存放、使用、轉移各環節採取了有效的控管措施等，有的甚至規定企業要求簽訂保密協定的員工離開企業後仍負保密義務的，企業應向該員工支付保密費，企業不按保密協議支付保密費，保密協議自行終止。相關企業對於保密措施的安排處理，應注意是否符合所在地地方法規的規定，避免權益受損。

　　大陸商業秘密要件另一個重要的疑義，是商業秘密是否須具備新穎性的要件？該問題在大陸有關技術秘密之學術研究及司法實踐都有相關討論，有學者認為反不正當競爭法並無相關規定，因此不須具備新穎性之要件，有學者則認為可將秘密性解釋為包括新穎性，即新穎性已經隱含在秘密性之中，並認為應該區別案件性質，將秘密性、新穎性分開考慮，如果被告在有關案件中之行為，屬於合法行為或不屬於明顯不正當行為，例如職工被單位解聘或下崗待業，對原單位商業秘密的認定，應該從嚴掌握，只有具有新穎性，才能構成商業秘密，被告行為明顯屬於不正當行為，對原告商業秘密的認定，應該從寬掌握，原告有關信息只要有秘密性即可，頗值參考。不過縱使新穎性是商業秘密的要件之一，新穎性也僅是一種否定式的要求，亦即有關信息不能是行業內現成的普通信息，與專利的創造性要件有明顯的不同。

商業秘密的主體

　　反不正當競爭法第十條規定：「經營者不得採用下列手段侵犯商業秘密……」，同法第二條第三款另規定：「本法所稱經營者，是指從事商品經營或者營利性質服務的法人、其他經濟組織和個人」，由兩條文對照觀之，反不正當競爭法第十條的經營者，僅指經工商登記註冊的工商企業、聯營組織和個體工商戶，如機械的依此文義解釋理解商業秘密的主體，顯過於狹隘，亦與TRIPS第三十九條規定不符，國家行政管理局「關於禁止侵犯商業秘密行為的若干規定」第二條第六款對於商業秘密之權利主體作了進一步解釋：「本規定所稱權利人，是指依法對商業秘密享有所有權或者使用權的公民、法人或者其他組織。」依最高人民法院關於適用「中華人民共和國民事訴訟法」若干問題的意見對民事訴訟法第四十九條規定的解釋，「其他組織」指合法成立、有一定的組織機構和財產，但又不具備法人資格的組織，而依大陸民法通則規定，只賦予自然人及法人民事主體資格，大陸民法通則第一百一十八條亦規定：「公民、法人的著作權（版權）、專利權、商標專用權、發現權、發明權和其他科技成果

權受到剽竊、篡改、假冒等侵害的，有權要求停止侵害，消除影響，賠償損失。」亦即僅有自然人及法人得享有民事權利及負擔民事義務，前開規定允許非權利主體之非法人單位得享有商業秘密之所有權或使用權，擴張商業秘密主體的範圍，是大陸商業秘密法制特殊之處。

商業秘密的歸屬

相較於台灣營業秘密法對雇用關係中或出資聘人研究開發營業秘密之歸屬有明確的規定，大陸之反不正當競爭法中對商業秘密的歸屬則無任何規定，實踐中一般參照專利法、合同法關於技術成果權利歸屬的規定，依大陸合同法第三百二十六條及第三百二十七條規定，職務技術成果的使用權、轉讓權屬於法人或者其他組織的，非職務技術成果的使用權、轉讓權屬於完成技術成果的個人，依前述「審理技術合同糾紛案件適用法律問題的解釋」第一條第一款規定，技術成果包括技術秘密，且一般認為對於職務關係商業秘密成果，單位投入大量的人力、物力、財力，凝聚著單位的科學決策、集體智慧、長期的經驗累積，儘管從事商業秘密的職工付出了大量的智力勞動，但單位已為此付出了相應的勞動報酬，因此，職務性商業秘密權應屬於單位。惟依據合同法體現的合同自由原則，法人或其他組織與其職工就職工在職期間或離職以後所完成的技術成果的權益有約定的，大陸司法解釋認為應當依約定認定商業秘密之歸屬。又職務技術成果雖原則屬於雇主，但依合同法第三百二十六條第一款後段規定，法人或者其他組織應當從使用和轉讓該項職務技術成果所取得的收益中提取一定比例，對完成該項職務技術成果的個人給予獎勵或者報酬，職務技術成果的完成人並享有職務技術成果之優先受讓權。

應該特別注意的，是職務商業秘密及非職務商業秘密範圍的劃分，依合同法第三百二十六條第二款之規定，職務技術成果之定義為「是執行法人或者其他組織的工作任務，或者主要是利用法人或者其他組織的物質技術條件所完成的技術成果。」依前述「審理技術合同糾紛案件適用法律問題的解釋」第二條第一款第二項規定，合同法第三百二十六條第二款所稱「執行法人或者其他組織的工作任務」包括：1. 履行法人或者其他組織的崗位職責或者承擔其交付的其他技術開發任務；2. 除法律、行政法規另有規定的者外，離職後一年內繼續從事與其原所在法人或者其他組織的崗位職責或者交付的任務有關的技術開發工作，而所謂「離職」包括退職、退休、停薪留職、開除、辭退等各種原因離開原單位的情形，依此規定職務商業秘密的範圍除在職期間

外，尚包括離職後一年內繼續從事與其原所在法人或者其他組織的崗位職責或者交付的任務有關的技術成果，對於企業較為有利，且此等時間劃分僅為權利歸屬之規定，亦即縱使職工離職超過一年，仍不得以任何方法侵害原單位之技術秘密，包括該職工離職後一年內繼續從事與其原所在單位崗位職責或者交付的任務有關的技術開發成果，對於離職職工存在雙重限制。不過前開解釋對於職務商業秘密的範圍新增了限縮，對於合同法第三百二十六條第二款所稱「主要利用法人或者其他組織的物質技術條件」，在一般司法解釋所指「全部或者大部分利用了法人或者其他組織的資金、設備、器材或者原材料等物質條件」外，另增加「並且這些物質條件對形成該技術成果具有實質性的影響」的限制，加重對技術成果的技術性貢獻因素考量，而弱化考慮物質貢獻因素，對於職工利益的保護稍有平衡作用。

另為調和離職職工及其新單位的利益，依同解釋第五條規定，個人完成的技術成果，屬於執行原所在法人或者其他組織的工作任務，又主要利用了現所在法人或者其他組織的物質技術條件的，應按照該自然人原所在和現所在法人或者其他組織達成的協定確認權益。不能達成協定的，根據對完成該項技術成果的貢獻大小由雙方合理分享，所謂合理分享如指共有技術秘密，因商業秘密與一般共有財產相比，難以分割。共有人對其只宜共同共有，難以按份共有。如不能達成協議，任何一方均有權使用該商業秘密，收益則歸使用方。但是，如果處分該商業秘密，必須經共有人一致同意，所得收益由共有人分享。

至於職務關係以外商業秘密成果之歸屬，依合同法第三百四十一條規定委託開發或者合作開發完成的技術秘密成果的使用權、轉讓權以及利益的分配辦法，當事人如果沒有約定或者約定不明確，依照同法第六十一條的規定仍不能確定的，當事人均有使用和轉讓的權利，但委託開發的研究開發人不得在向委託人交付研究開發成果之前，將研究開發成果轉讓給第三人。合同法前開規定雖然明確，卻存在法理的矛盾衝突，蓋不論是委託開發或合作開發，均僅有單一的技術秘密成果，當然亦僅有單一「轉讓」權利，無法重複讓與，該條文竟規定當事人均有轉讓的權利，又所謂「使用」包含自己使用及允許他人使用，但如允許雙方當事人同時就該等技術秘密成果以獨佔或排他使用許可的方式許可他人使用技術秘密，亦將產生權利的衝突，為此「審理技術合同糾紛案件適用法律問題的解釋」第二十條即對「當事人均有使用和轉讓的權利」予以限縮，縮小範圍為「當事人均有不經對方同意而自己使用或者以普通使用許可的方式許可他人使用技術秘密，並獨佔由此所獲利益的權利」，當事人一方將技術秘密

成果的轉讓權讓與他人，或以獨佔、排他使用許可的方式許可他人使用技術秘密，未經對方當事人同意或追認的，應認定該讓與或許可行爲無效。又考量技術開發市場中確有一些當事人雖享有技術使用權卻不具有獨立實施之技術能力，如嚴格限制其必須獨立實施，將導致當事人間利益失衡，更妨礙技術成果之轉化、應用和推廣，因此該解釋並規定技術開發合同當事人依照合同法的規定或約定自行使用技術秘密，但因其不具備獨立使用技術秘密的條件，以一個普通許可方式許可他人使用的，可以准許，該解釋對於合同法的調整寬嚴互見，對於技術開發合同雙方當事人權利義務之規範確實更屬完備。

商業秘密之轉讓與使用許可

關於商業秘密的轉讓與實施許可，反不正當競爭法亦無規定，不過大陸合同法第十八章技術合同章，定有技術轉讓合同章節，其中即包括技術秘密轉讓合同。依大陸司法解釋，所謂技術秘密轉讓合同，是指技術秘密成果的權利人或其授權的人作爲讓與人將技術秘密提供給受讓人，明確相互之間技術秘密成果使用權、轉讓權，受讓人支付價款或者使用費所訂立的合同，依大陸合同法的規定，技術秘密轉讓合同的讓與人應當按照約定提供技術資料，進行技術指導，保證技術的實用性、可靠性，承擔保密義務。技術秘密轉讓合同的受讓人應當按照約定使用技術，支付使用費，承擔保密義務。應特別注意的是，依「審理技術合同糾紛案件適用法律問題的解釋」第二十九條第一款規定，除非雙方當事人明白約定讓與人不得申請專利，技術秘密轉讓合同讓與人承擔的「保密義務」，不限制其申請專利，再參諸同解釋第二十四條第二款規定，讓與人與受讓人訂立的專利權、專利申請權轉讓合同，不影響在合同成立前讓與人與他人訂立的相關專利實施許可合同或者技術秘密轉讓合同的效力，可知技術秘密的讓與人在簽訂轉讓合同後，除可申請專利亦可將專利申請權或已取得之專利權讓與他人，此等規定對於以使用權爲標的之技術秘密轉讓合同或許並無不妥，但技術秘密轉讓合同之標的如爲轉讓權，技術秘密的讓與人在簽訂轉讓合同後，除可申請專利亦可將專利申請權或已取得之專利權讓與他人的規定，是否將造成衝突或對受讓人不公平？抑或此之轉讓權另有特殊涵義？惟不論如何，爲免權益受損，簽訂技術秘密轉讓合同之受讓人，如果轉讓合同的標的是技術秘密權本身而非使用權，對於讓與人是否可以申請專利，是否可轉讓專利申請權等事項，亦應一併約定清楚爲宜。

技術秘密也可以採取約定許可他人使用的方式，技術秘密的使用許可包括：1. 獨

佔使用許可，是指讓與人在約定許可使用技術秘密的範圍內，將該技術秘密僅許可一個受讓人使用，讓與人依約定不得使用該技術秘密；2. 排他使用許可，是指讓與人在約定許可使用技術秘密的範圍內，將該技術秘密僅許可一個受讓人使用，但讓與人依約定可以自行使用該技術秘密；3. 普通使用許可，是指讓與人在約定許可使用技術秘密的範圍內許可他人使用該技術秘密，並且可以自行使用該技術秘密。當事人對技術秘密使用許可方式沒有約定或約定不明確的，認定為普通使用許可。技術秘密使用許可合同約定受讓人可以再許可他人使用技術秘密的，認定該再許可為普通使用許可，但當事人另有約定的除外。雙方並可以約定使用技術秘密的期限、地域、方式以及接觸技術秘密的人員等的範圍，但不得限制技術競爭和技術發展。由於依「審理技術合同糾紛案件適用法律問題的解釋」第二十八條第二款的規定：當事人對使用技術秘密的期限沒有約定或者約定不明確的，受讓人使用技術秘密不受期限限制，技術秘密讓與人應明確約定使用期限。又依大陸合同法規定，對於使用技術秘密後續改進的技術成果的歸屬如未約定或者約定不明確，依照該法第六十一條的規定仍不能確定的，該技術成果歸屬於進行後續改進的一方，雙方如有相反之約定，即應明確載明於合同中，以免爭議。

商業秘密的善意取得

所謂動產的善意取得，係指動產讓與人與受讓人間，以移轉或成立動產物權為目的，由讓與人將動產交付於受讓人，縱讓與人無處分動產之權利，受讓人以善意受讓時，仍取得其物權之法律行為，大陸民法通則對於動產善意受讓的制度並無明文規定，有學者認為最高人民法院關於貫徹執行「中華人民共和國民法通則」若干問題的意見第八十九條的規定：「……第三人善意、有償取得該財產的，應當維護第三人的合法權益…。」體現了保護善意第三人利益的法律價值取向，相同的，關於第三人不知且非因重大過失不知商業秘密持有人無轉讓商業秘密的權利，受讓商業秘密之商業秘密善意取得制度，大陸相關法律亦無明確規定，則商業秘密之所有人與善意第三人間之權義關係應如何調整，在大陸的司法實踐上是一個重要問題。

由於商業秘密是無體財產權，第三人知悉或受讓商業秘密並不會影響原所有人對商業秘密包括占有在內之權益狀態，僅於第三人嗣後加以使用甚或披露，方才削弱權利人所有商業秘密在市場的競爭優勢，進而侵害其權益，因此商業秘密善意取得制度的內容，主要在於善意第三人是否可以使用或披露其善意受讓的商業秘密，就此各國

立法例有採許可說、禁止說及附條件禁止說，附條件禁止說又分為美國所採「第三人由善意變為惡意前有權使用或披露商業秘密，在受通知變為惡意後，如之前第三人已善意支付對價或已改變狀態，例如已投入大量資金準備利用該營業秘密組織生產，則可繼續使用或披露」的通知說；日本所採「善意第三人的商業秘密是通過正當交易得來，即可使用或披露，在使用中是否為善意則非所問」的保護交易說，及匈牙利所採「第三人可以使用或披露其善意取得的商業秘密，但商業秘密所有人可以在法定期限將期購買回來」的購買說。

　　大陸關於商業秘密善意取得制度則經歷了三個不同階段，已廢止之「技術合同法實施條例」第二十八條第三款規定：「侵害他人非專利技術使用權和轉讓權的合同被宣佈無效後，取得非專利技術的受讓方可以繼續使用該項技術，但應當向權利人支付合理的使用費。」依該條文規定，得繼續使用該項技術之第三人並不以善意為限，縱使該第三人係屬惡意亦得於支付合理使用費後繼續使用非專利技術，該條文亦未明文限制其使用範圍，嗣後大陸最高人民法院對於技術合同法實施條例所作之解釋「關於審理科技糾紛案件的若干問題的規定」第三十四條第二項則規定：「侵害非專利技術成果使用權、轉讓權的技術合同被確認無效後，提供技術的一方應當對侵權行為承擔責任。善意接受該項非專利技術成果的一方，可以繼續實施該項技術，但應當向權利人支付合理的使用費……。」則已明文規定得繼續使用技術之第三人以善意者為限，但仍未限制其使用範圍，「審理技術合同糾紛案件適用法律問題的解釋」第十二條第一款則規定善意取得該技術秘密的一方當事人僅可在「其取得時的範圍內」繼續使用該技術秘密，亦即依大陸現行法令，侵害他人技術秘密的技術合同被確認無效後，除法律、行政法規另有規定以外，善意取得該技術秘密的一方當事人可以在其取得時的範圍內繼續使用該技術秘密，但應當向權利人支付合理的使用費並承擔保密義務，觀察大陸關於商秘密善意取得法制之變遷，惟一不變的是善意第三人必須向權利人支付合理的對價後方得繼續使用該技術秘密，相較於前述各國立法例，誠屬特殊。又依同解釋規定，就使用費支付發生糾紛的，當事人任何一方都可以請求人民法院予以處理。繼續使用技術秘密但又拒不支付使用費的，人民法院可以根據權利人的請求判令使用人停止使用。人民法院在確定使用費時，可以根據權利人通常對外許可該技術秘密的使用費或者使用人取得該技術秘密所支付的使用費，並考慮該技術秘密的研究開發成本、成果轉化和應用程度以及使用人的使用規模、經濟效益等因素合理確定。且不論使用人是否繼續使用技術秘密，人民法院均應當判令其向權利人支付已使用期間

的使用費。使用人已向無效合同的讓與人支付的使用費應當由讓與人負責返還，規定更趨細膩。而就商業秘密善意取得，大陸某些地方法規如「深圳經濟特區企業技術秘密保護條例」有規定，相關企業應予注意。

侵害商業秘密的行為及證明

依照大陸反不正當競爭法第十條第一、二款規定，侵害商業秘密的行為可歸納為三種：1. 與商業秘密權人不存在任何關係之人，以盜竊、利誘、脅迫或其他不正當手段獲取權利人的商業秘密，並披露、使用或允許他人使用。2. 權利人的職工或與權利人有業務關係的單位和個人違反合同約定或違反權利人保守商業秘密的要求，披露、使用或允許他人使用其所掌握的權利人的商業秘密。3. 明知或應知上述兩類人之行為，但仍接受其結果，獲取、使用或披露他人的商業秘密，視為侵犯商業秘密。

根據大陸公安部經濟犯罪偵查局的統計資料顯示，大陸近來侵害商業秘密犯罪行為以企業內部人員攜密跳槽居多，並以侵害技術訊息佔多數，由於侵害商業秘密的行為較為隱密，權利人通常僅能就商業秘密的存在、侵權人有獲取商業秘密的條件等事實加以證明，但對於加害人獲取商業秘密的途徑和手段則無從知悉，難以明確證明，因此大陸在實踐中，總結出「接觸加相似」的舉證責任倒置原則，依「關於禁止侵犯商業秘密行為的若干規定」第五條第三款的規定，權利人只須證明自己擁有商業秘密，且侵權人的技術或經營信息與其商業秘密相同或實質相同，侵權人曾接觸過或有條件接觸權利人的商業秘密。如果侵權人對其使用的資訊，不能提供或拒不提供合法獲得或證明有合法來源，例如自行構思、善意受讓或反向工程等，即可認定有侵害行為，最高人民法院「關於全國部分法院知識產權審判工作座談會紀要」亦作成結論：「人民法院對於當事人的某些主張，應當根據法律並從實際情況出發，實行『舉證責任倒置』的原則，即一方對於自己的主張，由於證據被對方掌握而無法以合法手段收集證據時，人民法院應當要求對方當事人舉證。例如，在方法專利和技術秘密侵權訴訟中的被告，應當提供其使用的方法的證據，被告拒不提供證據的，人民法院可以根據查明的案件事實，認定被告是否構成侵權。」可知不管在行政查處或司法實踐上均採取「接觸加相似」的舉證責任倒置原則，大陸此種對於侵害商業秘密行為舉證責任倒置的規定，對於商業秘密權利人較為有利。

商業秘密之保護

　　對於侵害商業秘密的行為，大陸法制對於權利人提供民事、行政以及刑事三種救濟途徑，依民法通則第一百一十八條規定，權利人對於科技成果權受到剽竊、篡改、假冒等侵害的，有權可以要求停止侵害、消除影響並賠償損失。反不正當競爭法第二十條則對於賠償數額作出具體規定，即損失難以計算的，可以侵權人在侵權期間因侵權所獲得的利潤為賠償額；除此之外，侵權人並應承擔被侵害者因調查該侵害其合法權益的不正當競爭行為所支付的合理費用，如果侵害人是與權利人簽訂保密合同的職工或有業務關係的單位和個人，除了前述的侵權行為責任外，權利人另可主張違約責任，而對於非屬侵權行為亦非違約責任之行為態樣，合同法第四十三條亦有「當事人在訂立合同過程中知悉的商業秘密，無論合同是否成立，不得洩露或不正當地使用。洩露或者不正當地使用該商業秘密給對方造成損失的，應當承擔損害賠償責任。」即所謂「締約過失」賠償責任之規定。

　　對於侵害商業秘密之行為給予行政強制措施及處罰，則是大陸關於保護商業密的重要特徵，行政救濟的特色在於商業秘密權利人得迅速請求工商行政機關採取措施，有效制止侵害商業秘密行為。在緊急情況下，為防免給權利人造成不可挽回的損失，應權利人請求並由權利人出具自願對強制措施後果承擔責任的書面保證，工商行政管理機關可以採取下列措施，制止被申請人違法披露、使用、允許他人使用商業秘密：1. 扣留被申請人以不正當手段獲取載有權利人商業秘密的圖紙、軟件及其他有關資料；2. 責令被申請人停止銷售使用權利人商業秘密生產的產品。而在民事賠償外，侵權人須另受行政處罰，加重侵權人責任，亦增加對於違法行為的遏止作用，依反不正當競爭法第二十五條的規定，對於侵害商業秘密之行為，監督檢查部門可責令停止違法行為，並可根據情節之輕重，處以侵權人一元以上二十萬元以下的罰款。且工商行政管理機關在處罰時，對侵權物品可以責令並監督侵權人將載有商業秘密的圖紙、軟件及其他有關資料返還權利人，並監督侵權人銷毀使用權利人商業秘密生產的、流入市場將會造成商業秘密公開的產品。

　　而對於侵害商業秘密最有嚇阻作用者，莫過於大陸刑法第二百一十九條及第二百二十條對於侵害商業秘密人及違法單位直接負責的主管人員和其他直接責任人員課以刑事責任之規定，其突破之處，在於所規定的權利人除商業秘密的所有人外，尚包括經商業秘密所有人許可的商業秘密使用人，大陸刑法侵害商業秘密罪所定商業秘密的

要件及侵害行為的態樣與反不正當競爭法所規定者完全相同，只不過侵害行為必須達到給商業秘密權利人「造成重大損失的」，方處「三年以下有期徒刑或者拘役，併處或者單處罰金」，「造成特別嚴重後果的」，方「處三年以上七年以下有期徒刑，併處罰金」，至於判斷標準，依2004年12月22日施行的「最高人民法院、最高人民檢察院關於辦理侵犯知識產權刑事案件具體應用法律若干問題的解釋」第7條規定，對商業秘密的權利人造成損失數額在五十萬元以上的，屬於「造成重大損失」，造成損失數額在二百五十萬元以上的，屬於「造成特別嚴重後果」。又依同解釋第十五條規定，單位實施侵害商業秘密的行為，應按照個人犯罪的定罪量刑標準的三倍定罪量刑。

因應策略

　　保護知識產權已經是普世價值，且關於知識產權保護亦有諸多的國際條約或協定，各國知識產權保護法制有一定程度的一致性，與商業秘密保護有關最重要的國際協定當屬「與貿易有關的知識產權協定」（TRIPS），雖然商業秘密的保護內容，相較於專利及著作權的保護較為單純，不過由於TRIPS對於「未公開資料」（商業秘密）之保護僅有第三十九條一個條文，各國法制存有差異仍在所難免，唯有對於大陸商業秘密保護特殊之處加以了解，方可能有效具體因應，以下就前述問題提出因應策略用供參考作為結論：

　　1. 了解商業秘密構成要件，全面、恰當、準確地界定商業秘密的範圍：由於「審理技術合同糾紛案件適用法律問題的解釋」對於技術秘密重新定義，將原商業秘密應具備之實用性要件刪除，放寬技術秘密的範圍，此舉使得商業秘密中技術訊息及經營訊息的定義可能造成差異，亦將突顯實用性要件在經營訊息秘密的重要性，因此，對於大陸商業秘密中技術秘密及經營訊息要件差異以及實用性的確切內容的了解，以求能全面、恰當、準確地界定商業秘密的範圍，應是相關企業的首要課題。

　　2. 建立符合法令規定的保密措施：雖然認為一般的規章制度，不構成保密措施的觀點並不正確，不過「最高人民法院關於審理勞動爭議案件適用法律若干問題的解釋」第十九條規定：「用人單位根據勞動法第四條之規定，通過民主程序制定的規章制度，不違反國家法律、行政法規及政策規定，並已向勞動者公示的，可以作為人民法院審理勞動爭議案件的依據。」因此企業如果以規章制度作為保密措施，制訂時應通過企業工會或徵求員工的意見等民主方式制定，其內容不得違反國家法律、行政法規及政策規定，並應以包括召開職工大會，或在企業的宣傳欄中張貼公示等方式向職

工傳達，使員工知悉。企業另應特別注意的是所在地地方法規的特別規定，應依該等地方法規對於商業秘密管理性的要求確實建立保密措施，以免辛苦研究發展之商業秘密付諸流水。

3. **與職工具體約定職務商業秘密權益之歸屬**：對於職務關係技術秘密，雖然依合同法等相關法律及司法解釋，其歸屬關係尚稱明確，規定內容亦對企業較爲有利，但就商業秘密中之經營信息則無規定，其歸屬非無發生爭議的可能，似以明確約定爲宜。且依司法解釋，法人或者其他組織與其職工就職工在職期間或者離職以後所完成的技術秘密權益可由其約定，相關企業亦可就產業特性，約定符合需要之合同內容。

4. **委託開發及合作開發合同應簽訂書面並應明確約定商業秘密權之歸屬**：依大陸合同法規定，技術開發合同應採用書面形式，且開發完成的技術秘密成果的使用權、轉讓權以及利益的分配辦法，如無約定或者約定不明確，又無法協議，當事人均有使用和轉讓的權利，該等規定如非雙方當事人之原意，即應明確約定，俾免一方權益受損。

5. **向善意第三人主張應有權益**：大陸關於商業秘密善意取得制度相關法令尚屬完備，對於商業秘密所有人亦較有利，商業秘密所有人應徹底了解所有權益並依法主張。

6. **技術秘密轉讓合同應簽訂書面並應明確約定權利義務關係**：依大陸合同法規定，技術轉讓合同應採用書面形式，且依相關司法解釋，技術秘密轉讓合同的讓與人在簽訂轉讓合同後，除可申請專利亦可將專利申請權或已取得之專利權讓與他人，技術秘密的受讓人如眞意在取得技術成果的所有權，應於書面合同中明確約定雙方權利義務關係，避免權益受損。

7. **採取適當法律措施**：大陸商業秘密救濟途徑多樣，權利人可依案件具體狀況，採取適當法律措施，如有確切之證據，可採取行政救濟，迅速制止侵權行爲的繼續，避免商業秘密擴散，遭受不可挽回之損害。

8. **應於知道或者應當知道權利被侵害之日起兩年內追究**：依大陸民法通則第一百三十五及一百三十七條規定，除法律另有規定者外，向人民法院請求保護民事權利的訴訟時效期間爲二年，且訴訟時效期間從知道或者應當知道權利被侵害時起計算，此訴訟時效得規定類似台灣的消滅時效，爲免因拖延無法主張權利，應於知道或者應當知道權利被侵害之日起兩年內追究。

（本專題內容由務實法律事務所藍弘仁律師撰寫，並獲其慨然同意提供，爲本書增色）

第26章

中國大陸專利申請簡介

大陸專利法

　　大陸專利法立法於1984年，1992年進行第一次修改，而最新的專利法則在2000年8月25日經第九屆全國人大常委會第17次會議中通過了；並自2001年7月1日起施行。由於新修正之專利法有許多爭議點，必須依賴其實施細則，予以更詳細的規範，或予以補充的規定。2001年6月15日，大陸以國務院第306號令公布大陸專利法實施細則，國家知識產權局也以第78號公告，作為專利法修正後及其實施細則整個過渡辦法的依據。同時間，大陸最高人民法院也以法釋【2001】20號相應制定了「關於對訴前停止侵犯專利權行為適用法律問題的若干規定」，法釋【2001】21號「關於審理專利權糾紛案件適用法律問題的若干規定」，法釋【2004】19號「關於辦理侵犯知識產權刑事案件具體運用法律若干問題的解釋」，法釋【2004】20號「關於審理技術合同糾紛案件適用法律若干問題的解釋」，使專利糾紛的司法處理有更明確的準則，至此，大陸專利法制相關法規及配套措施終告完成。

如何申請專利，應具備哪些文件？

　　大陸專利法第三條「國務院專利行政部門負責管理全國的專利工作；統一受理和審查專利申請，依法授予專利權。省、自治區、直轄市人民政府管理專利工作的部門負責本行政區域內的專利管理工作」。大陸受理及申請專利的機構原為「專利局」，1998年大陸在國務院機構改革中將其更名為「國家知識產權局」，為國務院直屬的行政機構。

　　更名後的國家知識產權局增加了統籌協調涉外知識產權事宜的職能，並規定由其承擔原國務院知識產權辦公會議辦公室的工作，國家知識產權局將原中國專利局承擔的對專利申請的受理、審查、復審以及對無效宣告請求的審查業務委託國家知識產權局承擔，國家知識產權局專利局為國家知識產權局的下屬事業單位。因此，台商向大陸國家知識產權局申請專利後，會收到一份由「中華人民共和國國家知識產權局」具名的「專利申請受理通知書」，而該通知文內會記載有「申請人提供的專利申請國家

知識產權局專利局予以受理」文字及申請號。一般而言，一件專利申請案應備有下列文件：請求書、摘要、摘要附圖、權利要求書、說明書、說明書附圖、專利代理委託書，台商如果是以自然人的名義申請專利的可以自行申請也可以委託一般的專利代理機構辦理，如果是以法人或台灣公司名義申請的，則必須委託大陸所指定的涉外專利代理機構辦理。

大陸專利申請的審查及授證程序

專利申請受理單位會先進行程序審查，審查內容如下：1. 專利申請案是否明顯屬於專利法第五條、第二十五條或者不符合專利法第十八條、第十九條之規定。2. 申請文件的種類、數量、格式和撰寫是否符合要求。3. 有無委託書，申請人委託代理機構應簽署統一制定之格式的委託書。4. 有無繳納申請費，申請費的繳納期限是自申請日起二個月內。但是優先權要求費及申請附加費必須同時一併繳納，未於規定期限內繳足上述費用，該申請案被視為撤回。

經「受理處」審查專利申請文件符合上述要求的，則以遞交日為申請日，申請人繳納費用後，則發給申請人「受理通知書」。至此，程序審查告一段落，隨之進行的審查程序差異非常大，對於發明、實用新型、外觀設計因審查的部門不同，審查的方式也不同。1. 發明：採用「早期公開、延遲審查」制。發明專利案被受理之後，不問申請人是否提出進行實質性審查的要求，一定要自申請日起十八個月內公開，申請人也可以要求聲明提前公開。一經聲明提前公開之後，申請人則不得撤銷該聲明，大陸專利法第三十五條規定，發明專利申請自申請日起三年內，國務院專利行政部門可以依據申請人隨時提出的請求，進行實質審查，申請人若未於申請日起三年之內提出實質審查，該申請案視為自動撤回。2. 實用新型及外觀設計：大陸對於實用新型及外觀設計只進行程序審查，不進行實質審查，換言之，該申請案之發明創造是否具有實用性、是否具新穎性，不作實質性審查。如果初步審查沒有發現駁回理由的，國家知識產權局應當作出授予實用新型或外觀設計專利權的決定，並發出授予專利的通知，同時辦理繳費及發給相應的專利證書，並登記公告。

專利申請案被駁回不准的，如何提出救濟程序？

國家知識產權局作出駁回專利申請的決定包括兩種情況：一種是國家知識產權局經過初步審查後，認為發明、實用新型或者外觀設計專利申請不符合專利法的規定而

予以駁回；另一種是國家知識產權局經過實質審查後，認爲發明專利申請不符合專利法的規定而予以駁回。大陸專利法第四十一條則具體規定了其救濟程序，國務院專利行政部門設立專利復審委員會，專利申請人對國務院專利行政部門駁回申請的決定不服的，可以自收到通知之日起三個月內，向專利復審委員會請求復審。專利復審委員會復審後，作出決定，並通知專利申請人，專利申請人對專利復審委員會的復審決定不服的，可以自收到通知之日起三個月內向人民法院起訴。

根據大陸專利法的規定，國家知識產權局對其受理的專利申請應當進行初步審查或者實質審查，對不符合規定的申請，應當通知申請人，要求其在指定的期限內陳述意見，或者對專利申請進行補正或修改。在充分考慮專利申請人陳述的意見和作出的修改後，再決定是授予專利權或是作出駁回該專利申請的決定。

專利權的保護

大陸對於專利侵權行爲分爲3類，主要有直接侵權行爲、假冒他人專利的行爲，以及間接侵權行爲。專利法第五十七條「未經專利權人許可，實施其專利，即侵犯其專利權，引起糾紛的，由當事人協商解決，不願協商或者協商不成的，專利權人或者利害關係人可以向人民法院起訴，也可以請求管理專利工作的部門處理」。換言之，專利侵權糾紛可以請求行政查處，也可以向人民法院起訴。但必須特別注意的是，有關涉及實用新型專利的、人民法院或者管理專利工作的部門可以要求專利權人出具由國務院專利行政部門作出的檢索報告，至於，假冒他人專利而構成犯罪的，也可以追究刑事責任。

（本專題內容由勤業國際專利商標聯合事務所所長賴文平律師撰寫，並獲其慨然同意提供，爲本書增色）

第
七
篇

資訊與價值——
TEEMA 2006城市重要資訊揭露

第 27 章

中國大陸80個主要城市綜合實力排行

城市名稱	① 蘇州工業區		綜合指標	2006 年	95.77 分	綜合排名	A01/01	極力推薦
				2005 年	--		--	
競爭力 (15%)	項目	基礎條件	財政條件	投資條件	經濟條件	就業條件		加權平均
	分數	46.45	68.55	90.67	80.75	66.63		71.83
	排名	23	14	4	7	10		24
環境力 (40%)	項目	自然環境	基礎建設	公共設施	社會環境	法制環境	經濟環境	經營環境	加權平均
	分數	4.64	4.56	4.53	4.63	4.71	4.58	4.47	4.59
	排名	2	1	1	1	1	1	1	1
風險度 (30%)	項目	社會風險	法制風險	經濟風險	經營風險	加權平均
	分數	1.39	1.19	1.43	1.37	1.35
	排名	1	1	1	1	1
推薦度 (15%)	2006 年		加權平均	4.84	2005 年		加權平均	--
			排名	1			排名	--

城市名稱	② 寧波北侖區		綜合指標	2006 年	94.08 分	綜合排名	A02/02	極力推薦
				2005 年	--		--	
競爭力 (15%)	項目	基礎條件	財政條件	投資條件	經濟條件	就業條件		加權平均
	分數	55.78	80.15	75.90	72.63	58.87		67.91
	排名	19	10	10	12	19		35
環境力 (40%)	項目	自然環境	基礎建設	公共設施	社會環境	法制環境	經濟環境	經營環境	加權平均
	分數	4.53	4.50	4.35	4.37	4.41	4.36	4.27	4.39
	排名	3	2	2	5	3	3	3	2
風險度 (30%)	項目	社會風險	法制風險	經濟風險	經營風險	加權平均
	分數	1.47	1.33	1.55	1.50	1.47
	排名	3	2	2	2	2
推薦度 (15%)	2006 年		加權平均	4.78	2005 年		加權平均	--
			排名	2			排名	--

《 ① 蘇州工業區、② 寧波北侖區 》

城市名稱	③ 蘇州昆山		綜合指標	2006 年	92.33 分	綜合排名	A03/03	極力推薦
				2005 年	94.38 分		A03/03	極力推薦
競爭力 (15%)	項目	基礎條件	財政條件	投資條件		經濟條件	就業條件	加權平均
	分數	46.45	68.55	90.67		80.75	66.63	71.83
	排名	23	14	4		7	10	24
環境力 (40%)	項目	自然環境	基礎建設	公共設施	社會環境	法制環境	經濟環境	經營環境	加權平均
	分數	4.44	4.50	4.32	4.39	4.38	4.38	4.22	4.36
	排名	4	3	3	4	4	2	4	3
風險度 (30%)	項目	社會風險		法制風險		經濟風險		經營風險	加權平均
	分數	1.39		1.54		1.68		1.60	1.59
	排名	1		4		3		3	3
推薦度 (15%)	2006 年		加權平均	4.37	2005 年		加權平均	4.72
			排名	7			排名	3

城市名稱	④ 杭州市區		綜合指標	2006 年	91.14	綜合排名	A04/04	極力推薦
				2005 年	66.77		B10/28	值得推薦
競爭力 (15%)	項目	基礎條件	財政條件	投資條件		經濟條件	就業條件	加權平均
	分數	77.83	84.80	76.70		83,68	66.60	77.81
	排名	7	8	9		6	11	17
環境力 (40%)	項目	自然環境	基礎建設	公共設施	社會環境	法制環境	經濟環境	經營環境	加權平均
	分數	4.40	4.23	3.99	4.07	4.04	4.10	3.91	4.08
	排名	5	5	8	6	6	7	8	6
風險度 (30%)	項目	社會風險		法制風險		經濟風險		經營風險	加權平均
	分數	1.59		1.50		1.75		1.68	1.65
	排名	5		3		6		6	5
推薦度 (15%)	2006 年		加權平均	4.49	2005 年		加權平均	3.84
			排名	6			排名	23

城市名稱	⑤ 無錫江陰		綜合指標	2006 年	88.40 分	綜合排名	A05/05	極力推薦
				2005 年	91.54 分		A05/05	極力推薦
競爭力 (15%)	項目	基礎條件	財政條件	投資條件		經濟條件	就業條件	加權平均
	分數	37.15	61.60	78.23		79.60	48.00	62.72
	排名	29	17	8		8	23	40
環境力 (40%)	項目	自然環境	基礎建設	公共設施	社會環境	法制環境	經濟環境	經營環境	加權平均
	分數	4.69	4.27	4.29	4.58	4.22	4.21	4.17	4.30
	排名	1	4	4	2	5	5	5	4
風險度 (30%)	項目	社會風險		法制風險		經濟風險		經營風險	加權平均
	分數	1.73		1.69		1.83		1.76	1.73
	排名	8		6		7		7	6
推薦度 (15%)	2006 年		加權平均	4.35	2005 年		加權平均	4.64
			排名	8			排名	4

《 ③ 蘇州昆山、④ 杭州市區、⑤ 無錫江陰 》

城市名稱	⑥ 蘇州市區		綜合指標	2006 年	88.36 分	綜合排名	A06/06	極力推薦
				2005 年	78.81 分		A18/18	極力推薦

競爭力 (15%)	項目	基礎條件	財政條件	投資條件	經濟條件	就業條件	加權平均
	分數	46.45	68.55	90.67	80.75	66.63	71.83
	排名	23	14	4	7	10	24

環境力 (40%)	項目	自然環境	基礎建設	公共設施	社會環境	法制環境	經濟環境	經營環境	加權平均
	分數	4.04	4.11	4.05	3.80	3.96	4.08	3.64	3.93
	排名	9	8	7	12	10	8	16	9

風險度 (30%)	項目	社會風險	法制風險	經濟風險	經營風險	加權平均
	分數	1.67	1.80	1.85	1.63	1.74
	排名	7	9	8	5	7

推薦度 (15%)	2006 年	加權平均	4.53	2005 年	加權平均	4.01
		排名	5		排名	17

城市名稱	⑦ 天津濱海區		綜合指標	2006 年	86.67 分	綜合排名	A07/07	極力推薦
				2005 年	--		--	--

競爭力 (15%)	項目	基礎條件	財政條件	投資條件	經濟條件	就業條件	加權平均
	分數	88.18	90.60	79.80	84.83	81.33	82.77
	排名	5	5	7	5	5	15

環境力 (40%)	項目	自然環境	基礎建設	公共設施	社會環境	法制環境	經濟環境	經營環境	加權平均
	分數	3.65	3.78	3.66	3.75	3.90	3.73	3.56	3.73
	排名	22	19	16	13	11	15	25	15

風險度 (30%)	項目	社會風險	法制風險	經濟風險	經營風險	加權平均
	分數	1.75	1.75	2.03	2.03	1.93
	排名	9	8	10	10	9

推薦度 (15%)	2006 年	加權平均	4.66	2005 年	加權平均	--
		排名	4		排名	--

城市名稱	⑧ 南京市區		綜合指標	2006 年	85.88 分	綜合排名	A08/08	極力推薦
				2005 年	79.72 分		A15/15	極力推薦

競爭力 (15%)	項目	基礎條件	財政條件	投資條件	經濟條件	就業條件	加權平均
	分數	70.30	86.00	81.33	77.85	75.90	77.46
	排名	11	6	6	9	6	19

環境力 (40%)	項目	自然環境	基礎建設	公共設施	社會環境	法制環境	經濟環境	經營環境	加權平均
	分數	3.96	3.84	3.96	4.01	3.99	4.05	3.98	3.98
	排名	10	14	9	7	8	7	7	8

風險度 (30%)	項目	社會風險	法制風險	經濟風險	經營風險	加權平均
	分數	2.28	2.16	2.10	2.14	2.15
	排名	20	17	12	13	14

推薦度 (15%)	2006 年	加權平均	4.12	2005 年	加權平均	3.95
		排名	10		排名	18

《 ⑥ 蘇州市區、 ⑦ 天津濱海區、 ⑧ 南京市區 》

城市名稱	⑨ 揚州		綜合指標	2006 年	85.04 分	綜合排名	A09/09	極力推薦
				2005 年	85.66 分		A09/09	極力推薦
競爭力 (15%)	項目	基礎條件	財政條件	投資條件	經濟條件		就業條件	加權平均
	分數	22.05	18.55	25.53	23.23		28.67	24.07
	排名	40	36	36	37		36	74
環境力 (40%)	項目	自然環境	基礎建設	公共設施	社會環境	法制環境	經濟環境	經營環境	加權平均
	分數	4.32	4.23	4.20	4.46	4.53	4.24	4.29	4.35
	排名	6	5	5	3	2	2	2	4
風險度 (30%)	項目	社會風險		法制風險		經濟風險		經營風險	加權平均
	分數	1.59		1.57		1.72		1.60	1.63
	排名	5		5		5		3	4
推薦度 (15%)	2006 年		加權平均	4.70	2005 年		加權平均	4.51
			排名	3			排名	7

城市名稱	⑩ 北京亦庄		綜合指標	2006 年	84.57 分	綜合排名	A10/10	極力推薦
				2005 年	--		--	--
競爭力 (15%)	項目	基礎條件	財政條件	投資條件	經濟條件		就業條件	加權平均
	分數	91.80	97.60	92.20	87.73		94.53	91.78
	排名	1	2	2	4		1	9
環境力 (40%)	項目	自然環境	基礎建設	公共設施	社會環境	法制環境	經濟環境	經營環境	加權平均
	分數	3.79	4.05	3.92	3.90	3.80	3.79	3.84	3.85
	排名	17	9	10	9	13	11	9	10
風險度 (30%)	項目	社會風險		法制風險		經濟風險		經營風險	加權平均
	分數	2.28		2.34		2.38		2.19	2.21
	排名	20		24		22		16	16
推薦度 (15%)	2006 年		加權平均	3.88	2005 年		加權平均	--
			排名	19			排名	--

城市名稱	⑪ 蘇州新區		綜合指標	2006 年	83.90 分	綜合排名	A11/11	極力推薦
				2005 年	--		--	--
競爭力 (15%)	項目	基礎條件	財政條件	投資條件	經濟條件		就業條件	加權平均
	分數	46.45	68.55	90.67	80.75		66.63	71.83
	排名	23	14	4	10		10	24
環境力 (40%)	項目	自然環境	基礎建設	公共設施	社會環境	法制環境	經濟環境	經營環境	加權平均
	分數	3.81	3.89	3.66	3.83	3.84	3.90	3.73	3.81
	排名	13	11	16	10	612	10	11	511
風險度 (30%)	項目	社會風險		法制風險		經濟風險		經營風險	加權平均
	分數	1.91		2.11		2.13		2.15	2.11
	排名	11		14		14		14	13
推薦度 (15%)	2006 年		加權平均	4.29	2005 年		加權平均	--
			排名	9			排名	--

《 ⑨ 揚州、⑩ 北京亦庄、⑪ 蘇州新區 》

城市名稱	⑫ 上海閔行		綜合指標	2006 年	83.77 分	綜合排名	A12/12	極力推薦
				2005 年	98.97 分		A01/01	極力推薦

競爭力 (15%)	項目	基礎條件	財政條件	投資條件	經濟條件	就業條件	加權平均
	分數	88.33	100.00	98.40	97.08	92.97	95.06
	排名	2	1	1	1	2	1

環境力 (40%)	項目	自然環境	基礎建設	公共設施	社會環境	法制環境	經濟環境	經營環境	加權平均
	分數	3.88	3.62	3.75	3.81	3.66	3.66	3.64	3.70
	排名	11	27	14	11	22	20	16	17

風險度 (30%)	項目	社會風險	法制風險	經濟風險	經營風險	加權平均
	分數	2.04	2.00	2.08	2.06	2.05
	排名	14	13	11	11	12

推薦度 (15%)	2006 年	加權平均	3.89	2005 年	加權平均	4.90
		排名	17		排名	1

城市名稱	⑬ 廈門島外		綜合指標	2006 年	81.27 分	綜合排名	A13/13	極力推薦
				2005 年	--		--	--

競爭力 (15%)	項目	基礎條件	財政條件	投資條件	經濟條件	就業條件	加權平均
	分數	44.73	58.05	44.13	61.55	69.70	55.98
	排名	24	19	23	17	7	45

環境力 (40%)	項目	自然環境	基礎建設	公共設施	社會環境	法制環境	經濟環境	經營環境	加權平均
	分數	4.18	4.13	4.08	3.96	3.98	4.17	4.01	4.06
	排名	8	7	6	8	9	6	6	7

風險度 (30%)	項目	社會風險	法制風險	經濟風險	經營風險	加權平均
	分數	2.03	2.13	2.20	2.32	2.22
	排名	13	15	18	19	17

推薦度 (15%)	2006 年	加權平均	3.99	2005 年	加權平均	--
		排名	14		排名	--

城市名稱	⑭ 上海浦東		綜合指標	2006 年	79.58 分	綜合排名	A14/14	極力推薦
				2005 年	86.24 分		A08/08	極力推薦

競爭力 (15%)	項目	基礎條件	財政條件	投資條件	經濟條件	就業條件	加權平均
	分數	88.33	58.05	98.40	97.08	92.97	95.06
	排名	2	1	1	1	2	1

環境力 (40%)	項目	自然環境	基礎建設	公共設施	社會環境	法制環境	經濟環境	經營環境	加權平均
	分數	3.73	3.87	4.08	3.57	3.55	3.75	3.68	3.70
	排名	19	13	11	26	26	13	15	18

風險度 (30%)	項目	社會風險	法制風險	經濟風險	經營風險	加權平均
	分數	2.35	2.22	2.30	2.29	2.29
	排名	25	20	19	18	20

推薦度 (15%)	2006 年	加權平均	3.82	2005 年	加權平均	4.13
		排名	21		排名	16

《 ⑫ 上海閔行、⑬ 廈門島外、⑭ 上海浦東 》

城市名稱	⑮ 濟南		綜合指標	2006 年	78.88 分	綜合排名	A15/15	極力推薦
				2005 年	83.12 分		A11/11	極力推薦
競爭力 (15%)	項目	基礎條件	財政條件	投資條件		經濟條件	就業條件		加權平均
	分數	72.60	56.95	48.80		61.58	64.40		60.53
	排名	9	20	20		16	18		43
環境力 (40%)	項目	自然環境	基礎建設	公共設施	社會環境	法制環境	經濟環境	經營環境	加權平均
	分數	3.80	3.79	3.59	3.59	3.67	3.75	3.72	3.70
	排名	15	16	22	23	19	13	12	16
風險度 (30%)	項目	社會風險		法制風險		經濟風險		經營風險	加權平均
	分數	1.58		1.73		1.69		1.92	1.81
	排名	4		7		4		8	8
推薦度 (15%)	2006 年		加權平均	3.80	2005 年		加權平均		4.16
			排名	24			排名		13

城市名稱	⑯ 成都		綜合指標	2006 年	78.08 分	綜合排名	A16/16	極力推薦
				2005 年	92.73 分		A04/04	極力推薦
競爭力 (15%)	項目	基礎條件	財政條件	投資條件		經濟條件	就業條件		加權平均
	分數	80.18	68.55	61.97		52.30	64.30		63.83
	排名	5	14	17		21	14		39
環境力 (40%)	項目	自然環境	基礎建設	公共設施	社會環境	法制環境	經濟環境	經營環境	加權平均
	分數	3.52	3.78	3.53	3.68	3.70	3.65	3.60	3.64
	排名	30	19	25	20	17	21	21	21
風險度 (30%)	項目	社會風險		法制風險		經濟風險		經營風險	加權平均
	分數	2.01		1.93		2.01		2.12	2.03
	排名	12		11		9		12	11
推薦度 (15%)	2006 年		加權平均	3.99	2005 年		加權平均		4.55
			排名	13			排名		5

城市名稱	⑰ 南昌		綜合指標	2006 年	77.95 分	綜合排名	A17/17	極力推薦
				2005 年	85.63 分		A10/10	極力推薦
競爭力 (15%)	項目	基礎條件	財政條件	投資條件		經濟條件	就業條件		加權平均
	分數	40.68	32.55	29.43		27.85	42.60		34.15
	排名	26	31	33		35	26		66
環境力 (40%)	項目	自然環境	基礎建設	公共設施	社會環境	法制環境	經濟環境	經營環境	加權平均
	分數	4.23	4.03	3.64	3.72	4.01	3.32	3.53	3.77
	排名	7	10	19	15	7	36	27	12
風險度 (30%)	項目	社會風險		法制風險		經濟風險		經營風險	加權平均
	分數	1.83		1.88		2.10		1.94	1.96
	排名	10		10		12		9	10
推薦度 (15%)	2006 年		加權平均	3.93	2005 年		加權平均		4.36
			排名	15			排名		8

《 ⑮ 濟南、 ⑯ 成都、 ⑰ 南昌 》

自主創新興商機 2006年中國大陸地區投資環境與風險調查

城市名稱	⑱ 杭州蕭山		綜合指標	2006 年	75.79 分	綜合排名	A18/18	極力推薦
				2005 年	97.07 分		A02/02	極力推薦
競爭力 (15%)	項目	基礎條件	財政條件	投資條件		經濟條件	就業條件	加權平均
	分數	77.83	84.80	76.70		83,68	66.60	77.81
	排名	7	8	9		6	11	17
環境力 (40%)	項目	自然環境	基礎建設	公共設施	社會環境	法制環境	經濟環境	經營環境	加權平均
	分數	3.60	3.71	3.69	3.49	3.63	3.67	3.64	3.64
	排名	23	22	15	29	23	19	16	22
風險度 (30%)	項目	社會風險		法制風險		經濟風險		經營風險	加權平均
	分數	2.20		2.31		2.41		2.38	2.32
	排名	16		23		24		21	22
推薦度 (15%)	2006 年		加權平均	4.07	2005 年		加權平均	4.81
			排名	11			排名	2

城市名稱	⑲ 大連		綜合指標	2006 年	75.75 分	綜合排名	A19/19	極力推薦
				2005 年	81.09 分		A14/14	極力推薦
競爭力 (15%)	項目	基礎條件	財政條件	投資條件		經濟條件	就業條件	加權平均
	分數	67.98	75.55	69.73		72.63	67.40	70.36
	排名	13	11	14		11	9	33
環境力 (40%)	項目	自然環境	基礎建設	公共設施	社會環境	法制環境	經濟環境	經營環境	加權平均
	分數	3.75	3.78	3.76	3.70	3.77	3.79	3.72	3.75
	排名	18	19	12	17	14	11	12	13
風險度 (30%)	項目	社會風險		法制風險		經濟風險		經營風險	加權平均
	分數	2.36		2.29		2.40		2.46	2.39
	排名	26		22		23		24	26
推薦度 (15%)	2006 年		加權平均	3.81	2005 年		加權平均	3.81
			排名	22			排名	28

城市名稱	⑳ 廣州天河		綜合指標	2006 年	75.10 分	綜合排名	A20/20	極力推薦
				2005 年	--		--	--
競爭力 (15%)	項目	基礎條件	財政條件	投資條件		經濟條件	就業條件	加權平均
	分數	87.73	94.15	91.40		93.55	92.97	91.90
	排名	3	3	3		3	2	7
環境力 (40%)	項目	自然環境	基礎建設	公共設施	社會環境	法制環境	經濟環境	經營環境	加權平均
	分數	3.58	3.89	3.76	3.58	3.52	3.61	3.58	3.62
	排名	24	11	12	25	29	22	23	24
風險度 (30%)	項目	社會風險		法制風險		經濟風險		經營風險	加權平均
	分數	2.36		2.47		2.46		2.46	2.38
	排名	26		29		28		24	25
推薦度 (15%)	2006 年		加權平均	3.93	2005 年		加權平均	--
			排名	16			排名	--

《 ⑱ 杭州蕭山、⑲ 大連、⑳ 廣州天河 》

城市名稱	☑ 青島		綜合指標	2006 年	72.73 分	綜合排名	B01/21	值得推薦
				2005 年	82.51 分		A12/12	極力推薦
競爭力 (15%)	項目	基礎條件	財政條件	投資條件	經濟條件	就業條件		加權平均
	分數	70.30	70.85	75.90	63.90	65.87		68.67
	排名	11	13	10	14	12		34
環境力 (40%)	項目	自然環境	基礎建設	公共設施	社會環境	法制環境	經濟環境	經營環境	加權平均
	分數	3.86	3.82	3.65	3.74	3.68	3.68	3.84	3.75
	排名	12	15	18	18	18	17	9	14
風險度 (30%)	項目	社會風險	法制風險	經濟風險	經營風險		加權平均
	分數	2.41	2.48	2.61	2.49		2.52
	排名	30	30	34	27		30
推薦度 (15%)	2006 年	加權平均	3.74	2005 年	加權平均	4.18
		排名	29		排名	12

城市名稱	☑ 蘇州常熟		綜合指標	2006 年	72.37 分	綜合排名	B02/22	值得推薦
				2005 年	50.22 分		B30/48	值得推薦
競爭力 (15%)	項目	基礎條件	財政條件	投資條件	經濟條件	就業條件		加權平均
	分數	46.45	68.55	90.67	80.75	66.63		71.83
	排名	23	14	4	7	10		24
環境力 (40%)	項目	自然環境	基礎建設	公共設施	社會環境	法制環境	經濟環境	經營環境	加權平均
	分數	3.57	3.79	3.61	3.72	3.67	3.72	3.70	3.69
	排名	25	16	20	15	19	16	14	20
風險度 (30%)	項目	社會風險	法治風險	經濟風險	經營風險		加權平均
	分數	2.33	2.14	2.36	2.45		2.33
	排名	23	16	21	23		23
推薦度 (15%)	2006 年	加權平均	3.76	2005 年	加權平均	3.37
		排名	26		排名	50

城市名稱	☑ 汕頭		綜合指標	2006 年	68.81 分	綜合排名	B03/23	值得推薦
				2005 年	79.02 分		A17/17	極力推薦
競爭力 (15%)	項目	基礎條件	財政條件	投資條件	經濟條件	就業條件		加權平均
	分數	11.60	27.85	3.87	18.58	17.00		14.85
	排名	44	32	43	39	40		76
環境力 (40%)	項目	自然環境	基礎建設	公共設施	社會環境	法制環境	經濟環境	經營環境	加權平均
	分數	3.73	3.62	3.60	3.69	3.61	3.61	3.62	3.63
	排名	19	27	21	19	24	22	20	23
風險度 (30%)	項目	社會風險	法制風險	經濟風險	經營風險		加權平均
	分數	2.10	2.18	2.16	2.16		2.16
	排名	15	18	15	15		15
推薦度 (15%)	2006 年	加權平均	4.06	2005 年	加權平均	4.14
		排名	12		排名	14

《 ☑ 青島、 ☑ 蘇州常熟、 ☑ 汕頭 》

城市名稱	② 泉州		綜合指標	2006 年	66.15 分	綜合排名	B04/24	值得推薦
				2005 年	73.04 分		B06/24	值得推薦
競爭力 (15%)	項目	基礎條件	財政條件	投資條件	經濟條件	就業條件		加權平均
	分數	31.95	13.90	34.83	29.63	38.70		31.37
	排名	31	38	30	34	30		68
環境力 (40%)	項目	自然環境	基礎建設	公共設施	社會環境	法制環境	經濟環境	經營環境	加權平均
	分數	3.54	3.71	3.49	3.66	3.72	3.49	3.45	3.58
	排名	28	22	28	21	16	29	32	25
風險度 (30%)	項目	社會風險	法制風險	經濟風險	經營風險		加權平均
	分數	2.21	2.28	2.25	2.2		2.23
	排名	17	21	17	17		19
推薦度 (15%)	2006 年	加權平均	3.78	2005 年	加權平均	3.89
		排名	25		排名	20

城市名稱	② 廊坊		綜合指標	2006 年	65.16 分	綜合排名	B05/25	值得推薦
				2005 年	--		--	--
競爭力 (15%)	項目	基礎條件	財政條件	投資條件	經濟條件	就業條件		加權平均
	分數	26.73	11.63	4.63	7.53	3.48		10.39
	排名	33	39	42	43	44		78
環境力 (40%)	項目	自然環境	基礎建設	公共設施	社會環境	法制環境	經濟環境	經營環境	加權平均
	分數	3.81	3.79	3.43	3.70	3.76	3.68	3.64	3.69
	排名	13	16	30	17	15	17	16	19
風險度 (30%)	項目	社會風險	法制風險	經濟風險	經營風險		加權平均
	分數	2.22	2.19	2.41	2.34		2.31
	排名	18	19	17	20		21
推薦度 (15%)	2006 年	加權平均	3.82	2005 年	加權平均	--
		排名	20		排名	--

城市名稱	② 威海		綜合指標	2006 年	64.50 分	綜合排名	B06/26	值得推薦
				2005 年	--			
競爭力 (15%)	項目	基礎條件	財政條件	投資條件	經濟條件	就業條件		加權平均
	分數	22.63	11.60	39.50	40.65	27.87		31.35
	排名	38	40	25	27	37		69
環境力 (40%)	項目	自然環境	基礎建設	公共設施	社會環境	法制環境	經濟環境	經營環境	加權平均
	分數	3.69	3.69	3.50	3.48	3.50	3.40	3.46	3.52
	排名	21	25	27	30	30	34	31	28
風險度 (30%)	項目	社會風險	法制風險	經濟風險	經營風險		加權平均
	分數	2.30	1.98	2.23	2.47		2.23
	排名	22	12	16	26		18
推薦度 (15%)	2006 年	加權平均	3.73	2005 年	加權平均	--
		排名	30		排名	--

《 ② 泉州、② 廊坊、② 威海 》

城市名稱	27 常州		綜合指標	2006 年	64.07 分	綜合排名	B20/27	值得推薦
				2005 年	59.84 分		B17/35	值得推薦
競爭力 (15%)	項目	基礎條件	財政條件	投資條件		經濟條件	就業條件	加權平均
	分數	35.43	46.50	41.83		56.35	41.03	45.21
	排名	30	24	24		18	27	62
環境力 (40%)	項目	自然環境	基礎建設	公共設施	社會環境	法制環境	經濟環境	經營環境	加權平均
	分數	3.47	3.61	3.5	3.45	3.56	3.53	3.50	3.53
	排名	35	29	29	22	25	26	29	27
風險度 (30%)	項目	社會風險	法制風險		經濟風險		經營風險		加權平均
	分數	2.33	2.44		2.53		2.50		2.48
	排名	23	28		30		29		28
推薦度 (15%)	2006 年		加權平均	3.75	2005 年		加權平均	3.76
			排名	28			排名	33

城市名稱	28 寧波市區		綜合指標	2006 年	62.55 分	綜合排名	B08/28	值得推薦
				2005 年	82.40 分		A13/13	極力推薦
競爭力 (15%)	項目	基礎條件	財政條件	投資條件		經濟條件	就業條件	加權平均
	分數	55.78	80.15	75.90		72.63	58.87	67.91
	排名	19	10	10		12	19	35
環境力 (40%)	項目	自然環境	基礎建設	公共設施	社會環境	法制環境	經濟環境	經營環境	加權平均
	分數	3.48	3.59	3.54	3.45	3.47	3.53	3.51	3.50
	排名	34	30	24	33	31	26	28	30
風險度 (30%)	項目	社會風險	法制風險		經濟風險		經營風險		加權平均
	分數	2.63	2.57		2.59		2.52		2.57
	排名	42	34		33		30		35
推薦度 (15%)	2006 年		加權平均	3.71	2005 年		加權平均	4.72
			排名	31			排名	11

城市名稱	29 天津市區		綜合指標	2006 年	62.50 分	綜合排名	B09/29	值得推薦
				2005 年	88.27 分		A07/07	極力推薦
競爭力 (15%)	項目	基礎條件	財政條件	投資條件		經濟條件	就業條件	加權平均
	分數	88.18	90.60	79.80		84.83	81.33	82.77
	排名	5	5	7		5	5	15
環境力 (40%)	項目	自然環境	基礎建設	公共設施	社會環境	法制環境	經濟環境	經營環境	加權平均
	分數	3.51	3.31	3.22	3.50	3.46	3.46	3.31	3.40
	排名	31	45	43	28	32	30	35	33
風險度 (30%)	項目	社會風險	法制風險		經濟風險		經營風險		加權平均
	分數	2.44	2.58		2.71		2.53		2.59
	排名	31	35		42		32		36
推薦度 (15%)	2006 年		加權平均	3.60	2005 年		加權平均	4.28
			排名	34			排名	10

《 27 常州、28 寧波市區、29 天津市區 》

城市名稱	③⓪ 嘉興		綜合指標	2006 年	61.75 分	綜合排名	B10/30	值得推薦
				2005 年	71.19 分		B07/25	值得推薦

競爭力 (15%)	項目	基礎條件	財政條件		投資條件		經濟條件		就業條件		加權平均
	分數	26.13	10.40		50.33		30.18		36.37		32.66
	排名	34	41		19		33		33		67

環境力 (40%)	項目	自然環境	基礎建設	公共設施	社會環境	法制環境	經濟環境	經營環境	加權平均
	分數	3.29	3.71	3.59	3.48	3.37	3.52	3.49	3.47
	排名	44	22	22	30	34	28	30	32

風險度 (30%)	項目	社會風險	法制風險	經濟風險	經營風險	加權平均
	分數	2.26	2.36	2.35	2.38	2.36
	排名	19	25	20	21	24

推薦度 (15%)	2006 年	加權平均	3.80	2005 年	加權平均	3.83
		排名	23		排名	25

城市名稱	③① 煙台		綜合指標	2006 年	61.30 分	綜合排名	B11/31	值得推薦
				2005 年	32.91 分		C14/62	勉予推薦

競爭力 (15%)	項目	基礎條件	財政條件		投資條件		經濟條件		就業條件		加權平均
	分數	54.03	33.70		64.30		49.35		36.40		49.12
	排名	21	30		16		22		32		59

環境力 (40%)	項目	自然環境	基礎建設	公共設施	社會環境	法制環境	經濟環境	經營環境	加權平均
	分數	3.57	3.48	3.26	3.31	3.67	3.29	3.59	3.49
	排名	25	34	41	39	19	37	22	31

風險度 (30%)	項目	社會風險	法制風險	經濟風險	經營風險	加權平均
	分數	2.37	2.49	2.62	2.49	2.54
	排名	29	31	35	28	32

推薦度 (15%)	2006 年	加權平均	3.75	2005 年	加權平均	3.04
		排名	27		排名	65

城市名稱	③② 廈門島內		綜合指標	2006 年	60.22 分	綜合排名	B12/32	值得推薦
				2005 年	--		--	--

競爭力 (15%)	項目	基礎條件	財政條件		投資條件		經濟條件		就業條件		加權平均
	分數	44.73	58.05		44.13		61.55		69.70		55.98
	排名	24	19		23		17		7		45

環境力 (40%)	項目	自然環境	基礎建設	公共設施	社會環境	法制環境	經濟環境	經營環境	加權平均
	分數	3.30	3.54	3.43	3.41	3.39	3.42	3.27	3.38
	排名	42	31	30	34	33	32	37	34

風險度 (30%)	項目	社會風險	法制風險	經濟風險	經營風險	加權平均
	分數	2.36	2.51	2.45	2.69	2.53
	排名	26	32	26	43	31

推薦度 (15%)	2006 年	加權平均	3.69	2005 年	加權平均	--
		排名	32		排名	--

《 ③⓪ 嘉興、③① 煙台、③② 廈門島內 》

城市名稱	③③ 無錫宜興		綜合指標	2006 年	59.81 分	綜合排名	B13/33	值得推薦
				2005 年	--		--	--
競爭力 (15%)	項目	基礎條件	財政條件	投資條件		經濟條件	就業條件	加權平均
	分數	37.15	61.60	78.23		79.60	48.00	62.72
	排名	29	17	8		7	23	40
環境力 (40%)	項目	自然環境	基礎建設	公共設施	社會環境	法制環境	經濟環境	經營環境	加權平均
	分數	3.50	3.43	3.35	3.35	3.04	3.39	3.37	3.30
	排名	32	37	38	37	55	35	34	35
風險度 (30%)	項目	社會風險	法制風險	經濟風險	經營風險	加權平均
	分數	2.45	2.52	2.56	2.56	2.55
	排名	32	33	32	34	33
推薦度 (15%)	2006 年	加權平均	3.65	2005 年	加權平均	--
		排名	33		排名	--

城市名稱	③④ 上海其他		綜合指標	2006 年	59.71 分	綜合排名	B14/34	值得推薦
				2005 年	51.82 分		B26/44	值得推薦
競爭力 (15%)	項目	基礎條件	財政條件	投資條件		經濟條件	就業條件	加權平均
	分數	88.33	100.00	98.40		97.08	92.97	95.06
	排名	2	1	1		1	2	1
環境力 (40%)	項目	自然環境	基礎建設	公共設施	社會環境	法制環境	經濟環境	經營環境	加權平均
	分數	3.33	3.45	3.36	3.27	3.19	3.21	3.19	3.26
	排名	40	35	35	40	40	40	42	40
風險度 (30%)	項目	社會風險	法制風險	經濟風險	經營風險	加權平均
	分數	2.48	2.62	2.55	2.65	2.56
	排名	33	39	31	37	34
推薦度 (15%)	2006 年	加權平均	3.48	2005 年	加權平均	3.60
		排名	41		排名	37

城市名稱	③⑤ 珠海		綜合指標	2006 年	55.05 分	綜合排名	B15/35	值得推薦
				2005 年	50.79 分		B29/47	值得推薦
競爭力 (15%)	項目	基礎條件	財政條件	投資條件		經濟條件	就業條件	加權平均
	分數	26.13	38.30	24.77		49.35	64.30	41.67
	排名	34	27	38		22	16	64
環境力 (40%)	項目	自然環境	基礎建設	公共設施	社會環境	法制環境	經濟環境	經營環境	加權平均
	分數	3.53	3.16	3.30	3.36	3.25	3.13	3.24	3.27
	排名	29	53	40	36	35	48	39	39
風險度 (30%)	項目	社會風險	法治風險	經濟風險	經營風險	加權平均
	分數	2.51	2.40	2.45	2.53	2.47
	排名	38	26	26	31	27
推薦度 (15%)	2006 年	加權平均	3.49	2005 年	加權平均	3.52
		排名	40		排名	42

《 ③③ 無錫宜興、③④ 上海其他、③⑤ 珠海 》

城市名稱	③⑥ 南京江寧		綜合指標	2006 年	55.04 分	綜合排名	B16/36	值得推薦
				2005 年	74.08 分		B04/22	值得推薦
競爭力 (15%)	項目	基礎條件	財政條件	投資條件	經濟條件	就業條件		加權平均
	分數	70.30	86.00	81.33	77.85	75.90		77.46
	排名	11	6	6	9	6		19
環境力 (40%)	項目	自然環境	基礎建設	公共設施	社會環境	法制環境	經濟環境	經營環境	加權平均
	分數	3.80	3.36	3.36	3.09	3.09	3.06	3.38	3.27
	排名	15	40	35	48	51	59	33	38
風險度 (30%)	項目	社會風險	法制風險	經濟風險	經營風險		加權平均
	分數	2.86	2.59	2.64	2.70		2.63
	排名	54	36	37	44		38
推薦度 (15%)	2006 年	加權平均	3.42	2005 年	加權平均	3.87
		排名	46		排名	21

城市名稱	③⑦ 廣州市區		綜合指標	2006 年	53.55 分	綜合排名	B17/37	值得推薦
				2005 年	35.69 分		C10/58	勉予推薦
競爭力 (15%)	項目	基礎條件	財政條件	投資條件	經濟條件	就業條件		加權平均
	分數	87.73	94.15	91.40	93.55	92.97		91.90
	排名	3	3	3	3	2		7
環境力 (40%)	項目	自然環境	基礎建設	公共設施	社會環境	法制環境	經濟環境	經營環境	加權平均
	分數	3.23	3.28	3.42	3.25	3.16	3.13	3.13	3.20
	排名	48	46	32	41	44	48	48	43
風險度 (30%)	項目	社會風險	法制風險	經濟風險	經營風險		加權平均
	分數	2.57	2.61	2.71	2.67		2.72
	排名	39	38	42	40		46
推薦度 (15%)	2006 年	加權平均	3.58	2005 年	加權平均	3.24
		排名	35		排名	57

城市名稱	③⑧ 北京市區		綜合指標	2006 年	53.01 分	綜合排名	B18/38	值得推薦
				2005 年	74.45 分		B02/20	值得推薦
競爭力 (15%)	項目	基礎條件	財政條件	投資條件	經濟條件	就業條件		加權平均
	分數	91.80	97.6	92.20	87.73	94.53		91.78
	排名	1	2	2	4	1		9
環境力 (40%)	項目	自然環境	基礎建設	公共設施	社會環境	法制環境	經濟環境	經營環境	加權平均
	分數	3.09	3.33	3.34	2.8	3.17	3.41	3.03	3.17
	排名	55	43	39	61	42	33	55	47
風險度 (30%)	項目	社會風險	法制風險	經濟風險	經營風險		加權平均
	分數	2.60	2.64	2.75	2.68		2.64
	排名	41	43	45	41		40
推薦度 (15%)	2006 年	加權平均	3.51	2005 年	加權平均	4.33
		排名	39		排名	9

《 ③⑥ 南京江寧、③⑦ 廣州市區、③⑧ 北京市區 》

城市名稱	39 寧波餘姚		綜合指標	2006 年	52.96 分	綜合排名	B19/39	值得推薦
				2005 年	54.15 分		B23/41	值得推薦
競爭力 (15%)	項目	基礎條件	財政條件	投資條件		經濟條件	就業條件	加權平均
	分數	55.78	80.15	75.90		72.63	58.87	67.91
	排名	19	10	10		12	19	35
環境力 (40%)	項目	自然環境	基礎建設	公共設施	社會環境	法制環境	經濟環境	經營環境	加權平均
	分數	3.04	3.33	3.41	3.13	3.05	3.26	3.19	3.18
	排名	59	43	34	46	54	38	42	45
風險度 (30%)	項目	社會風險		法制風險		經濟風險		經營風險	加權平均
	分數	2.84		2.72		2.66		2.71	2.70
	排名	52		46		38		45	44
推薦度 (15%)	2006 年		加權平均	3.88	2005 年		加權平均	3.52
			排名	18			排名	42

城市名稱	40 武漢武昌		綜合指標	2006 年	52.90 分	綜合排名	B20/40	值得推薦
				2005 年	61.99 分		B13/31	值得推薦
競爭力 (15%)	項目	基礎條件	財政條件	投資條件		經濟條件	就業條件	加權平均
	分數	84.83	75.55	71.27		70.88	68.17	73.67
	排名	4	11	13		13	8	21
環境力 (40%)	項目	自然環境	基礎建設	公共設施	社會環境	法制環境	經濟環境	經營環境	加權平均
	分數	3.25	3.35	3.14	3.09	3.14	3.21	3.13	3.18
	排名	47	41	48	48	46	40	48	46
風險度 (30%)	項目	社會風險		法制風險		經濟風險		經營風險	加權平均
	分數	2.49		2.61		2.68		2.68	2.61
	排名	34		37		41		41	37
推薦度 (15%)	2006 年		加權平均	3.52	2005 年		加權平均	3.60
			排名	38			排名	37

城市名稱	41 上海市區		綜合指標	2006 年	51.75 分	綜合排名	B21/41	值得推薦
				2005 年	74.72 分		B01/19	值得推薦
競爭力 (15%)	項目	基礎條件	財政條件	投資條件		經濟條件	就業條件	加權平均
	分數	88.33	100.00	98.40		97.08	92.97	95.06
	排名	2	1	1		1	2	1
環境力 (40%)	項目	自然環境	基礎建設	公共設施	社會環境	法制環境	經濟環境	經營環境	加權平均
	分數	3.33	3.43	3.13	3.18	3.20	3.26	3.20	3.24
	排名	40	37	49	45	39	38	41	41
風險度 (30%)	項目	社會風險		法制風險		經濟風險		經營風險	加權平均
	分數	2.70		2.79		2.93		2.93	2.84
	排名	45		52		54		54	49
推薦度 (15%)	2006 年		加權平均	3.46	2005 年		加權平均	3.94
			排名	43			排名	19

《 39 寧波餘姚、40 武漢武昌、41 上海市區 》

城市名稱	42 寧波奉化		綜合指標	2006 年	51.69 分	綜合排名	B22/42	值得推薦
				2005 年	61.20 分		B14/32	值得推薦
競爭力 (15%)	項目	基礎條件	財政條件	投資條件	經濟條件	就業條件		加權平均
	分數	55.78	80.15	75.90	72.63	58.87		67.91
	排名	19	10	10	12	19		35
環境力 (40%)	項目	自然環境	基礎建設	公共設施	社會環境	法制環境	經濟環境	經營環境	加權平均
	分數	3.49	3.45	3.42	3.53	3.53	3.54	3.54	3.51
	排名	33	35	32	27	28	24	26	29
風險度 (30%)	項目	社會風險	法制風險	經濟風險	經營風險	加權平均
	分數	2.77	2.75	2.88	2.90	2.85
	排名	47	49	50	53	52
推薦度 (15%)	2006 年	加權平均	3.25	2005 年	加權平均	3.78
		排名	52		排名	31

城市名稱	43 泰州		綜合指標	2006 年	51.34 分	綜合排名	B23/43	值得推薦
				2005 年	38.06 分		C06/54	勉予推薦
競爭力 (15%)	項目	基礎條件	財政條件	投資條件	經濟條件	就業條件		加權平均
	分數	26.10	4.60	17.00	11.03	8.47		14.08
	排名	36	43	40	41	42		77
環境力 (40%)	項目	自然環境	基礎建設	公共設施	社會環境	法制環境	經濟環境	經營環境	加權平均
	分數	3.57	3.65	3.53	3.59	3.54	3.54	3.57	3.56
	排名	25	26	25	23	27	24	24	26
風險度 (30%)	項目	社會風險	法制風險	經濟風險	經營風險	加權平均
	分數	2.63	2.74	2.63	2.66	2.64
	排名	42	48	36	38	39
推薦度 (15%)	2006 年	加權平均	3.44	2005 年	加權平均	3.19
		排名	44		排名	59

城市名稱	44 蘇州張家港		綜合指標	2006 年	51.27 分	綜合排名	B24/44	值得推薦
				2005 年	43.02 分		C04/52	勉予推薦
競爭力 (15%)	項目	基礎條件	財政條件	投資條件	經濟條件	就業條件		加權平均
	分數	46.45	68.55	90.67	80.75	66.63		71.83
	排名	23	14	4	7	10		24
環境力 (40%)	項目	自然環境	基礎建設	公共設施	社會環境	法制環境	經濟環境	經營環境	加權平均
	分數	3.11	2.95	3.13	3.09	3.24	3.16	3.14	3.14
	排名	54	68	49	48	37	45	47	50
風險度 (30%)	項目	社會風險	法制風險	經濟風險	經營風險	加權平均
	分數	2.49	2.43	2.49	2.55	2.49
	排名	34	37	29	33	29
推薦度 (15%)	2006 年	加權平均	3.34	2005 年	加權平均	3.34
		排名	48		排名	51

《 42 寧波奉化、43 泰州、44 蘇州張家港 》

城市名稱	45 蘇州太倉		綜合指標	2006 年	50.81 分	綜合排名	B25/45	值得推薦
				2005 年	42.30 分		C05/53	勉予推薦
競爭力 (15%)	項目	基礎條件	財政條件		投資條件	經濟條件	就業條件	加權平均
	分數	46.45	68.55		90.67	80.75	66.63	71.83
	排名	23	14		4	7	10	24
環境力 (40%)	項目	自然環境	基礎建設	公共設施	社會環境	法制環境	經濟環境	經營環境	加權平均
	分數	3.26	3.20	3.21	3.21	3.13	3.17	3.27	3.20
	排名	46	47	44	43	47	44	37	44
風險度 (30%)	項目	社會風險		法制風險		經濟風險		經營風險	加權平均
	分數	2.57		2.63		2.75		2.60	2.68
	排名	39		41		45		36	43
推薦度 (15%)	2006 年		加權平均	3.54	2005 年		加權平均	3.31
			排名	36			排名	52

城市名稱	46 中山		綜合指標	2006 年	50.58 分	綜合排名	B26/46	值得推薦
				2005 年	59.80 分		B18/36	值得推薦
競爭力 (15%)	項目	基礎條件	財政條件		投資條件	經濟條件	就業條件	加權平均
	分數	22.05	34.80		36.40	52.88	49.60	40.95
	排名	39	29		29	19	22	65
投資環境 (40%)	項目	自然環境	基礎建設	公共設施	社會環境	法制環境	經濟環境	經營環境	加權平均
	分數	3.43	3.40	3.12	3.48	3.25	3.10	3.30	3.28
	排名	37	39	51	30	35	53	36	37
風險度 (30%)	項目	社會風險		法制風險		經濟風險		經營風險	加權平均
	分數	2.50		2.68		2.72		2.66	2.65
	排名	37		44		44		38	41
推薦度 (15%)	2005 年		加權平均	3.54	2005 年		加權平均	3.56
			排名	37			排名	40

城市名稱	47 武漢漢口		綜合指標	2006 年	50.36 分	綜合排名	B27/47	值得推薦
				2005 年	54.23 分		B22/40	值得推薦
競爭力 (15%)	項目	基礎條件	財政條件		投資條件	經濟條件	就業條件	加權平均
	分數	84.83	75.55		71.27	70.88	68.17	73.67
	排名	4	11		13	13	8	21
環境力 (40%)	項目	自然環境	基礎建設	公共設施	社會環境	法制環境	經濟環境	經營環境	加權平均
	分數	3.45	3.35	3.12	3.48	3.19	3.11	3.22	3.21
	排名	36	41	44	56	40	52	40	42
風險度 (30%)	項目	社會風險		法制風險		經濟風險		經營風險	加權平均
	分數	2.49		2.62		2.77		2.73	2.71
	排名	34		40		48		46	45
推薦度 (15%)	2006 年		分數	3.48	2005 年		分數	3.59
			排名	42			排名	39

《 45 蘇州太倉、46 中山、47 武漢漢口 》

城市名稱	48 上海松江		綜合指標	2006 年	50.01 分	綜合排名	B28/48	值得推薦
				2005 年	74.13 分		B03/21	值得推薦
競爭力 (15%)	項目	基礎條件	財政條件	投資條件	經濟條件	就業條件		加權平均
	分數	88.33	100.00	98.40	97.08	92.97		95.06
	排名	2	1	1	1	2		1
環境力 (40%)	項目	自然環境	基礎建設	公共設施	社會環境	法制環境	經濟環境	經營環境	加權平均
	分數	3.30	3.15	3.04	3.25	3.17	3.16	3.12	3.17
	排名	39	54	55	41	42	45	50	48
風險度 (30%)	項目	社會風險	法制風險	經濟風險	經營風險	加權平均
	分數	2.77	2.63	2.67	2.58	2.65
	排名	47	42	39	35	42
推薦度 (15%)	2006 年	加權平均	3.44	2005 年	加權平均	3.83
		排名	45		排名	25

城市名稱	49 江門		綜合指標	2006 年	44.54 分	綜合排名	C01/49	勉予推薦
				2005 年	60.61 分		B15/33	值得推薦
競爭力 (15%)	項目	基礎條件	財政條件	投資條件	經濟條件	就業條件		加權平均
	分數	18.58	15.10	19.33	31.93	19.30		22.53
	排名	41	37	39	31	39		75
環境力 (40%)	項目	自然環境	基礎建設	公共設施	社會環境	法制環境	經濟環境	經營環境	加權平均
	分數	3.17	3.50	3.04	3.25	3.24	3.46	3.15	3.30
	排名	51	32	35	35	37	30	46	36
風險度 (30%)	項目	社會風險	法制風險	經濟風險	經營風險	加權平均
	分數	2.66	2.72	2.67	2.88	2.76
	排名	44	45	39	52	47
推薦度 (15%)	2006 年	加權平均	3.35	2005 年	加權平均	3.71
		排名	47		排名	34

城市名稱	50 上海嘉定		綜合指標	2006 年	42.33 分	綜合排名	C02/50	勉予推薦
				2005 年	52.69 分		B25/43	值得推薦
競爭力 (15%)	項目	基礎條件	財政條件	投資條件	經濟條件	就業條件		加權平均
	分數	88.33	100.00	98.40	97.08	92.97		95.06
	排名	2	1	1	1	2		1
環境力 (40%)	項目	自然環境	基礎建設	公共設施	社會環境	法制環境	經濟環境	經營環境	加權平均
	分數	3.20	3.15	3.09	3.19	3.15	3.18	3.01	3.13
	排名	50	54	53	44	45	43	57	51
風險度 (30%)	項目	社會風險	法制風險	經濟風險	經營風險	加權平均
	分數	2.90	2.85	2.93	3.02	2.94
	排名	57	56	54	62	55
推薦度 (15%)	2006 年	加權平均	3.22	2005 年	加權平均	3.66
		排名	53		排名	35

《 48 上海松江、49 江門、50 上海嘉定 》

城市名稱	⑤1 重慶市區		綜合指標	2006 年	40.18 分	綜合排名	C03/51	勉予推薦
				2005 年	66.68 分		B11/29	值得推薦
競爭力 (15%)	項目	基礎條件	財政條件	投資條件	經濟條件	就業條件		加權平均
	分數	59.85	86.00	68.17	52.85	40.27		58.11
	排名	17	6	15	20	28		44
環境力 (40%)	項目	自然環境	基礎建設	公共設施	社會環境	法制環境	經濟環境	經營環境	加權平均
	分數	3.29	3.18	3.18	3.32	3.10	3.12	3.10	3.16
	排名	44	50	46	38	49	50	52	49
風險度 (30%)	項目	社會風險	法制風險	經濟風險	經營風險	加權平均
	分數	2.83	2.85	2.93	2.78	2.85
	排名	51	55	54	47	50
推薦度 (15%)	2006 年	加權平均	3.28	2005 年	加權平均	3.77
		排名	50		排名	32

城市名稱	⑤2 福州馬尾		綜合指標	2006 年	36.35 分	綜合排名	C04/52	勉予推薦
				2005 年	53.36 分		B24/42	值得推薦
競爭力 (15%)	項目	基礎條件	財政條件	投資條件	經濟條件	就業條件		加權平均
	分數	54.60	41.80	58.07	47.08	53.43		51.52
	排名	20	25	18	24	21		56
環境力 (40%)	項目	自然環境	基礎建設	公共設施	社會環境	法制環境	經濟環境	經營環境	加權平均
	分數	3.05	3.06	3.08	3.05	3.13	3.12	3.16	3.11
	排名	58	64	54	53	47	50	45	52
風險度 (30%)	項目	社會風險	法制風險	經濟風險	經營風險	加權平均
	分數	2.86	2.76	2.95	2.86	2.85
	排名	54	51	57	49	53
推薦度 (15%)	2006 年	加權平均	3.26	2005 年	加權平均	3.50
		排名	51		排名	45

城市名稱	⑤3 昆明		綜合指標	2006 年	33.47 分	綜合排名	C05/53	勉予推薦
				2005 年	30.31 分		C16/64	勉予推薦
競爭力 (15%)	項目	基礎條件	財政條件	投資條件	經濟條件	就業條件		加權平均
	分數	66.23	48.80	27.07	35.40	57.33		45.63
	排名	15	23	35	29	20		61
環境力 (40%)	項目	自然環境	基礎建設	公共設施	社會環境	法制環境	經濟環境	經營環境	加權平均
	分數	3.42	3.20	2.89	2.97	3.03	3.16	3.06	3.09
	排名	38	47	64	56	57	45	54	53
風險度 (30%)	項目	社會風險	法制風險	經濟風險	經營風險	加權平均
	分數	2.80	2.87	2.99	2.86	2.94
	排名	50	57	63	49	56
推薦度 (15%)	2006 年	加權平均	3.18	2005 年	加權平均	3.14
		排名	55		排名	61

《 ⑤1 重慶市區、⑤2 福州馬尾、⑤3 昆明 》

自主創新興商機 2006年中國大陸地區投資環境與風險調查

城市名稱	⑤④ 福州市區		綜合指標	2006 年	31.37 分	綜合排名	C06/54	勉予推薦
				2005 年	37.86 分		C07/55	勉予推薦
競爭力 (15%)	項目	基礎條件	財政條件	投資條件	經濟條件	就業條件		加權平均
	分數	54.60	41.80	58.07	47.08	53.43		52.51
	排名	20	25	18	24	21		56
環境力 (40%)	項目	自然環境	基礎建設	公共設施	社會環境	法制環境	經濟環境	經營環境	加權平均
	分數	2.86	3.19	3.01	3.11	3.09	3.07	2.86	3.02
	排名	70	49	59	47	51	57	70	57
風險度 (30%)	項目	社會風險	法制風險	經濟風險	經營風險	加權平均
	分數	3.01	3.01	2.96	3.05	2.98
	排名	63	62	60	63	59
推薦度 (15%)	2006 年	加權平均	3.21	2005 年	加權平均	3.15
		排名	54		排名	60

城市名稱	⑤⑤ 無錫市區		綜合指標	2006 年	30.92 分	綜合排名	C07/55	勉予推薦
				2005 年	73.81 分		B05/23	值得推薦
競爭力 (15%)	項目	基礎條件	財政條件	投資條件	經濟條件	就業條件		加權平均
	分數	37.15	61.60	78.23	79.60	48.00		62.72
	排名	29	17	8	8	23		40
環境力 (40%)	項目	自然環境	基礎建設	公共設施	社會環境	法制環境	經濟環境	經營環境	加權平均
	分數	2.72	3.10	3.25	2.83	3.04	3.09	2.95	3.00
	排名	74	60	42	63	55	54	63	58
風險度 (30%)	項目	社會風險	法制風險	經濟風險	經營風險	加權平均
	分數	2.99	3.00	2.95	2.99	2.98
	排名	60	61	57	57	60
推薦度 (15%)	2006 年	加權平均	3.05	2005 年	加權平均	3.84
		排名	62		排名	23

城市名稱	⑤⑥ 徐州		綜合指標	2006 年	30.36 分	綜合排名	C08/56	勉予推薦
				2005 年	89.50 分		A06/06	極力推薦
競爭力 (15%)	項目	基礎條件	財政條件	投資條件	經濟條件	就業條件		加權平均
	分數	39.50	26.70	25.53	23.78	29.40		28.69
	排名	27	33	36	36	35		73
環境力 (40%)	項目	自然環境	基礎建設	公共設施	社會環境	法制環境	經濟環境	經營環境	加權平均
	分數	2.78	3.50	3.18	2.65	2.96	3.20	3.18	3.07
	排名	72	32	46	71	60	42	44	56
風險度 (30%)	項目	社會風險	法制風險	經濟風險	經營風險	加權平均
	分數	2.85	2.96	2.92	2.97	2.95
	排名	53	60	52	57	57
推薦度 (15%)	2006 年	加權平均	3.31	2005 年	加權平均	4.52
		排名	49		排名	6

《 ⑤④ 福州市區、⑤⑤ 無錫市區、⑤⑥ 徐州 》

城市名稱	57 蘇州吳江		綜合指標		2006 年	28.36 分	綜合排名	C09/57	勉予推薦
					2005 年	44.20 分		C03/51	勉予推薦
競爭力 (15%)	項目	基礎條件	財政條件		投資條件	經濟條件	就業條件		加權平均
	分數	46.45	68.55		90.67	80.75	66.63		71.83
	排名	23	14		4	7	10		24
環境力 (40%)	項目	自然環境	基礎建設	公共設施	社會環境	法制環境	經濟環境	經營環境	加權平均
	分數	2.96	2.88	2.99	3.07	3.08	2.86	2.97	2.98
	排名	61	71	61	51	53	69	58	61
風險度 (30%)	項目	社會風險		法制風險		經濟風險		經營風險	加權平均
	分數	3.00		3.03		3.26		3.18	3.11
	排名	61		65		71		72	69
推薦度 (15%)	2006 年		加權平均	3.17	2005 年			加權平均	3.31
			排名	56				排名	52

城市名稱	58 漳州		綜合指標		2006 年	27.81 分	綜合排名	C10/58	勉予推薦
					2005 年	--		--	--
競爭力 (15%)	項目	基礎條件	財政條件		投資條件	經濟條件	就業條件		加權平均
	分數	14.50	2.30		15.47	8.10	7.73		10.20
	排名	42	44		41	42	43		79
環境力 (40%)	項目	自然環境	基礎建設	公共設施	社會環境	法制環境	經濟環境	經營環境	加權平均
	分數	3.14	3.17	3.01	3.05	3.10	3.07	3.08	3.09
	排名	52	52	59	53	49	57	53	54
風險度 (30%)	項目	社會風險		法制風險		經濟風險		經營風險	加權平均
	分數	2.88		2.84		2.92		2.86	2.87
	排名	56		53		52		49	54
推薦度 (15%)	2006 年		加權平均	3.16	2005 年			加權平均	--
			排名	57				排名	--

城市名稱	59 石家莊		綜合指標		2006 年	27.72 分	綜合排名	C11/59	勉予推薦
					2005 年	--		--	--
競爭力 (15%)	項目	基礎條件	財政條件		投資條件	經濟條件	就業條件		加權平均
	分數	57.50	40.65		39.47	42.98	37.17		43.78
	排名	18	26		26	26	31		63
環境力 (40%)	項目	自然環境	基礎建設	公共設施	社會環境	法制環境	經濟環境	經營環境	加權平均
	分數	3.06	3.13	2.83	2.89	2.97	2.98	3.02	2.99
	排名	57	57	67	60	59	61	56	60
風險度 (30%)	項目	社會風險		法制風險		經濟風險		經營風險	加權平均
	分數	3.05		2.88		2.91		2.99	2.95
	排名	65		58		51		59	58
推薦度 (15%)	2006 年		加權平均	3.00	2005 年			加權平均	--
			排名	63				排名	--

《 57 蘇州吳江、58 漳州、59 石家莊 》

城市名稱	60 合肥		綜合指標	2006 年	27.06	綜合排名	C12/60	勉予推薦
				2005 年	67.68		B09/27	值得推薦
競爭力(15%)	項目	基礎條件	財政條件	投資條件		經濟條件	就業條件	加權平均
	分數	43.55	37.15	31.70		17.40	30.97	30.18
	排名	25	28	31		40	34	70
環境力(40%)	項目	自然環境	基礎建設	公共設施	社會環境	法制環境	經濟環境	經營環境	加權平均
	分數	3.07	3.18	3.10	2.65	2.96	2.91	2.93	2.96
	排名	56	50	52	71	60	65	64	62
風險度(30%)	項目	社會風險	法制風險	經濟風險	經營風險	加權平均
	分數	2.72	2.76	2.75	2.83	2.78
	排名	46	50	45	48	48
推薦度(15%)	2006 年	加權平均	2.87	2005 年	加權平均	3.81
		排名	69		排名	28

城市名稱	61 長沙		綜合指標	2006 年	27.05 分	綜合排名	C13/61	勉予推薦
				2005 年	56.15 分		B21/39	值得推薦
競爭力(15%)	項目	基礎條件	財政條件	投資條件		經濟條件	就業條件	加權平均
	分數	67.95	51.10	48.00		31.35	47.23	47.15
	排名	14	22	21		32	24	60
環境力(40%)	項目	自然環境	基礎建設	公共設施	社會環境	法制環境	經濟環境	經營環境	加權平均
	分數	3.23	3.10	2.88	3.01	2.94	3.01	2.96	3.00
	排名	48	60	65	55	62	60	61	59
風險度(30%)	項目	社會風險	法制風險	經濟風險	經營風險	加權平均
	分數	2.77	3.04	2.95	3.07	2.99
	排名	47	66	57	66	62
推薦度(15%)	2006 年	加權平均	2.97	2005 年	加權平均	3.81
		排名	64		排名	28

城市名稱	62 武漢漢陽		綜合指標	2006 年	26.90 分	綜合排名	C14/62	勉予推薦
				2005 年	51.38 分		B27/45	值得推薦
競爭力(15%)	項目	基礎條件	財政條件	投資條件		經濟條件	就業條件	加權平均
	分數	84.83	75.55	71.27		70.88	68.17	73.67
	排名	4	11	13		13	8	21
環境力(40%)	項目	自然環境	基礎建設	公共設施	社會環境	法制環境	經濟環境	經營環境	加權平均
	分數	2.92	3.00	3.03	2.78	2.80	2.86	2.88	2.88
	排名	63	66	56	67	71	69	67	67
風險度(30%)	項目	社會風險	法制風險	經濟風險	經營風險	加權平均
	分數	3.08	3.11	3.07	3.00	3.06
	排名	67	70	66	61	65
推薦度(15%)	2006 年	加權平均	3.09	2005 年	加權平均	3.43
		排名	61		排名	47

《 60 合肥、61 長沙、62 武漢漢陽 》

城市名稱	63 瀋陽		綜合指標	2006 年	26.29 分	綜合排名	C15/63	勉予推薦
				2005 年	48.87 分		C01/49	勉予推薦
競爭力 (15%)	項目	基礎條件	財政條件	投資條件	經濟條件	就業條件		加權平均
	分數	76.70	81.35	75.17	63.90	65.07		70.69
	排名	8	9	12	14	13		32
環境力 (40%)	項目	自然環境	基礎建設	公共設施	社會環境	法制環境	經濟環境	經營環境	加權平均
	分數	2.89	3.11	2.97	2.52	2.77	2.87	2.96	2.86
	排名	67	59	63	76	72	68	61	68
風險度 (30%)	項目	社會風險		法制風險		經濟風險		經營風險	加權平均
	分數	3.00		3.03		2.98		2.94	2.98
	排名	61		64		62		55	61
推薦度 (15%)	2006 年		加權平均	2.96	2005 年		加權平均	3.43
			排名	66			排名	47

城市名稱	64 深圳龍崗		綜合指標	2006 年	26.23 分	綜合排名	C16/64	勉予推薦
				2005 年	18.69 分		D02/69	暫不推薦
競爭力 (15%)	項目	基礎條件	財政條件	投資條件	經濟條件	就業條件		加權平均
	分數	49.95	94.15	89.87	95.88	92.20		84.58
	排名	22	3	5	2	4		11
環境力 (40%)	項目	自然環境	基礎建設	公共設施	社會環境	法制環境	經濟環境	經營環境	加權平均
	分數	2.86	2.84	2.76	2.81	2.85	2.90	2.89	2.85
	排名	68	74	73	64	66	66	66	70
風險度 (30%)	項目	社會風險		法制風險		經濟風險		經營風險	加權平均
	分數	3.14		3.10		3.06		3.08	3.08
	排名	70		69		65		67	68
推薦度 (15%)	2006 年		加權平均	3.10	2005 年		加權平均	2.78
			排名	59			排名	70

城市名稱	65 桂林		綜合指標	2006 年	26.17 分	綜合排名	C17/65	勉予推薦
				2005 年	33.17 分		C12/60	勉予推薦
競爭力 (15%)	項目	基礎條件	財政條件	投資條件	經濟條件	就業條件		加權平均
	分數	25.55	8.10	3.83	2.30	8.50		9.08
	排名	37	42	44	44	41		80
環境力 (40%)	項目	自然環境	基礎建設	公共設施	社會環境	法制環境	經濟環境	經營環境	加權平均
	分數	3.30	3.13	3.03	2.86	2.99	3.08	3.11	3.07
	排名	42	57	56	62	58	56	51	55
風險度 (30%)	項目	社會風險		法制風險		經濟風險		經營風險	加權平均
	分數	3.08		2.73		2.79		2.95	2.85
	排名	67		47		49		56	51
推薦度 (15%)	2006 年		加權平均	2.90	2005 年		加權平均	3.03
			排名	68			排名	66

《 63 瀋陽、64 深圳龍崗、65 桂林 》

城市名稱	66 深圳寶安		綜合指標	2006 年	25.81 分	綜合排名	C18/66	勉予推薦
				2005 年	17.82 分		D03/70	暫不推薦
競爭力 (15%)	項目	基礎條件	財政條件	投資條件		經濟條件	就業條件	加權平均
	分數	49.95	94.15	89.87		95.88	92.20	84.58
	排名	22	3	5		2	4	11
環境力 (40%)	項目	自然環境	基礎建設	公共設施	社會環境	法制環境	經濟環境	經營環境	加權平均
	分數	2.78	3.15	2.80	2.96	2.81	2.93	2.97	2.90
	排名	72	54	70	70	68	58	58	66
風險度 (30%)	項目	社會風險		法制風險		經濟風險		經營風險	加權平均
	分數	2.96		3.15		3.27		3.15	3.13
	排名	59		71		72		71	70
推薦度 (15%)	2006 年		加權平均	2.93	2005 年		加權平均	2.88
			排名	67			排名	69

城市名稱	67 東莞虎門		綜合指標	2006 年	25.44 分	綜合排名	C19/67	勉予推薦
				2005 年	16.73 分		D04/71	暫不推薦
競爭力 (15%)	項目	基礎條件	財政條件	投資條件		經濟條件	就業條件	加權平均
	分數	31.35	60.40	46.43		75.55	40.27	52.32
	排名	32	18	22		10	28	48
環境力 (40%)	項目	自然環境	基礎建設	公共設施	社會環境	法制環境	經濟環境	經營環境	加權平均
	分數	3.03	2.93	2.80	2.96	2.92	2.97	2.87	2.92
	排名	60	70	70	58	63	62	69	65
風險度 (30%)	項目	社會風險		法制風險		經濟風險		經營風險	加權平均
	分數	3.02		3.05		3.08		2.98	3.05
	排名	64		68		67		58	64
推薦度 (15%)	2006 年		加權平均	3.14	2005 年		加權平均	2.72
			排名	58			排名	71

城市名稱	68 哈爾濱		綜合指標	2006 年	25.38 分	綜合排名	C20/68	勉予推薦
				2005 年	--		--	--
競爭力 (15%)	項目	基礎條件	財政條件	投資條件		經濟條件	就業條件	加權平均
	分數	66.23	65.05	37.93		44.70	64.30	53.61
	排名	15	16	28		25	14	47
環境力 (40%)	項目	自然環境	基礎建設	公共設施	社會環境	法制環境	經濟環境	經營環境	加權平均
	分數	2.90	2.95	2.98	2.79	2.92	3.09	2.97	2.95
	排名	66	68	62	66	54	54	58	63
風險度 (30%)	項目	社會風險		法制風險		經濟風險		經營風險	加權平均
	分數	3.05		3.02		3.01		3.11	3.07
	排名	65		63		64		69	67
推薦度 (15%)	2006 年		加權平均	3.10	2005 年		加權平均	--
			排名	60			排名	--

《 66 深圳寶安、67 東莞虎門、68 哈爾濱 》

城市名稱	69 西安		綜合指標	2006 年	25.17 分	綜合排名	C21/69	勉予推薦
				2005 年	70.54 分		B08/26	值得推薦
競爭力 (15%)	項目	基礎條件	財政條件	投資條件	經濟條件	就業條件		加權平均
	分數	72.05	54.61	30.20	37.15	62.73		49.60
	排名	10	21	32	28	17		58
環境力 (40%)	項目	自然環境	基礎建設	公共設施	社會環境	法制環境	經濟環境	經營環境	加權平均
	分數	3.14	3.00	2.81	3.06	2.91	2.95	2.88	2.95
	排名	52	66	69	52	65	63	67	64
風險度 (30%)	項目	社會風險	法制風險	經濟風險	經營風險	加權平均
	分數	3.16	2.84	3.14	3.06	3.04
	排名	72	54	68	64	63
推薦度 (15%)	2006 年	加權平均	2.97	2005 年	加權平均	3.85
		排名	65		排名	22

城市名稱	70 深圳其他		綜合指標	2006 年	25.07 分	綜合排名	C22/70	勉予推薦
				2005 年	29.54 分		C18/66	勉予推薦
競爭力 (15%)	項目	基礎條件	財政條件	投資條件	經濟條件	就業條件		加權平均
	分數	49.95	94.15	89.87	95.88	92.20		84.58
	排名	22	3	5	2	4		11
環境力 (40%)	項目	自然環境	基礎建設	公共設施	社會環境	法制環境	經濟環境	經營環境	加權平均
	分數	2.92	3.10	2.85	2.62	2.81	2.85	2.92	2.86
	排名	63	60	66	74	68	73	65	69
風險度 (30%)	項目	社會風險	法制風險	經濟風險	經營風險	加權平均
	分數	2.95	3.05	3.18	3.06	3.07
	排名	58	67	70	64	66
推薦度 (15%)	2006 年	加權平均	2.85	2005 年	加權平均	3.05
		排名	70		排名	64

城市名稱	71 深圳市區		綜合指標	2006 年	18.54 分	綜合排名	D01/71	暫不推薦
				2005 年	37.12 分		C09/57	勉予推薦
競爭力 (15%)	項目	基礎條件	財政條件	投資條件	經濟條件	就業條件		加權平均
	分數	49.95	94.15	89.87	95.88	92.20		84.58
	排名	22	3	5	2	4		11
環境力 (40%)	項目	自然環境	基礎建設	公共設施	社會環境	法制環境	經濟環境	經營環境	加權平均
	分數	2.66	2.83	2.79	2.63	2.67	2.89	2.71	2.73
	排名	77	75	71	73	75	67	74	74
風險度 (30%)	項目	社會風險	法制風險	經濟風險	經營風險	加權平均
	分數	3.15	3.26	3.28	3.30	3.25
	排名	71	74	73	74	74
推薦度 (15%)	2006 年	加權平均	2.80	2005 年	加權平均	3.00
		排名	75		排名	67

《 69 西安、70 深圳其他、71 深圳市區 》

城市名稱	72 東莞石碣		綜合指標	2006 年	16.33 分	綜合排名	D02/72	暫不推薦
				2005 年	30.51 分		C15/63	勉予推薦
競爭力 (15%)	項目	基礎條件	財政條件	投資條件		經濟條件	就業條件	加權平均
	分數	31.35	60.40	46.43		75.55	40.27	52.32
	排名	32	18	22		10	28	48
環境力 (40%)	項目	自然環境	基礎建設	公共設施	社會環境	法制環境	經濟環境	經營環境	加權平均
	分數	2.95	2.87	2.68	2.81	2.81	2.86	2.83	2.83
	排名	62	72	78	64	68	69	71	71
風險度 (30%)	項目	社會風險	法制風險	經濟風險	經營風險	加權平均
	分數	3.19	3.18	3.14	3.14	3.16
	排名	73	72	68	70	72
推薦度 (15%)	2006 年	加權平均	2.81	2005 年	加權平均	3.12
		排名	73		排名	62

城市名稱	73 南通		綜合指標	2006 年	12.45 分	綜合排名	D03/73	值得推薦
				2005 年	58.26 分		B19/37	值得推薦
競爭力 (15%)	項目	基礎條件	財政條件	投資條件		經濟條件	就業條件	加權平均
	分數	38.93	22.05	37.97		20.30	27.87	29.25
	排名	28	34			38	37	72
環境力 (40%)	項目	自然環境	基礎建設	公共設施	社會環境	法制環境	經濟環境	經營環境	加權平均
	分數	2.88	3.09	2.71	2.70	2.74	2.78	2.74	2.79
	排名	68	63	74	68	73	74	72	73
風險度 (30%)	項目	社會風險	法制風險	經濟風險	經營風險	加權平均
	分數	3.08	2.94	2.96	3.10	3.15
	排名	67	59	60	68	71
推薦度 (15%)	2006 年	加權平均	3.82	2005 年	加權平均	3.62
		排名	72		排名	36

城市名稱	74 惠州		綜合指標	2006 年	12.41 分	綜合排名	D04/74	暫不推薦
				2005 年	19.68 分		D01/68	暫不推薦
競爭力 (15%)	項目	基礎條件	財政條件	投資條件		經濟條件	就業條件	加權平均
	分數	13.30	20.90	29.43		31.93	46.43	29.50
	排名	43	35	33		30	25	71
環境力 (40%)	項目	自然環境	基礎建設	公共設施	社會環境	法制環境	經濟環境	經營環境	加權平均
	分數	2.92	2.70	2.83	2.95	2.81	2.78	2.69	2.80
	排名	63	77	67	59	67	74	75	72
風險度 (30%)	項目	社會風險	法制風險	經濟風險	經營風險	加權平均
	分數	3.20	3.18	3.30	3.24	3.24
	排名	74	73	74	73	73
推薦度 (15%)	2006 年	加權平均	2.84	2005 年	加權平均	2.95
		排名	71		排名	68

《 72 東莞石碣、 73 南通、 74 惠州 》

城市名稱	75 東莞市區		綜合指標	2006 年	12.29 分	綜合排名	D05/75	暫不推薦
				2005 年	13.75 分		D05/72	暫不推薦
競爭力 (15%)	項目	基礎條件	財政條件		投資條件	經濟條件	就業條件	加權平均
	分數	31.35	60.40		46.43	75.55	40.27	52.32
	排名	32	18		22	10	28	48
環境力 (40%)	項目	自然環境	基礎建設	公共設施	社會環境	法制環境	經濟環境	經營環境	加權平均
	分數	2.72	2.86	2.70	2.69	2.57	2.71	2.69	2.67
	排名	74	73	74	78	77	76	75	76
風險度 (30%)	項目	社會風險		法制風險		經濟風險		經營風險		加權平均
	分數	3.43		3.32		3.34		3.35		3.35
	排名	77		76		76		76		76
推薦度 (15%)	2006 年		加權平均	2.80	2005 年		加權平均	2.68
			排名	74			排名	72

城市名稱	76 東莞長安		綜合指標	2006 年	12.24 分	綜合排名	D06/76	暫不推薦
				2005 年	29.72 分		C17/65	勉予推薦
競爭力 (15%)	項目	基礎條件	財政條件		投資條件	經濟條件	就業條件	加權平均
	分數	31.35	60.40		46.43	75.55	40.27	52.32
	排名	32	18		22	10	28	48
環境力 (40%)	項目	自然環境	基礎建設	公共設施	社會環境	法制環境	經濟環境	經營環境	加權平均
	分數	2.88	2.69	2.70	2.69	2.71	2.65	2.65	2.70
	排名	68	78	76	69	74	77	78	75
風險度 (30%)	項目	社會風險		法制風險		經濟風險		經營風險		加權平均
	分數	3.26		3.41		3.32		3.31		3.32
	排名	75		78		75		75		75
推薦度 (15%)	2006 年		加權平均	2.59	2005 年		加權平均	3.08
			排名	78			排名	63

城市名稱	77 東莞厚街		綜合指標	2006 年	10.71 分	綜合排名	D07/77	暫不推薦
				2005 年	50.80 分		B28/46	值得推薦
競爭力 (15%)	項目	基礎條件	財政條件		投資條件	經濟條件	就業條件	加權平均
	分數	31.35	60.40		46.43	75.55	40.27	52.32
	排名	32	18		22	10	28	48
環境力 (40%)	項目	自然環境	基礎建設	公共設施	社會環境	法制環境	經濟環境	經營環境	加權平均
	分數	2.68	3.02	2.69	2.19	2.38	2.86	2.73	2.63
	排名	76	65	77	80	80	69	73	78
風險度 (30%)	項目	社會風險		法制風險		經濟風險		經營風險		加權平均
	分數	3.32		3.29		3.34		3.46		3.39
	排名	76		75		76		78		77
推薦度 (15%)	2006 年		加權平均	2.75	2005 年		加權平均	3.41
			排名	76			排名	49

《 75 東莞市區、76 東莞長安、77 東莞厚街 》

城市名稱	78 東莞清溪		綜合指標	2005 年	10.24 分	綜合排名	D08/78	暫不推薦
				2005 年	26.66 分		C19/67	勉予推薦
競爭力 (15%)	項目	基礎條件	財政條件	投資條件		經濟條件	就業條件	加權平均
	分數	31.35	60.40	46.43		75.55	40.27	52.32
	排名	32	18	22		10	28	48
環境力 (40%)	項目	自然環境	基礎建設	公共設施	社會環境	法制環境	經濟環境	經營環境	加權平均
	分數	2.65	2.81	2.77	2.57	2.59	2.59	2.66	2.65
	排名	78	76	72	75	76	78	77	77
風險度 (30%)	項目	社會風險	法制風險	經濟風險	經營風險	加權平均
	分數	3.47	3.62	3.74	3.59	3.66
	排名	78	79	80	79	79
推薦度 (15%)	2006 年	加權平均	2.74	2005 年	加權平均	3.29
		排名	77		排名	55

城市名稱	79 東莞其他		綜合指標	2006 年	9.26 分	綜合排名	D09/79	暫不推薦
				2005 年	13.41 分		D06/73	暫不推薦
競爭力 (15%)	項目	基礎條件	財政條件	投資條件		經濟條件	就業條件	加權平均
	分數	31.35	60.40	46.43		75.55	40.27	52.32
	排名	32	18	22		10	28	48
環境力 (40%)	項目	自然環境	基礎建設	公共設施	社會環境	法制環境	經濟環境	經營環境	加權平均
	分數	2.62	2.56	2.33	2.52	2.43	2.43	2.50	2.48
	排名	79	79	80	76	79	79	79	79
風險度 (30%)	項目	社會風險	法制風險	經濟風險	經營風險	加權平均
	分數	3.49	3.39	3.46	3.44	3.44
	排名	79	77	78	77	78
推薦度 (15%)	2006 年	加權平均	2.51	2005 年	加權平均	2.57
		排名	79		排名	73

城市名稱	80 東莞樟木頭		綜合指標	2006 年	7.85 分	綜合排名	D10/80	暫不推薦
				2005 年	11.41 分		D07/74	暫不推薦
競爭力 (15%)	項目	基礎條件	財政條件	投資條件		經濟條件	就業條件	加權平均
	分數	31.35	60.40	46.43		75.55	40.27	52.32
	排名	32	18	22		10	28	48
環境力 (40%)	項目	自然環境	基礎建設	公共設施	社會環境	法制環境	經濟環境	經營環境	加權平均
	分數	2.36	2.28	2.43	2.41	2.46	2.40	2.39	2.40
	排名	80	80	79	79	78	80	80	80
風險度 (30%)	項目	社會風險	法制風險	經濟風險	經營風險	加權平均
	分數	3.69	3.65	3.58	3.81	3.84
	排名	80	80	79	80	80
推薦度 (15%)	2006 年	加權平均	2.44	2005 年	加權平均	2.56
		排名	80		排名	74

《 78 東莞清溪、79 東莞其他、80 東莞樟木頭 》

第 28 章

中國大陸44個城市歷年競爭力排行

組別	城市	2006 加權分數	2006 排名	2005 排名	2004 排名	2003 排名	2002 排名	2001 排名	近六年 排名總分	總排名
A	上海市	95.06	01	01	01	03	01	01	8	01
	廣　州	91.90	02	02	03	01	02	03	13	02
	北京市	91.78	03	03	02	04	03	02	17	03
	深　圳	84.58	04	05	05	02	04	04	24	04
	天津市	82.77	05	04	04	08	05	05	31	05
B	杭　州	77.81	06	12	07	17	07	09	58	09
	南　京	77.46	07	06	06	35	13	06	73	11
	武　漢	73.67	08	07	16	--	14	11	64	10
	蘇　州	71.83	09	08	11	31	12	07	78	12
	瀋　陽	70.69	10	10	10	07	10	08	55	06
	大　連	70.36	11	09	09	05	09	13	56	07
	青　島	68.67	12	11	08	06	08	12	57	08
	寧　波	67.91	13	16	12	22	11	14	88	15
	成　都	63.83	14	13	13	09	13	21	83	13
	無　錫	62.72	15	20	15	10	17	10	87	14
	濟　南	60.53	16	14	14	13	15	18	90	16
C	重慶市	58.11	17	23	19	53	18	24	154	23
	廈　門	55.98	18	19	18	13	19	15	102	17
	哈爾濱	53.61	19	21	21	15	16	25	117	18
	東　莞	52.32	20	28	27	27	30	20	152	22
	福州市	51.52	21	18	22	20	21	17	119	19
	西　安	49.60	22	26	24	12	23	27	134	20
	煙　台	49.12	23	22	23	24	26	--	141	21
	長　沙	47.15	24	25	26	16	27	39	157	24
	昆　明	45.63	25	27	28	18	24	47	169	28
	常　州	45.21	26	29	30	26	34	23	168	27
	石家莊	43.78	27	30	25	40	22	22	166	25
	珠　海	41.67	28	35	32	19	33	19	166	25
	中　山	40.95	29	38	40	41	39	32	219	30
D	南　昌	34.15	30	41	45	34	59	52	261	33
	嘉　興	32.66	31	42	53	84	41	--	282	38
	泉　州	31.37	32	39	35	33	40	31	210	29
	威　海	31.35	33	48	46	58	48	30	263	34
	合　肥	30.18	34	49	47	43	50	51	274	36
	惠　州	29.50	35	54	55	42	49	43	278	37
	南　通	29.25	36	45	42	36	43	45	247	31
	徐　州	28.69	37	47	37	69	36	38	264	35
	揚　州	24.07	38	55	50	55	60	50	308	41
	江　門	22.53	39	57	48	61	46	36	287	39
E	汕　頭	14.85	40	73	65	44	55	44	321	42
	泰　州	14.08	41	70	72	--	--	--	306	40
	廊　坊	10.39	42	--	--	--	--	--	252	32
	漳　州	10.20	43	82	74	88	63	49	399	43
	桂　林	9.08	44	88	84	64	79	66	425	44

第29章
中國大陸53個高新技術開發區名錄

編 號	園 區 名 稱	編 號	園 區 名 稱
1	中關村科技園區	28	蘇州高新技術產業開發區
2	武漢東湖新技術開發區	29	無錫高新技術產業開發區
3	南京高新技術產業開發區	30	常州高新技術產業開發區
4	瀋陽高新技術產業開發區	31	佛山高新技術產業開發區
5	天津新技術產業園區	32	惠州高新技術產業開發區
6	西安高新技術產業開發區	33	珠海高新技術產業開發區
7	成都高新技術產業開發區	34	青島高新技術產業開發區
8	威海火炬高技術產業開發區	35	濰坊高新技術產業開發區
9	中山火炬高技術產業開發區	36	淄博高新技術產業開發區
10	長春高新技術產業開發區	37	昆明高新技術產業開發區
11	哈爾濱高新技術產業開發區	38	貴陽高新技術產業開發區
12	長沙高新技術產業開發區	39	南昌高新技術產業開發區
13	福州高新技術產業開發區	40	太原高新技術產業開發區
14	廣州新技術產業開發區	41	南寧高新技術產業開發區
15	合肥高新技術產業開發區	42	烏魯木齊高新技術產業開發區
16	重慶高新技術產業開發區	43	包頭稀土高新技術產業開發區
17	杭州高新技術產業開發區	44	襄樊高新技術產業開發區
18	桂林高新技術產業開發區	45	株洲高新技術產業開發區
19	鄭州高新技術產業開發區	46	洛陽高新技術產業開發區
20	蘭州高新技術產業開發區	47	大慶高新技術產業開發區
21	石家莊高新技術產業開發區	48	寶雞高新技術產業開發區
22	濟南高新技術產業開發區	49	吉林高新技術產業開發區
23	上海市張江高科技園區	50	綿陽高新技術產業開發區
24	大連高新技術產業開發區	51	保定高新技術產業開發區
25	深圳高新技術產業開發區	52	鞍山高新技術產業開發區
26	廈門火炬高技術產業開發區	53	楊淩農業高新技術產業示範區
27	海口高新技術產業開發區		

第 30 章
中國大陸台商協會重要資訊

編號	協會	現任會長	電話	會址或聯絡地址
1	北京	謝坤宗	10-65283956	北京市東城區大華路 2 號華城大廈 301-1 室
2	深圳	鄭榮文	755-25111300	廣東省深圳市深南東路北斗路文華大廈 B 座 8 樓 EF 室
3	花都	梁茂忠	20-36898265	廣東省廣州市花都區新華鎮公益路 35 號民政局大樓 2 樓
4	海南	莊天島	898-68585937	海南省海口市新大洲大道加油站旁海南台協會館
5	汕頭	樊秦安	754-8365001	廣東汕頭市龍湖區碧霞莊中區 46 幢海峽大廈 5 樓
6	廣州	吳振昌	20-83887473	廣東省廣州市建設大馬路 8 號之 3 逸雅居 413 室
7	煙台	江正平	535-6641771	山東省煙台市南大街 118 號
8	廈門	吳進忠	592-5569890	福建省廈門市仙岳路 860 號台商會館 12 樓
9	武漢	余明進	27-83514631	武漢市江漢經濟開發區常青路常寧里特一號 4 樓
10	珠海	楊永祥	756-8618308	廣東省珠海市前山明珠南路 2029 號台商活動中心 3 樓
11	東莞	郭山輝	769-2488158	廣東省東莞市東城區東城大道東順樓 4 樓
12	莆田	方蘇閔	594-2680709	福建省莆田市城廂區文獻西路
13	中山	陳中和	760-8336877	廣東省中山市東區起灣南道東側
14	長春	周榮昌	431-5217589	吉林省長春市自由大路 3708 號黨派大樓 2 樓
15	惠州	楊平和	752-5839599	廣東省惠州市江北 24 號小區惠州台協會館
16	三亞	陳明哲	899-88262007	海南省三亞市河西區迎賓大道 88 號
17	天津	丁鯤華	22-27456510	天津市南開區黃河道台北花園名士郡會館 310 室
18	重慶	楊恩明	23-63528012	重慶市渝中區春森路 38 號
19	上海	葉惠德	21-53083031	上海市北京東路 668 號西座 11 樓
20	漳州	何希灝	596-2671688	福建省漳州市勝利路外經貿廣場 5 樓
21	福州	莊福池	591-87527218	福建省福州市福新路 239 號吉翔雙子星大廈 7 樓 B1-B2
22	南寧	陳信男	771-2622381	廣西省南寧市朝陽路 66 號萬茂鑽石廣場 19 樓
23	桂林	江文豪	773-2850388	廣西省桂林市秀峰區依仁路 132 號 4 樓
24	成都	高錦樂	28-86131598	四川省成都市上南大街 2 號（長富花園）1 號樓 6 樓 5 號
25	清遠	姜金利	763-3363270	廣東省清遠市琶江二路市政府辦公大樓
26	瀋陽	施永禾	24-23494180	遼寧省瀋陽市和平區南京北街 30 號(金苑華城)22 號樓 4-5-2
27	寧波	涂介秋	574-88112600	浙江省鄞州中心區貿城中路 850 號

自主創新興商機 2006年中國大陸地區投資環境與風險調查

編號	協會	現任會長	電話	會址或聯絡地址
28	蘇州	王勳煇	512-68094332	江蘇省蘇州新區獅山路金獅大廈 16 號 13 樓
29	泰安	張深桓	538-6991313	山東省泰安市市政大樓 A 區 4039 號
30	佛山	王屏生	757-83385512	廣東省佛山市市東下路 18 號 B 座 305 室
31	九江	張光華	792-8110222	江西省九江市濱江路 164 號
32	昆明	李志銘	871-3528068	雲南省昆明市永平路 3 號新光商場 2 樓
33	保定	王紀翔	312-3089708	河北省保定市東風路 5 號
34	泉州	鄭建良	595-2275173	福建省泉州市溫陵北路漢唐天下翡翠樓 2 樓
35	肇慶	何芳文	758-2801990	廣東省肇慶市城中路 193 號宋城大酒店大堂 2 樓
36	無錫	孫佳鈞	510-2719983	江蘇省無錫市前西溪 1 之 3 號新大樓 7 樓
37	徐州	張冠中	516-83705688	江蘇省徐州市彭城路商業區 93 號泛亞大廈 902 室
38	鄭州	王任生	371-67446264	河南省鄭州市嵩山南路 166 號老年宮 3 樓 305 室
39	鎮江	王建國	511-5081075	江蘇省鎮江市正東路 141 號市政府院內 2 號樓 2 層
40	唐山	李祖德	315-3177822	河北省唐山市高新技術開發火炬大廈 1211 號
41	南通	劉璟芳	513-5504885	江蘇省南通市人民中路 153 號中南大廈 11 樓 1105 室
42	南京	陳武雄	25-52435276	江蘇省南京市花神大道 1 號華博大廈 6 樓
43	青島	朱瑜明	532-85878322	山東省青島市香港中路 106 號(永盛大廈)3 樓 310 室
44	蘭州	林　墾	931-8462951	甘肅省蘭州市濱河東路 589 號
45	石家莊	李　進	311-87881080	河北省石家莊新華路 159 號憩園大廈 1120 室
46	大連	姚政宏	411-82581186	遼寧大連市中山區五五路 12 號良運酒店 1102 室
47	杭州	謝智通	571-87161107	浙江省杭州市平海路 27 號總工會大樓 5 樓
48	昆山	李寬信	512-57333628	江蘇昆山經濟技術開發區前進中路 167 號國際大廈 9 樓
49	常州	吳家炎	519-8172106	江蘇省常州市外環路東,戚區潞城沙河 怡樂園內
50	南昌	陳良鑑	791-8181056	江西省南昌市南京東路 688 號
51	江門	樊邦楊	750-3520203	廣東省江門市華園中路 15 號 2 樓
52	濟南	王克璋	531-88905077	山東省濟南市歷城區洪樓南路 2 號
53	河源	劉維濤	762-3393279	廣東河源市文明路大同路交會處阿里山茶莊 2 樓
54	西安	孫芳山	29-87262822	陝西西安市南大街 52 號 3 樓
55	長沙	鄭聰俊	731-2240888	湖南省長沙市黃興中路 88 號平和堂商務樓 20 樓 2005 室
56	吉林	鄭永森	432-6992206	吉林省吉林市解放大路西 168 號
57	揚州	方丁玉	514-7880919	江蘇省揚州市文匯北路 71 號 2 樓
58	湛江	鄧偉民	759-3205353	廣東省湛江市人民大道北 32 號湛江保齡球館內
59	梧州	陳哲正	774-3839805	廣西省梧州市新興二路宋城 18 號興安新苑

編號	協會	現任會長	電話	會址或聯絡地址
60	北海	施榮川	779-3050781	廣西省北海市長春路 8 號賞三大廈 3 樓
61	溫州	邵明弟	577-88275555	浙江省溫州市人民路溫州大廈 1506 室
62	順德	林炳煌	757-25634778	廣東省順德市勒流鎮連杜工業區連杜大道 11 號
63	茂名	駱肇泰	668-2890522	廣東省茂名市迎賓路 46 號安達大廈 1203 室
64	義烏	張吉雄	579-5558472	浙江省義烏市賓王路 220 號
65	陽江	張國揚	662-3316770	廣東省陽江市江城區東風路二路 60 號
66	泰州	吳天白	523-6398585	江蘇省泰州市海寧南路 302 號創源賓館 319 室
67	威海	呂台年	631-5285776	山東省威海市和平路 1 號金地大廈 15 樓 1501 室
68	鹽城	陳宏昌	515-8190322	江蘇省鹽城市世紀大道 21 號
69	張家界	張輔仁	744-829-0351	湖南省張家界市三角坪台商大樓 3 樓
70	合肥	譚壽榮	551-2673085	安徽省合肥市榮事達大道75號富康大廈A座9樓
71	紹興	張文潭	575-5147279	浙江省紹興市人民中路靜寧巷 58 號
72	嘉興	黃瓏傑	573-2078729	浙江省嘉興市中山西路 311 號 5 樓
73	宜昌	陳建中	717-6510031	湖北省宜昌市雲集路 21 號
74	常熟	王勇鐸	512-51530738	江蘇省常熟市聯豐路 58 號(虞山高新技術產業園國際商務中心 8 樓)
75	襄樊	周楚武	710-3254770	湖北省襄樊市春圓路 16 號
76	嘉善	蔡永龍	573-4126660	浙江嘉善縣解放東路 285 號(農行 6 樓)
77	福清	廖進益	591-85238537	福建省福清市環北路總工會 2 樓
78	吳江	陳清海	512-63464010	江蘇省吳江市松陵鎮中山南路 2150 號 3 樓
79	湖州	吳砥中	572-2107435	浙江省湖州市龍溪路 280 號（開發區管委會 5 樓）
80	江陰	廖松福	510-6410486	江蘇省江陰市長江路 201 號 412 室
81	鞍山	劉子聖	412-8558258	遼寧省鞍山市鐵西區干龍戶智慧園小區
82	太倉	劉顯模	512-53523199	江蘇省太倉市太平南路 27 號信用大廈 11 樓
83	貴陽	藍贊登	851-5817189	貴州省貴陽市富水中路富水花園 C 棟 801
84	蕪湖	陳鑒章	553-2218992	安徽省蕪湖市九華中路 144 號 3 樓
85	贛州	陳耿弘	797-8391916	江西省贛縣贛新大道 127 號
86	淄博	黃國進	533-2181236	山東省淄博市張店區柳全路金寶島大廈
87	哈爾濱	李孟益	451-87006709	黑龍江省哈爾濱市南崗區鴻翔路 55 號軍悅公寓華明閣 3 棟 A 座
88	濰坊	徐忠徹	536-8371716	山東省濰坊市濰城區勝利西街 569 號曼哈頓大廈 1833
89	菏澤	張伊犁	530-5621111	山東省菏澤市中華東路 76 號菏澤柏青大酒店
90	張家港	陳錦龍	512-58698710	江蘇省張家港市人民中路市政府大院
91	龍岩	高新平	597-2324346	福建省龍岩市新羅區女人街
92	蘭州	林墾	931-8343888	甘肅省蘭州市城關區鹽場路 211 號
93	台州	李弘蘭	576-8075918	浙江省台州市市府大道 406 號
94	台山	王進東	750-5570678	台山市西湖開發區西湖大道 2 號
95	江門 五邑	陳明國 ·	750-3619288 750-3610399	廣東省江門市禮樂鎮禮樂二路 39 號
96	綿陽	鄭國川	816-6390888	四川省綿陽市經濟技術開發區南湖體育公園台商會所

資料來源：本會整理

自主創新興商機：中國大陸地區投資環境與風險調查.
2006年／台灣區電機電子工業同業公會. - -初版. --臺
北市：商周編輯顧問, 2006〔民95〕
面： 公分.

ISBN -10：986-7877-16-0
ISBN-13：978-986-7877-16-1（平裝）

1. 經濟地理 — 中國大陸　2.投資 — 中國大陸

552.2　　　　　　　　　　　　　　95014813

自主創新興商機
2006年中國大陸地區投資環境與風險調查

發 行 人	金惟純
社　　長	俞國定
副總編輯	孫碧卿
作　　者	台灣區電機電子工業同業公會
理 事 長	許勝雄
總 幹 事	鄭富雄
副總幹事	羅懷家
地　　址	台北市內湖區民權東路六段109號6樓
電　　話	(02) 8792-6666
傳　　真	(02) 8792-6137
文字編輯	蔡令權・董之雄・田美雲・劉明芳・姚柏舟・楊菀菁・楊迺仁・林淑媛
美術編輯	王雅奇
出　　版	商周編輯顧問股份有限公司
地　　址	台北市中山區民生東路二段141號12樓
電　　話	(02) 2505-6789
傳　　真	(02) 2507-6773
劃　　撥	18963067
	商周編輯顧問股份有限公司
總 經 銷	農學股份有限公司
印　　刷	鴻柏印刷事業股份有限公司

出版日期2006年8月初版1刷
定價600元